결국,
나는 브랜드가
된다

**결국,
나는 브랜드가
된다**

초판 1쇄 발행 2025. 10. 2.

지은이 김선진
펴낸이 김병호
펴낸곳 주식회사 바른북스

편집진행 김재영
디자인 김효나
마케팅 송송이 박수진 박하연

등록 2019년 4월 3일 제2019-000040호
주소 서울시 성동구 연무장5길 9-16, 301호 (성수동2가, 블루스톤타워)
대표전화 070-7857-9719 | **경영지원** 02-3409-9719 | **팩스** 070-7610-9820

•바른북스는 여러분의 다양한 아이디어와 원고 투고를 설레는 마음으로 기다리고 있습니다.

이메일 barunbooks21@naver.com | **원고투고** barunbooks21@naver.com
홈페이지 www.barunbooks.com | **공식 블로그** blog.naver.com/barunbooks7
공식 포스트 post.naver.com/barunbooks7 | **페이스북** facebook.com/barunbooks7

ⓒ 김선진, 2025
ISBN 979-11-7263-605-0 03190

•파본이나 잘못된 책은 구입하신 곳에서 교환해드립니다.
•이 책은 저작권법에 따라 보호를 받는 저작물이므로 무단전재 및 복제를 금지하며,
이 책 내용의 전부 및 일부를 이용하려면 반드시 저작권자와 도서출판 바른북스의 서면동의를 받아야 합니다.

김선진 지음

결국, 나는 브랜드가 된다
BRAND

의지력이 아닌,
시스템으로 나를 브랜딩하는 방법

"성공하지 못한 건 당신 문제가 아니다.
시스템 문제다"

성공은 결심하는 것이 아니라, 결심조차 필요 없는 '환경 설계'를 만드는 것이다.

서문

나는 마케터다. 그리고 이 책은 마케터의 시스템적 사고방식을 당신이라는 고유한 브랜드 프로젝트에 접목하는 방법에 대한 이야기다.

새해가 되거나 새로운 다이어리를 손에 쥐는 순간 우리는 '이제부터 진짜 달라질 거야'라고 굳게 마음먹는다. 이 결심은 그 자체로 달콤한 보상이 된다. 마치 머리가 아플 때 먹는 진통제처럼 '달라져야겠다'는 생각만으로도, 지금의 불만족스러운 나에 대한 고통이 잠시 사라지기 때문이다. 우리는 이 순간 미래의 가능성을 보며 잠시나마 행복감을 느낀다. 하지만 바로 여기에 교묘한 함정이 숨어 있다. 우리 뇌는 진짜 변화라는 힘든 과정을 거치지 않고도, 결심이라는 손쉬운 방법으로 희망과 만족감을 얻어내는 법을 알고 있다. 이는 큰마음을 먹고 헬스클럽에 등록하는 것만으로, 이미 운동을 시작한 것 같은 뿌듯함을 느끼는 것과 동일하다. 이 뿌듯함은 우리의 무의식적인 방어막이 된다. 운동을 가지 않더라도, "그래도 나는 등록까지 했잖아. 노력하려는 의지는 있었어"라며 스스로를 변호할 수 있게 된다. 결국 굳은 다짐은 행동하지 않는 나를 위한 가장 그럴듯한 핑계이자, 멈춰 있는 삶을 정당화한다. 이 책은 바로 그 착각의 방어막을 걷어내는 것에서 시작한다.

이 모든 문제의 근원은 우리 내면에 존재하는 2개의 서로 다른 시스템이 끊임없이 충돌하고 있기 때문이다. 첫 번째는, 생존을 유일한 목표로 삼는 원시적인 운영체제, 바로 우리 '뇌'다. 뇌의 최우선 과제는 위험을 피하고 에너지를 아껴 현 상태를 유지하는 것이다. 그렇기에 뇌는 본능적으로 안정을 추구하고, 변화를 위협으로 간주한다. 우리는 이를 생존 시스템이라 부른다. 반면, 두 번째 시스템은 생존 이상의 가치를 추구하는 '나'라는 의식이다. 우리는 의미를 찾고, 성장하며, 더 나은 자신을 향해 나아가려는 목적을 가진다. 이를 '성장 시스템'이라고 한다. 문제는 뇌의 생존 목적과 인간의 성장 목적이 서로 충돌하는 데서 시작된다. 우리는 더 나은 삶을 위해 변화를 다짐하지만, 뇌는 강력한 관성을 이용해 우리를 익숙하고 안전한 상태로 되돌리려 한다. 작심삼일은 의지박약의 증거가 아니다. 그것은 변화를 거부하는 뇌의 생존 시스템이 당신의 성장 시스템을 이겨냈다는 증거다. 이 내면의 전쟁에서 승리하기 위해서는 의지력이라는 불안정한 무기만으로는 부족하다. 우리는 적을 압도할 수 있는 더 높은 차원의 전략, 즉 '시스템적 사고'를 사용해야 한다.

우주와 지구, 숲의 생태계, 사회와 문화의 발전, 경제와 정치의 흐름까지, 세상의 모든 것은 보이지 않는 요소들이 서로 유기적으로 연결된 거대한 시스템 안에서 움직인다. 인간은 바로 그 시스템을 분석하고 통제하는 방법을 터득하여 문명을 건설했다. 숲의 시스템을 이해하여 농업을 발전시켰고, 사회 시스템을 설계하여 국가를 만들었다. 그런데 가장 아이러니한 사실은, 이토록 강력한 시스템적 사고를 다른 모든 것에는 적용한 인간이, 정작 자기 자신에게는 적용하지 않는다는 점이다. 우리는 자신의 삶을 원인과 결과가 단절된 우연한 사건의 연속처럼 대한다. 부자가 되고 싶다고 말하지만, 자신의 소비 습관과 투자 원칙, 돈에 대한 재정 시스템을 점검하지 않는다. 우리는 우리 자신이 바로 하나의 시스템이라는 사실을 잊고 산다.

바로 이 지점에서, 우리는 마케터의 관점을 빌려 와야 한다. 성공적인 브랜드는 절대 감이나 우연에 기대어 만들어지지 않는다. 마케터는 실패 확률을 극도로 낮추기 위해 실행에 앞서 반드시 정교한 기획의 단계를 거친다. 그들은 마치 건축가가 설계도를 그리듯 시스템적인 질문들을 던져 브랜드의 큰 뼈대를 먼저 세운다.

- 이 상품은 무엇이며, 본질은 무엇인가? (제품 정의)
- 우리 고객은 누구이며, 그들이 원하는 것은 무엇인가? (고객 정의)
- 우리 경쟁자는 누구이며, 우리는 그들과 어떻게 다른가? (차별점)
- 고객은 왜 이 상품을 선택해야 하는가? (핵심 가치 제안)

'나'라는 브랜드 프로젝트도 마찬가지다. 어떻게 변할까 고민하기 전에 "나는 어떤 사람인가?", "내가 진정으로 원하는 것은 무엇인가?", "이 변화가 내 인생에 어떤 궁극적인 가치를 제공하는가?"라는 시스템적 질문을 먼저 던져야 한다. 이런 확고한 뼈대 위에서 세워진 전략만이 생존 시스템의 거센 저항을 이겨내고 당신을 원하는 목표로 이끌 수 있다.

이 책은 마케터의 관점으로 자기 자신의 시스템을 진단하고(1장), 어떤 브랜드가 될 것인지 정체성을 수립하며(2장), '나다움'을 증명할 행동을 설계하고(3장), 성장을 지배하는 보이지 않는 법칙을 이해한 뒤(4장), 누구도 대체할 수 없는 강력한 브랜드로 완성되는(5장) 구체적인 프로젝트 과정을 안내한다.

이 책은 위로가 아닌 무기다. 공감이 아닌 설계도다. 이 책은 당신 삶을 하나의 시스템으로 설계하여, '나'라는 사람을 브랜딩하는 것에 목적을 둔다. 더 이상 관성의 노예가 아닌, 자기 자신을 이해하고, 나다움을 구축하며, 원하는 모습으로 나아가는 방법을 이야기한다. 올바른 질문을 던져 자신의 핵심 가치를 찾아내고, '나'라는 시스템을 정확하게 분석하며, 원하는 미래를 위해 삶을 재구성하는 구체적인 방법을 제시한다. 이제 당신이라는 브랜드를 세상에 알리기 위해 가장 위대한 시스템 설계를 시작할 시간이다.

목차

서문

제1장
브랜드 진단:
'나'라는 상품의 가치와 문제 분석

상품 분석: '나'라는 시스템, 현재 상태(As-Is) 진단 · 15

잘못된 믿음의 해체: 문제는 의지력이 아닌, 시스템 전략의 부재 · 25

5 Whys: 고객 불만(나의 불만족) 진짜 원인 찾기 · 35

브랜드 구성요소 분석: 내 평판을 결정하는 생각, 감정, 환경 · 44

롤모델 분석: 닮고 싶은 브랜드의 성공 시스템 · 55

SWOT 분석: 내 브랜드 자산과 시장 기회 · 64

제2장

브랜드 아이덴티티:
당신은 '어떤 사람'으로 기억되고 싶은가?

관점의 전환: '어떻게' 고칠 것인가에서, '무엇이 될 것인가'로	· 80
프레임 전환: '결점 있는 나'에서 '개선이 필요한 시스템'으로	· 90
브랜드 미션과 비전: '나'라는 브랜드, 존재 이유와 궁극적 목표	· 103
핵심 성과 지표(KPI): 내 성공을 무엇으로 증명하고 측정할 것인가?	· 115
전략적 포기: 내 브랜드의 핵심 가치를 흐리는 모든 것 제거	· 124
브랜드 설계도: '나'라는 브랜드의 새로운 콘셉트와 전략	· 132

브랜드 경험 설계:
'나다움'은 어떻게 행동으로 증명되는가?

레버리지 포인트: 최소 행동으로 성공 가능성 극대화 · 144

행동 설계: 당신의 가장 중요한 고객, '뇌' 설득하기 · 155

MVP(Minimum Viable Product): 최소 성공 경험으로 브랜드 가치 테스트 · 166

A/B 테스트: 내 행동 데이터 기반의 시스템 개선 · 177

브랜드 자동화: 의지력이 필요 없는 시스템 완성 · 190

브랜드 성장 동력:
보이지 않는 시장 법칙 활용

점, 선, 면의 법칙: 하나의 행동이 어떻게 당신의 브랜드를 구축하는가? · 206

바이럴 루프: 기회는 어떻게 당신을 찾아오는가? · 218

균형 피드백 루프: 왜 변화는 항상 과거로 회귀하려 하는가? · 225

제2차 결과의 법칙: 현재의 유혹과 미래의 보상 사이의 선택 · 235

성장의 한계: 내가 다음 단계로 나아가지 못하는 이유 · 245

기회비용: 모든 선택이 당신 브랜드 가치에 미치는 영향 · 254

복리의 법칙: 1%의 작은 차이가 어떻게 모든 것을 바꾸는가? · 262

결국,
나는 브랜드가 된다

자기조직화: 외부 칭찬과 비판 없이 스스로 성장하는 브랜드	· 274
브랜드 위기관리: 실패와 비판을 팬덤으로 전환	· 283
스토리텔링: 당신의 모든 경험은 강력한 브랜드 서사가 된다	· 295
브랜드 해자 구축: 대체 불가능한 압도적 차별점	· 302
브랜드 앰배서더: 나의 선한 영향력이 어떻게 세상을 바꾸는가?	· 310
당신은 당신 인생의 최고 브랜드 책임자다	· 316

에필로그:
삶이라는 가장 위대한 브랜드, 그 창조의 시작

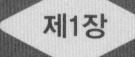

제1장

브랜드 진단:
'나'라는 상품의 가치와
문제 분석

모든 리브랜딩은 가장 솔직한 단계에서 시작된다. 현재의 브랜드가 시장에서 왜 실패하고 있는지 그 현실을 숫자로, 데이터로, 고객의 날것의 목소리로 직면하는 것이다. 성공을 향한 화려한 청사진을 그리기 전에 우리는 반드시 실패의 원인이 기록된 고객 불만 보고서를 먼저 펼쳐 들어야만 한다. 이것은 매년 우리가 받는 건강검진의 과정과 같다. 건강검진의 목적은 당신이 건강하다는 위로의 말을 듣기 위한 것이 아니다. 지금 당장 필요한 것은 트레이너의 응원이 아니다. 차가운 청진기와 혈액을 뽑는 주삿바늘, 그리고 내시경 카메라다. 콜레스테롤 수치는 얼마인지, 혈압은 어디까지 올랐는지, 내장지방의 상태는 어떤지 정확히 파악하기 전까지, "운동하세요"나 "몸에 좋은 음식을 드세요" 같은 조언은 공허한 메아리에 불과하기 때문이다.

1장에서 당신은 미래를 설계하는 건축가가 아니다. 당신은 현재를 해부하는 냉철한 분석가다. 우리의 유일한 목표는 '나'라는 브랜드의 현재 상태를 한 치의 꾸밈이나 변명 없이 있는 그대로 기록한 건강검진 결과표를 완성하는 것이다. 이 과정은 결코 유쾌하지 않다. 당신이 애써 외면해 왔던 나쁜 생활 습관, 반복되는 실패의 패턴, 그리고 스스로에 대한 변명들을 정면으로 마주해야 하기 때문이다.

우리는 '나는 게으르다' 혹은 '나는 의지박약이다'와 같이 스스로에게 붙여온 모든 모호하고 감정적인 딱지들을 떼어낼 것이다. 그리고 그 자리에 '나는 금요일 저녁 8시 이후, 소파에 앉아 2시간 동안 유튜브를 본다'와 같은, 누구도 반박할 수 없는 차가운 데이터와 사실만을 남길 것이다. 이토록 불편한 진실을 먼저 마주해야 하는 이유는 단 하나다. 정확한 진단에 기반하지 않은 모든 계획과, 명확한 자기 이해 없는 처방은 희망 섞인 도박에 불과하기 때문이다. 우리는 더 이상 실패라는 도박에 우리 인생을 걸지 않는다. 1장은 당신이라는 브랜드의 가치를 평가절하하는 시간이 아니다. 오히려 그 반대다. 이것은 당신이라는 브랜드가 가진 진짜 가치를 되찾기 위해, 그 가치를 갉아먹고 있는 잘못된 시스템을 정확히 파악하기 위한 첫 번째 검사다. 이제, 당신이라는 브랜드의 종합검진실에 들어설 시간이다. 가장 먼저, 현실이라는 차가운 조명 아래 우리의 상태를 있는 그대로 비춰보자. 첫 번째 진단을 시작한다.

상품 분석: '나'라는 시스템, 현재 상태(As-Is) 진단

—— 당신은 판사가 아닌, 분석가다

우리는 방금 종합검진실의 문을 열고 들어섰다. 이 공간에서 당신의 역할은 단 하나, 바로 냉철한 분석가다. 당신이라는 브랜드의 가치를 갉아먹는 문제의 원인을 찾아내기 위해 우리는 이제껏 한 번도 들여다본 적 없는 우리 몸과 마음의 내부를 정밀하게 스캔해야 한다. 하지만 이 정밀한 스캔을 시작하기 전에 우리는 반드시 하나의 원칙을 확립하고 넘어가야 한다. 이것은 이 책의 모든 과정을 관통하는 가장 핵심적인 전제 조건이다. 그것은 바로 모든 판단을 중지하고 오직 관찰하고 기록한다는 것이다. 지금껏 당신의 손에 들려 있던 것은 스스로를 심판하는 판사의 망치였다. 오늘부터 당신은 그 망치를 내려놓고, 현상을 있는 그대로 기록하는 분석가의 펜을 들어야 한다. 이것은 중요하다. 당신이 스스로의 행동을 관찰하려 할 때, 가장 먼저 당신을 방해하는 것은 바로 당신 내면의 심판관이기 때문이다.

이 심판관은 당신의 가장 오래된 친구이자 가장 강력한 적이다. 당신이 오늘도 퇴근 후 소파에 누워 3시간 동안 스마트폰을 봤다는 사실을 기록하려는 순간, 심판관은 어김없이 나타나 당신의 귓가에 속삭인다. "그것 봐, 넌 역시 게으르고 한심해", "그렇게 시간을 낭비하니 인생이 변할 리가 없지" 이 목소리가 들리는 순간 진단은 실패한다. 수치심과 자기혐오라는 감정은 객관적인 데이터를 오염시키는 가장 강력한 독소다.

우리는 부끄러운 사실을 축소하거나 외면하고, 그럴듯한 변명을 덧붙여 자신을 보호하려 한다. 결국, 우리가 손에 쥐게 되는 보고서는 진실이 아니라 또 하나의 자기기만으로 가득 찬 위선적인 문서일 뿐이다. 오염된 데이터를 기반으로 한 전략은 실패할 수밖에 없다. 정보 시스템의 제1 원칙. 쓰레기를 넣으면 쓰레기가 나온다.

지금부터 시작될 분석 과정 동안 세상에 좋은 행동이나 나쁜 행동은 존재하지 않는다. 옳은 데이터나 그른 데이터도 없다. 오직 존재하는 데이터만이 있을 뿐이다. 이것이 바로 행위와 정체성의 분리다. 당신이 하는 행동이 곧 당신 자신인 것은 아니다. 당신은 프로그래머이고 당신의 행동은 그저 프로그램이 만들어 낸 결과값일 뿐이다. 우리는 지금부터 그 프로그램의 소스 코드를 들여다보는 디버깅 작업을 시작할 것이다. 프로그래머는 버그를 발견했을 때, '나는 멍청한 프로

그래머야'라고 자책하지 않는다. 그저 '어떤 코드 라인에서 충돌이 일어났는가?'를 냉정하게 분석할 뿐이다. 이제, 분석가로서 첫 번째 원칙을 적용한다. '나는 지금부터 일주일간, 나 자신을 판단하지 않고 오직 관찰한다. 모든 데이터는 좋고 나쁨이 없으며, 오직 나의 시스템을 이해하기 위한 단서일 뿐이다'

── 진단의 도구: 시스템 행동 일지 설계하기

관찰한다는 말은 생각보다 막연하다. 무엇을, 언제, 어떻게 관찰하고 기록해야 할까? 우리는 이 과정을 위해 매우 구체적이고 실용적인 도구 하나를 사용할 것이다. 바로 '시스템 행동 일지'다. 이것은 당신이 바꾸고 싶어 하는 특정 문제 행동이 발생할 때마다, 그 상황을 구성하는 핵심 요소들을 기록하는 간단하지만 강력한 문서다.

타깃 행동(문제 증상) 선정하기

건강검진을 할 때 우리는 모든 것을 한 번에 검사하지만, 가장 신경 쓰이는 부위를 먼저 말한다. "요즘 소화가 잘 안돼요"라거나 "사고 일어나도 개운치가 않아요"처럼 말이다. 마찬가지로 당신의 삶에서 가장 먼저 해결하고 싶은, 가장 당신을 괴롭히는 타깃 행동을 단 하나만 정한다. 여러 개를 동시에 하려 하면 에너지가 분산되어 실패하기 쉽다. 야식 먹기, 불필요한 쇼핑하기, 업무 미루기, 유튜브 시청 등 무엇이든 좋다. 가장 먼저 진단하고 싶은 증상 하나에만 집중한다.

핵심 기록 요소: 5가지 데이터 포인트

타깃 행동을 정했다면 이제부터 그 행동이 발생할 때마다 일지를 기록한다. 기록의 형식은 편한 대로 하면 된다. 전용 노트를 마련해도 좋고 스마트폰의 메모 앱을 활용해도 좋다. 중요한 것은 형식이 아니라 기록되는 내용이다. 시스템 행동 일지에는 다음의 5가지 핵심 데이터 포인트가 반드시 포함되어야 한다.

1. 시간/장소: 증상이 발생한 시점과 공간적 배경

가장 기본적인 데이터다. 이것은 나중에 패턴을 분석하는 데 결정적인 역할을 한다.

- 기록 예시: "2025년 3월 6일 목요일, 밤 11시 30분. 내 방 침대 위에서"

2. 타깃 행동: 관찰 가능한 구체적인 행위

당신이 분석하기로 한 문제 행동을 CCTV가 녹화하듯 사실 그대로 묘사한다. 감정이나 판단을 섞지 않는 것이 핵심이다.

- 나쁜 예: "쓸데없이 돈을 낭비했다" (판단)
- 좋은 예: "인스타그램 광고를 보고, 5만 원짜리 파란색 맨투맨 티셔츠를 결제했다" (사실)

3. 트리거: 행동 직전의 방아쇠

이것이 시스템 분석의 가장 핵심적인 부분이다. 모든 자동화된 행동은 반드시 그것을 촉발하는 방아쇠, 즉 트리거를 갖는다. 타깃 행동이 일어나기 직전(1~5분 사이)에 무슨 일이 있었는지를 기록해야 한다.

- 외부 트리거: 스마트폰 알림, 친구의 카톡, TV 광고, 상사의 질책 이메일 등 외부 환경의 자극
- 내부 트리거: 지루하다, 불안하다, 스트레스받는다, 외롭다와 같은 감정, 혹은 '나는 이걸 할 자격이 있어'와 같은 생각, 또는 피곤하다, 허기지다와 같은 신체적 상태. 이 내부 트리거를 포착하는 것이 진단의 질을 결정한다.

4. 즉각적 보상: 행동을 통해 얻는 단기적 쾌락

모든 중독적인 시스템이 유지되는 이유는 그 행동이 우리에게 즉각적인 보상을 주기 때문이다. 비록 그 보상이 장기적으로는 해로울지라도 단기적으로는 매우 달콤하다. 그 행동을 통해 당신이 얻는 긍정적인 감정이나 상태를 솔직하게 기록해야 한다.

- 예시: "입안 가득 느껴지는 기름진 짠맛의 쾌감. 스트레스가 풀리는 느낌", "결제 버튼을 누르는 순간의 짜릿함", "어려운 업무에서 벗어났다는 해방감"

5. 장기적 결과: 행동의 진짜 비용

즉각적 보상의 유효 기간이 끝난 뒤, 당신에게 찾아오는 현실적인 결과를 기록한다. 이 비용을 명확히 인지할수록 변화의 동기는 강해진다.

- 예시: "더부룩함과 소화 불량, 다음 날 아침의 피로감, 또 먹었다는 자기혐오", "카드값을 걱정하는 불안감", "마감 시간에 쫓기는 초조함"

── 실전 분석: 김 대리의 브랜드 감사 보고서

말로만 설명하면 와닿지 않을 수 있다. 가상의 인물 김 대리의 사례를 통해 실제 행동 일지가 어떻게 작성되고 분석되는지 살펴보자. 김 대리의 목표는 업무 시간 중 스마트폰으로 SNS 하는 행동을 분석하는 것이다.

김 대리의 시스템 행동 일지

Day 1: 2025년 3월 13일(목)

- 시간/장소: 오후 2시 15분, 사무실 내 자리
- 타깃 행동: 스마트폰을 들어 인스타그램 피드를 30분간 새로 고침 하며 봤다.
- 트리거(내부): 오후 보고서 작성을 시작해야 한다는 압박감과 막막함이 들었다. 어디서부터 시작해야 할지 몰라 답답했다.
- 즉각적 보상: 보고서에 대한 압박감에서 즉시 벗어날 수 있었다. 친구들의 화려한 일상을 보며 잠시나마 현실을 잊는 도피의 즐거움을 느꼈다.
- 장기적 결과: 30분을 허비했다는 죄책감과 마감 시간에 대한 불안감이 더 커졌다. 집중력이 완전히 깨져 다시 업무에 몰입하기 어려웠다.

Day 2: 2025년 3월 14일(금)

- 시간/장소: 오전 10시 40분, 사무실 내 자리
- 타깃 행동: 거래처에 보낼 이메일을 작성하다 말고 갑자기 스마트폰으로 주식 앱을 켜서 15분간 시세를 확인했다.
- 트리거(외부/내부): 바로 옆자리 박 과장님이 큰 소리로 통화하

는 소리에 집중이 깨졌다(외부). 그 순간 짜증이 나면서 잠깐 머리나 식힐까?라는 생각이 들었다(내부).

- 즉각적 보상: 시끄러운 소음과 짜증 나는 상황에서 벗어나는 탈출구가 되었다. 주가가 오르는 것을 보며 잠깐의 흥분과 기대감을 느꼈다.
- 장기적 결과: 쓰려던 이메일의 맥락을 완전히 잃어버렸다. 다시 쓰기 위해 앞에서부터 읽어보느라 시간이 더 걸렸다. 결국 이메일 발송이 늦어졌다.

Day 3: 2025년 3월 17일(월)

- 시간/장소: 오후 5시 30분, 퇴근 전
- 타깃 행동: 오늘 끝내기로 한 업무가 남았음에도 인터넷 뉴스 기사의 연예 가십 섹션을 20분간 읽었다.
- 트리거(내부): 하루 종일 일에 시달려 정신적 에너지가 완전히 방전됐다. 어차피 지금 시작해도 못 끝내라는 포기의 생각이 들었다.
- 즉각적 보상: 뇌를 전혀 쓰지 않는 수동적인 정보 습득을 통해 정신적 휴식을 얻었다. 자극적인 기사들이 피로감을 잠시 잊게 해주었다.
- 장기적 결과: 결국 업무를 끝내지 못하고 퇴근했다. 퇴근 후에도 내일 아침에 일찍 가서 해야겠다는 찝찝함과 부담감이 계

속 머릿속을 맴돌았다.

일주일 후, 김 대리는 자신의 기록을 펼쳐놓고 패턴을 분석하기 시작했다. 그는 더 이상 자신을 집중력 없는 사람이라고 비난하지 않았다. 대신, 자신의 행동을 유발하는 명확한 시스템 패턴을 발견했다.

As-Is 분석 보고서 초안: 김 대리의 업무 방해 시스템

- 핵심 문제 증상: 업무 시간 중 스마트폰 사용 및 불필요한 웹 서핑으로 인한 시간 낭비 및 생산성 저하

- 주요 작동 시간 및 장소: 주로 오후 시간대(2~6시) 사무실 자리에서 발생

- 핵심 트리거
  - 내부: 복잡한 업무에 대한 압박감과 막막함, 에너지 고갈로 인한 피로감과 포기 심리
  - 외부: 주변 소음으로 인한 집중력 저하

- 시스템의 목적(즉각적 보상): 이 시스템의 주된 목적은 부정적 감정으로부터의 즉각적인 도피와 정신적 휴식을 제공하는 것이다.

- 시스템의 비용(장기적 결과): 죄책감, 불안감 증폭, 업무 효율 저하 및 퇴근 후의 찝찝함이라는 더 큰 비용을 청구한다.

김 대리는 이 보고서를 통해 자신이 싸워야 할 적이 의지박약이라는 모호한 유령이 아니라 '압박감을 느낄 때, 스마트폰으로 도피하는' 구체적인 시스템이라는 것을 명확히 인지하게 되었다.

── 당신의 첫 번째 건강검진 결과표

이제 당신 차례다. 당신이 작성한 일주일간의 시스템 행동 일지는 당신이라는 브랜드의 첫 번째 건강검진 결과표다. 이 결과표는 당신의 실패 기록이 아니라 당신의 모든 가능성이 시작될 출발점이다. 당신은 더 이상 이유도 모른 채 실패를 반복하는 무력한 존재가 아니다. 당신은 설명서를 손에 쥐고 시스템의 약점과 허점을 정확히 파악한 분석가다. 이 지도를 손에 넣었다는 것, 이것이 1장의 첫 번째 목표다. 우리는 아직 목적지에 도착하지 않았다. 하지만 이제 더 이상 어둠 속에서 길을 잃고 헤맬 일은 없다. 우리는 우리가 어디에 서 있는지, 그리고 우리가 가려는 길에 어떤 장애물이 있는지를 명확히 알게 되었다. 이제 이 정확한 지도를 가지고 이 시스템을 만든 '잘못된 믿음'들을 본격적으로 해체하러 갈 것이다.

잘못된 믿음의 해체:
문제는 의지력이 아닌, 시스템 전략의 부재

── 의지력이라는 신화

우리는 스스로를 성실한 실패자로 만드는 이상한 시대를 살고 있다. 변화를 향한 열망은 그 어느 때보다 뜨겁고, 성공에 대한 정보는 홍수처럼 넘쳐나지만, 대부분의 사람들은 여전히 같은 자리에서 맴돌며 끝없는 자책감의 굴레에 시달린다. 그 모든 좌절과 자책의 화살이 향하는 단 하나의 과녁은 바로 의지력이라는 이름의 거대한 신화다.

의지력 신화는 현대판 자기계발의 종교와 같다. 우리는 성공한 사람들을 보며 그들의 초인적인 의지력을 경배하고, 그들이 겪어낸 고통과 인내의 시간을 신성시한다. 미디어는 역경을 극복한 영웅의 서사를 끊임없이 각색하여 우리에게 주입한다. 서점의 베스트셀러 코너는 의지력만 있다면 무엇이든 할 수 있다는 단순하고 매력적인 메시지로 가득 차 있다. 우리는 이 강력한 메시지를 단 한 번의 의심 없이 받아들이며, 삶의 모든 성공과 실패를 개인의 정신력 문제로 환원시키는 데 익숙해졌다.

이 믿음은 사회적으로도 매우 편리하고 효율적이다. 개인의 실패를 복잡한 사회 구조나 시스템, 혹은 불공정한 환경의 문제가 아닌, 전적으로 개인의 나약함과 게으름 탓으로 돌릴 수 있기 때문이다. "성공하지 못한 것은 네 노력이 부족해서야", "네가 의지만 강했다면 그 정도 유혹은 이겨낼 수 있었을 거야" 이처럼 의지력 신화는 우리 사회의 보이지 않는 계급을 정당화하고, 패배한 자에게는 자기계발의 지옥이라는 형벌을 내린다. 우리는 그 지옥 안에서 스스로를 채찍질하며 의지력 단련이라는 이름의 헛되고 고통스러운 노동을 반복한다. 하지만 이 믿음이야말로, 당신을 평생 실패의 궤도에 가두는 가장 강력하고도 교묘한 거짓 신화다. 왜냐하면 이 믿음은 당신이 완전히 잘못된 전쟁을, 그것도 가장 비효율적인 방식으로 치르게 만들기 때문이다. 당신은 지금껏 존재하지도 않는 허상의 적(나약한 의지)과 싸우느라, 당신의 변화를 가로막는 진짜 적(잘못 설계된 시스템)을 눈앞에 두고도 알아보지 못했다.

플로리다 주립대학교의 심리학자 로이 바우마이스터가 발표하여 심리학계에 큰 파장을 일으킨 자아 고갈 이론을 떠올려 보자. 그의 유명한 초콜릿과 무 실험은 의지력의 실체를 명확히 보여준다. 그는 학생들을 두 그룹으로 나누어, 한 그룹에게는 갓 구운 초콜릿 칩 쿠키와 달콤한 사탕을, 다른 그룹에게는 쓰고 맛없는 무를 주었다. 단, 무를 받은 그룹은 눈앞의 쿠키와 사탕의 유혹을 참고 무만 먹어야 했다. 이후 두 그룹 모두에게 풀기 어려운 퍼즐을 제시했다. 결과는 놀라웠다. 쿠키를 먹으며 의지력을 소모할 필요가 없었던 그룹은 평균 20분간 퍼즐에 매달렸지만, 쿠키의 유혹을 참아내느라 이미 정신적 에너지를 소진한 그룹은 평균 8분 만에 퍼즐을 포기했다.

이 실험이 우리에게 말해주는 진실은 명확하다. 우리의 의지력은 무한히 솟아나는 샘물이 아니라, 스마트폰 배터리처럼 사용할수록 급격히 소모되고 방전되는 한정된 자원이라는 것이다. 아침에 상사의 부당한 지시를 참고, 점심의 과식 유혹을 이겨내고, 오후의 지루함을 견뎌낸 당신의 의지력 배터리는 퇴근 무렵이면 이미 바닥에 가깝다. 이런 과학적 사실 앞에서, 오직 의지력에만 의존하는 변화의 시도는, 방전 직전의 스마트폰으로 고사양 게임을 하려는 것과 같다. 결국 탈진과 실패, 그리고 '나는 안 돼'라는 깊은 무력감으로 끝날 수밖에 없다. 결론부터 말하자면, 당신의 실패는 의지력 문제 이전에 당신 내면의 시스템 설계가 근본적으로 잘못되었기 때문에 발생하는 필연적 결과다. 당신은 애초에 이기기 힘든 전쟁터에서, 가장 원시적이고 쉽게 고갈되는 의지력이라는 무기 하나만을 들고, 막강한 적을 향해 무모한 돌격을 반복하고 있었던 셈이다. 이 내면의 전쟁이 얼마나 불공정한 게임인지, 그리고 왜 당신이 질 수밖에 없었는지 이해하기 위해, 우리는 먼저 우리 안에 존재하는 2개의 시스템이 벌이는 치열한 권력 다툼을 깊숙이 들여다봐야 한다.

── 내면의 전쟁: 생존 시스템 vs. 성장 시스템

우리 내면에는 결코 화해할 수 없는 2개의 시스템이 존재한다. 첫 번째 시스템은 우리의 뇌, 그중에서도 가장 원시적이고 본능적인 부분인 편도체와 시상하부가 관장하는 생존 시스템이다. 이 시스템은 지난 수십만 년간 인류를 빙하기, 맹수의 위협, 굶주림 속에서 구해낸 노련하고 보수적인 사령관이다. 그의 존재 이유는 단 하나, 바로 생존이다. 그는 위험을 감지하고, 에너지를 보존하며, 어제와 같은 오늘을 유지하는 것을 최우선 과제로 삼는다. 그에게 변화란 곧 예측 불가능한 위협이며, 새로운 시도란 생존 확률을 낮추는 불필요한 에너지 낭비일 뿐이다. 그의 지휘 아래 우리 몸은 익숙한 것은 안전하다고 느끼고, 낯선 것은 본능적으로 거부하고 경계하도록 설계되었다. 생존 시스템의 강력하고 자동적인 작동 방식을 구체적인 사례로 살펴보자.

- 다이어트: 당신의 성장 시스템이 "오늘부터 저탄수화물 다이어트를 시작해서 건강하고 멋진 몸을 만들자"고 선언한다. 그러나 당신의 뇌 깊숙한 곳에 자리한 생존 시스템은 이 신호를 '사냥에 실패하고 식량이 부족해져 아사 위험에 처했다'는 심각한 위기 상황으로 받아들인다. 그는 즉시 몸의 기초대사량을 낮춰 에너지 소모를 최소화하는 절전 모드에 돌입한다. 동시에 뇌에 "당장 탄수화물을 찾아라! 당분을 섭취해 생존 확률을 높여라!"는 강력하고 거부할 수 없는 명령을 내린다. 당신이 늦은 밤, 이성을 잃고 냉

장고 문을 열어 빵과 과자를 폭식하는 것은 당신의 의지가 약해서가 아니다. 그것은 수십만 년간 유전자에 각인된, 기아 상태에서 살아남기 위한 당신 뇌의 처절한 생존 본능의 발현이다.

- 발표 불안: 당신의 성장 시스템이 "이번 프레젠테이션을 성공적으로 해내서 내 능력을 동료와 상사에게 인정받겠다"고 다짐한다. 그러나 생존 시스템은 수많은 청중의 시선을 나를 평가하고 공격할지 모르는 잠재적 포식자들의 눈으로 인식한다. 과거 원시 시대에 무리에서 배척당하고 고립되는 것은 죽음을 의미했다. 생존 시스템은 이 오래된 기억을 바탕으로 당신의 심장을 빠르게 뛰게 하고(언제든 도망갈 준비), 손에 땀을 쥐게 하며(무기를 꽉 잡을 준비), 머릿속을 하얗게 만들어(모든 에너지를 위험 감지에만 집중) 당신을 사회적 죽음이라는 끔찍한 위협으로부터 보호하려 한다.

- 미루는 습관: 성장 시스템은 "지금 당장 이 중요한 보고서를 시작해서 마감 전에 완벽하게 끝내야 해"라고 외친다. 그러나 생존 시스템에 중요한 보고서란, 실패했을 경우 나의 평판과 지위에 심각한 타격을 줄 수 있는 거대한 위협으로 해석된다. 이 위협적인 과업이 주는 입빅김과 스드레스(고통)를 피하기 위해, 생존 시스템은 즉각적이고 손쉬운 쾌락(유튜브 시청, SNS 스크롤)으로 도피하라는 명령을 내린다. 지금 당장 고통을 피하는 것이 미래의 성공보다 훨씬 더 중요하고 시급한 생존 과제이기 때문이다.

이처럼 생존 시스템은 당신을 해치려는 악당이 아니다. 오히려 당신을 가장 아끼고 보호하려는, 조금은 과보호 성향이 강한 존재일 뿐이다. 반면, 두 번째 시스템은 대뇌피질, 그중에서도 특히 전두엽이 관장하는 성장 시스템이다. 이것은 바로 '나'라고 인식하는 당신 의식의 주체다. 이 시스템은 생존을 넘어 의미와 자아실현을 추구하는 젊은 혁명가와 같다. 그는 현재의 모습에 만족하지 않고, 더 나은 자신을 꿈꾸며, 잠재력을 폭발시켜 성장하고 싶어 한다. "매일 아침 1시간씩 운동하자", "더 이상 야식은 먹지 말자", "미루지 말고 오늘 일을 끝내자"와 같은 모든 결심은 바로 이 성장 시스템의 외침이다.

문제는 이 두 시스템의 목표가 정면으로 충돌한다는 점에서 시작된다. 성장 시스템이 "내일부터 아침 6시에 일어나겠다"고 선언하는 순간, 생존 시스템은 즉시 비상사태를 선포한다. '아침잠이라는 확실하고 달콤한 에너지 보존 상태를 포기하고, 운동이라는 불필요하고 위험한 에너지 소모를 하려는가?' 생존 시스템은 곧바로 당신의 몸에 강력한 관성의 브레이크를 걸고(몸을 천근만근 무겁게 만들고), 당신의 머릿속에 온갖 합리화의 목소리('오늘 하루쯤은 괜찮아', '어제 피곤했잖아, 무리하면 안 돼')를 속삭인다. 이것이 바로 당신 내면에서 매일, 매 순간 벌어지는 전쟁의 실체다. 당신의 의지력이란 이 참혹한 전쟁터에서 성장 시스템이 사용할 수 있는 거의 유일한 무기다. 하지만 상대인 생존 시스템은 당신의 모든 감각과 호르몬, 그리고 무의식이라는 거대한 네트워크를 장악하고 있는 막강한 군대다. 이는 일개 보병(의지력)이 철옹성 같은 최첨단 요새(생존 시스템)를 상대로 정면 대결을 벌이는 것과 같다. 하루이

틀은 엄청난 정신력을 발휘해 승리할 수 있을지 모른다. 하지만 자아는 고갈되고 긴장은 풀어지기 마련이다. 그 순간, 생존 시스템은 어김없이 당신을 익숙하고 편안한 원래의 상태로 되돌려 놓는다. 이것이 매번 반복되는 작심삼일의 실체다. 그것은 당신이 나약하다는 증거가 아니다. 당신의 전략이 처참하게 실패했다는 증거다. 불공정한 전쟁에서 또 한 번 패배했다는 객관적인 결과 보고서일 뿐이다.

── 전략의 부재: 당신은 전략 없이 전쟁에 나섰다

그렇다면 문제의 본질은 의지력 부족이 아니다. 애초에 의지력만으로 이 전쟁에서 이길 수 있다고 믿었던 당신의 전략 자체가 잘못되었다. 마치 1차 세계대전의 장군들처럼, 참호를 파고 버티는 막강한 적을 향해 병사들을 무작정 돌격시키는 무모한 전술을 반복했을 뿐이다. 당신은 더 이상 당신 내면의 병사(의지력)를 탓하며 채찍질하는 것을 멈춰야 한다. 대신, 전쟁의 전체 판도를 읽고 승리의 길을 설계하는 브랜드 전략가가 되어야 한다.

진정한 전략가는 정면 대결을 피한다. 그는 적을 힘으로 누르려 하시 않는나. 그는 적(생존 시스템)의 동기와 욕구를 정획히 피악하고, 그의 강점(안정 추구)을 존중하며, 그의 약점(변화에 대한 둔감함, 즉각적 보상에 취약함)을 파고든다. 그리고 저항을 최소화하면서 자신의 목표(성장 시스템)를 달성할 수 있는 가장 효율적인 경로를 설계한다. 이것이 바로 당신에게 브랜드 전략이 필요한 이유다. '나'라는 브랜드를 성공적으로 리뉴얼하는 프로젝트는 의지력이라는 변덕스러운 감정에 기대는 즉흥적인 도전이 되어서는 안 된다. 그것은 시장(나의 내면)을 분석하고, 고객(나의 뇌)을 이해하며, 명확한 목표(나의 비전)를 설정하고, 실패 확률을 줄이는 체계적인 시스템 위에서 수행되어야 한다. 예를 들어, SNS 사용 시간을 줄이고 싶다는 목표를 가진 사람의 2가지 접근법을 비교해 보자.

1. 의지력에 기댄 방식(전략의 부재)

"오늘부터 무조건 스마트폰을 멀리할 거야. SNS 앱을 보고 싶은 충동을 내 강력한 의지로 참고 또 참겠어"

결과: 생존 시스템은 사회적 연결의 단절과 새로운 정보 습득의 중단을 생존에 대한 위협으로 간주한다. 동시에 지루함이라는 부정적 감정을 해소할 가장 손쉬운 방법을 빼앗겼다고 판단, 어떻게든 SNS에 접속하라는 강력한 갈망 신호를 보낸다. 의지력이라는 한정된 자원은 금세 고갈되고, 결국 이전보다 더 심하게 SNS에 몰두하는 요요 현상을 겪는다. 실패 후에는 '나는 역시 의지가 약하고 중독에 취약한 인간이야'라는 부정적인 자기 낙인만 남는다.

2. 브랜드 전략에 기반한 방식(시스템 설계)

"나의 생존 시스템은 왜 이토록 SNS를 갈망하는가? 이 고객의 진짜 니즈는 무엇인가?"

- 고객(뇌) 분석: 시스템 행동 일지를 분석해 보니, 나의 뇌는 주로 '지루할 때', '외로울 때', '업무적 압박감을 느낄 때' SNS를 찾는다. 즉, SNS는 이 부정적 감정들을 즉시 해소해 주는 값싼 진통제 역할을 하고 있었다. 생존 시스템은 나를 괴롭히려던 것이 아니라, 고통을 줄여주던 것이었다.

- 가치 제안(대체재) 설계: 그렇다면 이 강력한 진통 효과를 제공하면서도, 나를 파괴하는 대신 성장시킬 수 있는 더 나은 대안은 무엇일까? 생존 시스템이 저항 없이 받아들일 만한 새로운 선택지를 설계한다.

'지루할 땐 5분간 산책하며 햇볕 쬐기'
'외로울 땐 친구에게 짧은 안부 메시지 보내기'
'압박감을 느낄 땐 3분간 심호흡 명상하기'

- 환경 설계(선택 설계): 생존 시스템이 관성에 따라 옛 습관으로 돌아갈 수 있는 모든 경로를 차단하고, 새로운 신대지로 가는 길을 최대한 쉽게 만들어 준다. 스마트폰 홈 화면에서 SNS 앱을 삭제하고 폴더 안에 숨긴다(마찰력 증가). 특정 시간에는 스마트폰을 물리적으로 다른 방에 둔다(경로 차단). 방 한편에는 언제든 들고 나

갈 수 있는 운동화와 흥미로운 책을 둔다(새로운 경로 개척).

- 결과: 생존 시스템은 자신의 핵심 욕구(부정적 감정 회피)가 더 건강하고 효과적인 방식으로 충족되자, 굳이 많은 노력을 들여 SNS를 찾으려는 저항을 크게 줄인다. 변화는 더 이상 고통스러운 인내의 과정이 아니라, 여러 선택지 중 더 나은 대안을 선택하는 자연스러운 과정이 된다.

이것이 바로 전략의 힘이다. 전략은 뜨거운 감정을 차가운 이성으로 대체하고, 무모한 용기를 영리한 계획으로 바꾼다. 이제 당신은 명확히 깨달아야 한다. 당신의 문제는 의지력이라는 엔진의 출력이 약한 것이 아니었다. 당신에게는 애초에 목적지까지 안전하고 확실하게 안내해 줄 내비게이션(전략)과 지도(자기 이해) 자체가 없었던 것이다. 이제 우리는 그 지도와 내비게이션을 만들기 위한 첫걸음을 떼었다. 다음 장에서는 문제의 표면이 아닌 진짜 근원을 파헤치는 가장 강력한 진단 도구, '5 Whys'를 통해 당신을 실패하게 만든 시스템의 뿌리를 찾아 떠날 시간이다.

5 Whys:
고객 불만(나의 불만족) 진짜 원인 찾기

── 우리는 이유를 안다고 착각한다

인간은 자기 자신에 대한 뛰어난 변호사이자 동시에 가장 무능한 의사다. 우리는 어떤 문제가 발생했을 때 그럴듯한 이유를 찾아내어 스스로를 납득시키는 데 매우 능숙하다. "왜 오늘도 피곤하지?"라는 질문에 우리는 지체 없이 답한다. "어제 늦게 자서", "원래 저질 체력이라서" 이 대답들은 너무나 명쾌하고 합리적으로 들리기 때문에 우리는 그것이 진짜 이유라고 믿어 의심치 않는다. 그리고 이 잘못된 진단 위에 잘못된 처방을 내린다. "앞으론 일찍 자야겠다", "영양제라도 챙겨 먹어야지"

하지만 이것은 치통의 원인이 충치인데 진통제만 계속 먹는 것과 같다. 통증은 잠시 사라질지 몰라도 충치는 당신의 신경을 파고들며 더 깊은 곳에서 곪아 터질 준비를 하고 있다. 어제 늦게 잤다는 것은 문제의 진짜 원인이 아니다. 오늘 피곤하다는 결과 바로 앞에 나타난 또 다른 현상, 즉 표면적인 원인일 뿐이다. 우리는 이 표면적인 원인을 근본적인 원인으로 착각하고, 엉뚱한 곳에 계속해서 연고를 바르고 반창고를 붙인다. 그리고 상처가 낫지 않으면 자신의 약한 피부(의지력)를 탓한다.

'나'라는 브랜드를 관리하는 데 있어 이보다 더 치명적인 진단은 없다. 당신 삶에서 반복적으로 발생하는 나의 불만들(만성 피로, 텅 빈 지갑, 진전 없는 인간관계)은 모두 당신의 시스템이 보내는 경고 신호다. 이 신호의 진짜 근원을 찾아 해결하지 않는 한 당신은 평생 진통제에 의존하며 살아가는 운명에서 벗어날 수 없다. 이제 이 악순환을 끊고 문제의 뿌리를 뽑아낼 날카로운 탐사 도구를 손에 쥘 시간이다. 우리는 위기에 빠진 소담식당의 마케터가 되어, 그곳의 진짜 위기 원인을 파헤치는 과정을 통해, 자신의 문제를 진단하는 법을 배우게 될 것이다.

—— 탐사 도구, 5 Whys

5 Whys는 이름 그대로 어떤 문제 현상에 대해 "왜?"라는 질문을 다섯 번 연속으로 던져 그 근본 원인을 찾아내는 기법이다. 이 단순하지만 강력한 도구는 세계적인 기업 토요타의 생산 시스템을 구축한 오

노 다이이치에 의해 창안되었다. 그의 철학은 명확했다. "문제의 표면만 보지 마라. 다섯 번의 '왜'를 던져, 현상이라는 껍질을 벗겨내고 그 안에 숨은 진짜 원인을 찾아내라"

이 기법의 위대함은 단순함과 순수함에 있다. 이것은 복잡한 통계 분석이나 공학적 지식이 필요한 도구가 아니다. 오히려 세상을 향한 호기심을 잃지 않은 어린아이의 질문에 가깝다. "하늘은 왜 파래?", "구름은 왜 떠 있어?" 어린아이는 세상을 이해하기 위해, 이 순수한 질문을 반복한다. 그들에게 "원래 그런 거야"라는 어른들의 답변은 통하지 않는다. 그들은 세상의 작동 원리를 이해할 때까지 질문을 멈추지 않는다.

우리는 언제부터 이 강력한 질문을 멈추게 되었을까? 아마도 우리가 '안다'고 착각하기 시작했을 때부터일 것이다. 어설픈 지식과 경험이 쌓이면서 우리는 더 이상 근본적인 질문을 던지지 않고, 그럴듯한 변명과 합리화로 가득 찬 정답 비슷한 오답에 안주하게 되었다. 5 Whys는 바로 우리가 잃어버렸던 그 어린아이의 순수한 호기심, 그 진리를 향한 집요함을 되찾게 해주는 훈련이다. 5 Whys는 당신이 스스로에게 붙여온 모든 모호한 딱지(게으름, 의지박약)와 그럴듯한 변명을, 문제의 가장 깊은 곳에 있는 근본 원인에 도달하게 만드는 강력한 도구다.

—— 5 Whys 워크숍: 소담식당의 진짜 문제 진단

이제 이 강력한 도구를, 소담식당 문제에 적용해 보자. 이 과정은 당신의 시스템 행동 일지에 기록된 구체적인 데이터를 바탕으로 진행되어야 한다. 추측이 아닌 사실에 기반할 때 5 Whys는 진정한 힘을 발휘한다.

1단계: 문제 현상의 명확한 정의

가장 먼저, 고객 불만을 명확하고 구체적인 문제 현상으로 정의해야 한다.

- 문제: 소담식당의 월 매출이 지난 분기 대비 30% 감소했다.

2단계: 5 Whys를 통한 근본 원인 탐사

정의된 문제 현상에 대해, 사실과 데이터를 기반으로 "왜?"라는 질문을 파고들어 간다.

- Why 1? (왜 매출이 30% 감소했는가?)

데이터 확인: 신규 고객 유입은 비슷하지만, 기존 고객의 재방문율이 50%나 급감했다.

→ 손님의 재방문율이 급격히 떨어졌기 때문이다.

- Why 2? (왜 재방문율이 떨어졌는가?)

고객 리뷰 및 설문 데이터 분석: '최근 음식 맛이 변했다', '갈 때마다 맛이 다르다'는 부정적인 고객 피드백이 지난 분기부터 급증했다.

→ 음식 맛이 일정하지 않다는 고객 불만이 늘었기 때문이다.

- Why 3? (왜 음식 맛이 일정하지 않은가?)

주방 업무일지 및 직원 인터뷰: 주방을 총괄하는 메인 셰프의 컨디션 난조로 레시피를 착각하거나 간을 맞추는 데 실수가 잦아졌다.

→ 메인 셰프의 컨디션 난조로 조리 실수가 잦아졌기 때문이다.

- Why 4? (왜 셰프의 컨디션이 좋지 않은가?)

셰프와의 심층 면담: 매일 새벽, 좋은 식재료를 구하기 위해 혼자 도매시장을 여러 군데 돌아다니고, 가게에 돌아와서는 재료 손질과 저녁 장사까지 모두 책임지느라 만성 피로와 수면 부족에 시달리고 있다.

→ 식재료 구매 및 손질 업무 과다로 인해 만성 피로에 시달리고 있기 때문이다.

- Why 5? (왜 셰프 혼자 모든 식재료를 구매해야 하는가?)

운영 시스템 분석: 가게 오픈 이후, 비용을 아끼고 품질을 유지한다

는 명목하에 식재료를 직접 구매하는 방식을 고수해 왔다. 신선한 식재료를 안정적으로 공급해 줄 신뢰할 만한 공급 업체 시스템을 구축하지 않았기 때문이다.

3단계: 근본 원인 식별

다섯 번의 질문 끝에 우리는 마침내 소담식당의 진짜 문제에 도달했다. 매출 감소의 근본 원인은 홍보 부족이나 셰프의 실력 부족이 아니었다. 그것은 바로 주먹구구식의 비효율적인 식재료 공급 프로세스였다.

근본 원인은 대개 다음과 같은 특징을 갖는다.

- 프로세스의 문제: '~하는 방법/계획/시스템이 없다'와 같이, 특정한 프로세스가 없다.

- 통제 가능성: 경기가 안 좋아서와 같은 외부 요인이 아니라, 식당 주인이 직접 수정하고 개선할 수 있는 내부 운영의 영역에 있다.

- 연쇄 반응의 시작점: 공급 업체 시스템을 구축하여 셰프의 업무 부담을 줄여주면, 셰프의 컨디션이 좋아지고(4번 해결), 음식 맛이 안정되며(3번 해결), 고객 불만이 줄고 재방문율이 높아져(2번 해결),

결국 매출이 회복될(1번 해결) 가능성이 매우 높다.

── 당신이라는 브랜드에 5 Whys 적용하기

이제 소담식당의 사례를 당신 자신에게 적용해 볼 차례다. 시스템 행동 일지에서 찾아낸 당신의 가장 큰 불만 하나를 문제로 정의하고 똑같이 5 Whys를 진행해 보자. 이번에는 더 개인적인 문제 '만성적인 무기력'을 겪는 한 사람의 사례를 따라가 보자.

- 문제: 나는 주말만 되면 아무것도 하기 싫고, 소파에 누워 하루 종일 무기력하게 보낸다.

- Why 1? (왜 주말에 무기력한가?)

행동 일지 분석: 주중에 쌓인 피로가 주말에 한꺼번에 몰려오는 느낌이 들기 때문이다.

- Why 2? (왜 주중에 피로가 그도록 심하게 쌓이는가?)

행동 일지 분석: 거의 매일 밤, 잠들기 전에 1~2시간씩 스마트폰으로 의미 없는 영상을 보다가 늦게 잠들기 때문이다.

- Why 3? (왜 잠들기 전에 스마트폰을 보게 되는가?)

내면 관찰: 하루 종일 일에 시달리고 난 뒤, 머리를 비우고 아무 생각 없이 있을 수 있는 유일한 시간이라고 느끼기 때문이다. 나에 대한 보상이라고 생각한다.

- Why 4? (왜 '머리를 비우는 보상'이 그토록 절실하게 필요한가?)

생각/감정 분석: 내가 하는 일이 정말로 중요한 일인가에 대한 회의감과 뒤처지고 있다는 막연한 불안감을 느끼기 때문이다. 스마트폰은 이 불편한 감정들을 잠시 잊게 해주는 마취제 역할을 한다.

- Why 5? (왜 나의 일에서 의미를 찾지 못하고 불안감을 느끼는가?)

나의 장기적인 삶의 목표나 비전이 무엇인지 명확하지 않기 때문이다. 목표가 없으니 현재 내가 하는 일이 어떤 의미를 갖는지 알 수 없고, 그저 남들과 비교하며 불안해할 수밖에 없다.

이 분석을 통해 주말의 무기력이라는 문제의 근본 원인은, 수면 부족이나 스마트폰 중독이 아니라 삶의 방향성과 목적의 부재라는 훨씬 더 깊은 차원의 문제였음을 알게 된다. 진정한 해결책은 수면제를 먹거나 스마트폰을 없애는 것이 아니라, 2장에서 다룰 브랜드 미션과 비전 설정을 통해 삶의 목적지를 명확히 하는 것이다.

── 증상 치료에서 근본 원인 수술로

  5 Whys 기법을 통해 당신은 마침내 자기 자신이라는 브랜드의 가장 유능한 진단 전문가가 되었다. 당신은 더 이상 삶의 표면에서 일어나는 파도(문제 현상)에 휩쓸려 다니지 않는다. 대신, 그 파도를 일으키는 깊은 바닷속의 지각 변동(근본 원인)을 탐지할 수 있는 능력을 갖게 되었다. 당신은 이제 끊임없이 진통제를 먹으며(임시방편) 고통을 잠재우는 사람이 아니다. 통증의 원인이 되는 염증을 정확히 찾아내어 그것을 제거하는 외과적 수술을 집도할 준비를 마쳤다. 소담식당 사장님이 할인 전단지를 뿌리는 대신, 안정적인 식재료 공급 업체를 찾는 것처럼 말이다. 이제 우리는 문제의 진짜 원인을 찾아내는 날카로운 메스를 손에 쥐었다. 다음 단계는 이 문제를 둘러싸고 있는 당신의 '생각, 감정, 환경'이라는 더 큰 시스템 변수들을 분석하는 것이다.

브랜드 구성요소 분석:
내 평판을 결정하는 생각, 감정, 환경

      5 Whys를 통해 우리는 마침내 문제의 뿌리를 찾아내는 강력한 도구를 손에 넣었다. 이것은 복잡한 기계가 멈췄을 때, 수많은 부품 속에서 타버린 퓨즈 하나를 정확히 찾아낸 것과 같은 쾌거다. 하지만 유능한 엔지니어는 거기서 멈추지 않는다. 그는 "왜 퓨즈가 타버렸는가?"라는 더 근본적인 질문을 던지며 그 퓨즈가 연결된 전체 회로도와 전력 시스템, 그리고 기계가 놓인 작업 환경까지 분석한다. 근본 원인은 결코 홀로 존재하지 않기 때문이다. 그것은 더 거대한 시스템 아키텍처 안에서 다른 부품들과 상호작용 하며 존재한다.

  지금까지 당신이 수행한 분석이 '점'을 찾는 과정이었다면, 이제부터는 그 점들을 연결하는 '선'과, 그 선들이 모여 이루는 '면'을 그리는 작업이다. 즉, '나'라는 브랜드의 평판과 가치를 결정하는 거대한 시스템의 전체 아키텍처를 이해하는 단계다. 이 거대한 시스템은 크게 3가지 핵심적인 구성요소, 즉 3개의 거대한 축으로 이루어져 있다. 바로 당신의 생각, 감정, 그리고 환경이다. 이 3가지는 각각 독립적으로 작동하는 것처럼 보이지만, 실제로는 서로의 꼬리를 무는 뱀처럼, 서로를 비추는 거울처럼 긴밀하게 연결되어 있다. 당신의 모든 행동과 결과는 바로 이 생각-감정-환경 안에서 벌어지는 상호작용의 산물이다. 이 3가지 구성요소를 각각 분해하고, 그것들이 어떻게 서로를 강화하거나 약화시키며, 당신의 현재 시스템을 구축했는지 분석하는 것이 바로 이번 장의 목표다.

── 첫 번째 변수, 생각: 현실의 설계자

당신이 '나'라고 믿는 것의 가장 깊은 곳에는 당신이 세상을 해석하는 방식, 즉 당신의 생각이 있다. 고대 스토아 철학자 에픽테토스가 "우리를 혼란에 빠뜨리는 것은 사건 그 자체가 아니라, 그 사건에 대한 우리의 생각이다"라고 말했듯이, 우리의 현실을 결정하는 것은 객관적인 사건이 아니라 그것을 받아들이는 주관적인 해석이다. 이 해석의 시스템이 바로 생각이라는 변수다.

핵심 신념: 당신의 운영체제(OS)를 움직이는 소스 코드

모든 컴퓨터에 운영체제가 있듯, 우리에게도 세상을 살아가는 기본 프로그램을 관장하는 정신적 운영체제가 있다. 그리고 그 운영체제의 가장 깊은 곳에는 핵심 신념이라는 소스 코드가 숨겨져 있다. 이 신념은 대부분 어린 시절의 경험을 통해 형성되며 너무나 당연한 진실처럼 느껴지기에 우리는 평생 그 존재조차 의식하지 못한다.

"나는 사랑받을 가치가 없는 사람이다"
"세상은 위험한 곳이며, 사람을 믿어서는 안 된다"
"나는 똑똑하지 않기 때문에, 완벽하게 준비하지 않으면 실패할 것이다"
"나의 가치는 나의 성과에 의해 결정된다"

이러한 핵심 신념들은 보이지 않는 중력처럼 당신의 모든 생각과 감정, 행동에 영향을 미친다. 예를 들어, '나는 사랑받을 가치가 없다'는 핵심 신념을 가진 사람은 연인에게 끊임없이 사랑을 확인하려 하거나, 반대로 거절당하는 것이 두려워 아예 관계를 시작조차 하지 못하는 행동 패턴을 보일 수 있다. '완벽하게 준비해야 한다'는 신념을 가진 사람은, 사소한 일에도 엄청난 에너지를 쏟아붓다 번아웃에 빠지거나, 아예 실패가 두려워 일을 미루는 완벽주의적 행동을 보이게 된다. 당신의 시스템 행동 일지에서 발견된 문제 행동의 뿌리를 거슬러 올라가다 보면, 그 끝에는 거의 언제나 이런 부정적인 핵심 신념이 자리 잡고 있다.

자동적 사고: 나도 모르게 떠오르는 내면의 목소리

핵심 신념이 운영체제라면, 자동적 사고는 그 위에서 실행되는 응용 프로그램과 같다. 이것은 어떤 상황에 닥쳤을 때, 우리 머릿속에 반사적으로 떠오르는 생각이나 이미지다. 이 생각들은 너무나 빠르고 자동적으로 지나가기 때문에 우리는 종종 그것을 객관적 사실로 착각한다.

- 상황: 상사가 내 보고서를 보고 표정이 좋지 않다.
- 자동적 사고: '내 보고서가 엉망인가 봐. 나는 역시 무능해'
- 결과: 불안감과 수치심을 느끼고 다음 업무에 집중하지 못한다.

이때 '내 보고서가 엉망'이라는 생각은 사실이 아닐 수 있다. 상사는 그저 다른 일로 고민 중이거나 몸이 좋지 않았을 수도 있다. 하지만 우리의 뇌는 이 자동적 사고를 진실로 받아들이고 그에 맞는 감정과 행동을 연쇄적으로 만들어 낸다.

분석 실습: 나의 생각 시스템 감사하기

당신의 시스템 행동 일지를 다시 펼친다. 그리고 문제 행동을 하기 직전에 느꼈던 내부 트리거(감정)에 집중한다. 그 감정이 들기 직전 당신의 머릿속을 스쳐 지나간 자동적 사고는 무엇이었는가? 그 생각을 붙잡아 아래의 질문을 던져보자

- 이 생각의 증거는 무엇인가? (이 생각이 100% 진실이라고 입증할 객관적인 증거가 있는가?)
- 반대되는 증거는 없는가? (이 생각이 사실이 아닐 수도 있다는 증거는 없는가?)
- 최악의 경우, 그것이 사실이라도 그래서 뭐 어쨌단 말인가? (보고서가 정말 엉망이라면, 그게 곧 '나는 무능하다'는 의미인가? 아니면 '이번 보고서 작성 스킬이 부족했다'는 의미인가?)
- 이 생각을 믿었을 때의 결과와 믿지 않았을 때의 결과는 무엇인가?

이 질문들은 인지행동치료에서 사용하는 기법으로, 당신을 지배해 온 자동적 사고의 독재에 균열을 내는 강력한 도구다. 이 과정을 통해 당신은, 생각이 곧 '나'가 아니며, 그것은 단지 검증하고 수정할 수 있는 하나의 가설에 불과하다는 사실을 깨닫게 된다.

—— 두 번째 변수, 감정: 시스템의 강력한 경고등

우리는 오랫동안 감정을 비이성적이고 통제해야 할 대상으로 여겨 왔다. 특히 불안, 분노, 슬픔과 같은 부정적인 감정은 어떻게든 피하거나 억눌러야 할 문제적 존재로 취급했다. 하지만 이는 자동차의 경고등을 시끄럽다는 이유로 꺼버리는 것과 같은 어리석은 행위다. 감정은 우리 시스템의 현재 상태를 알려주는 가장 정직하고 중요한 데이터 신호다. 유능한 분석가는 감정에 휘둘리지 않고, 그 감정이 어떤 메시지를 전달하는지 귀를 기울인다. 당신을 괴롭히는 주요 부정적 감정들이 사실은 당신의 생존 시스템이 보내는 중요한 경고 신호임을 이해해야 한다.

- 불안: 이것은 미래에 발생할지 모르는 위협을 감지하고 대비하라는 신호다. 발표에 대한 불안감은 '준비가 부족하니 더 대비하라'는 신호일 수 있고, 새로운 관계에 대한 불안감은 '과거의 상처가 반복될 수 있으니 조심하라'는 신호일 수 있다. 불안을 무시하고 억누르는 대신, "나의 시스템이 지금, 미래의 어떤 위협을 감지하고 있는가?"라고 질문해야 한다.

- 분노: 이것은 당신의 가치관, 시간, 에너지 등 중요한 경계가 누군가에 의해 침범당했음을 알리는 신호다. 부당한 요구를 하는 상사에게 분노를 느낀다면, 그것은 '나의 권리가 존중받지 못하고

있다'는 중요한 데이터다. 분노를 무조건 참는 대신, "지금 나의 어떤 중요한 경계선이 무너졌는가?"라고 질문해야 한다.

- 슬픔: 이것은 당신에게 소중했던 무언가(관계, 기회, 건강 등)를 잃었음을 알리고, 그것을 재평가할 시간을 갖게 하는 신호다. 실패 후의 슬픔은 그 목표가 나에게 정말 중요했다는 사실을 알려주는 데이터다. 슬픔에서 도망치는 대신, "나는 지금 무엇을 잃었고, 그것은 나에게 어떤 의미였는가?"라고 질문해야 한다.

- 수치심: 이것은 내가 속한 집단의 규칙이나 도덕적 기준에서 벗어났으며, 이로 인해 무리에서 배척당할 수 있다는 원시적 두려움을 알리는 신호다. 이 신호의 목소리를 분석함으로써, 우리는 자신이 어떤 사회적 규칙을 내면화하고 있는지 역으로 파악할 수 있다.

당신의 시스템 행동 일지에 나타난 문제 행동들은 대부분, 이러한 불편한 감정 신호를 끄기 위한 손쉬운 해결책(넷플릭스, 야식, 쇼핑)이었을 가능성이 높다. 이제부터 당신은 경고등이 켜졌을 때, 도망치는 대신 잠시 멈춰 서서 그 신호의 의미를 읽어내는 연습을 해야 한다. 감정은 당신이 참고해야 할 중요한 신호이다.

── 세 번째 변수, 환경: 당신을 조각하는 보이지 않는 손

우리는 자신의 행동이 대부분 자신의 내면적 선택의 결과라고 믿지만, 사회심리학의 수많은 연구는 그 믿음이 얼마나 허약한지를 증명한다. 인간의 행동에 가장 강력한 영향을 미치는 변수는 개인의 의지력이 아니라 그가 놓인 환경이다. 의지력은 잘 설계된 환경 시스템 앞에서는 힘을 쓰지 못한다. '나'라는 브랜드는 진공 속에서 존재하지 않는다. 당신은 당신을 둘러싼 물리적, 사회적, 디지털 환경이라는 무대 위에서 끊임없이 영향을 주고받는 배우와 같다. 유능한 배우는 자신의 연기력만 탓하지 않고, 무대 디자인과 소품, 그리고 다른 배우들이 자신의 연기에 어떤 영향을 미치는지 분석한다.

물리적 환경: 당신의 행동을 결정하는 '선택 설계'

당신의 책상, 방의 구조, 집 안의 물건 배치는 당신의 행동을 유도하는 보이지 않는 선택 설계다.

- 문제: 퇴근 후 운동을 가기로 결심했지만, 집에 오자마자 소파에 눕는다.

- 환경 분석: 소파는 현관에서 가장 잘 보이는 곳에 있고, TV 리모컨은 소파 위 손 닿기 쉬운 곳에 있다. 반면 운동복은 옷장 깊숙

이 있고, 헬스 가방은 정리가 되어 있지 않다.

- **환경 재설계**: 이 시스템은 당신에게 휴식을 강력하게 제안하고 운동을 매우 번거롭게 만든다. 이 설계를 바꿔야 한다. TV 리모컨을 서랍에 넣고, 소파 위에 운동복과 헬스 가방을 미리 놓아둔다. 이 작은 변화만으로도 당신의 생존 시스템은 더 쉬운 선택지(운동)를 선택할 확률이 높아진다.

사회적 환경: 당신은 가장 가까운 다섯 사람의 평균이다

당신이 교류하는 사람들은 당신의 생각과 행동을 전염시키는 가장 강력한 바이러스다.

- **문제**: 돈을 모으고 싶지만, 월말이면 항상 잔고가 부족하다.

- **환경 분석**: 당신이 가장 자주 만나는 친구들은 새로운 맛집을 찾아다니고, 신상 쇼핑을 즐기며, '인생은 한 번뿐'이라며 소비를 장려하는 사람들이다. 이 소비 지향적 사회 시스템 안에서 당신 혼자 저축을 외치는 것은 엄청난 마찰을 유발한다.

- **환경 재설계**: 당신의 목표(성장 시스템)와 같은 방향을 바라보는 사람들과의 연결을 의도적으로 늘려야 한다. 재테크 스터디에 참여

하거나, 운동을 좋아하는 동호회에 가입하거나, 당신에게 영감을 주는 멘토와의 시간을 확보하는 것이다. 당신의 생존 시스템은 주변 사람들과 동질감을 느끼고 소속되려는 강력한 욕구가 있다. 이 욕구를 당신의 성장에 유리한 방향으로 이용해야 한다.

디지털 환경: 당신의 뇌를 해킹하는 알고리즘

현대인의 환경에서 가장 강력한 변수는 바로 디지털 환경이다. 당신의 스마트폰 화면과 소셜미디어 피드는 세계 최고의 전문가들이 당신의 주의력과 시간을 빼앗기 위해 설계한 정교한 시스템이다.

- 문제: 중요한 일에 집중하지 못하고, 계속해서 스마트폰을 확인한다.

- 환경 분석: 당신의 스마트폰에는 수십 개의 앱이 시시각각 알림을 보내고, 유튜브와 인스타그램의 알고리즘은 당신의 원시적인 뇌가 가장 좋아하는 자극적인 콘텐츠를 끝없이 추천한다.

- 환경 재설계: 이 시스템에 맞서 싸우려 하지 말고 당신 통제권 안으로 가져와야 한다. 불필요한 모든 앱 알림을 끈다. 당신의 시간을 빼앗는 앱들은 눈에 보이지 않는 두 번째, 세 번째 페이지로 옮기거나 삭제한다. 성장에 도움이 되는 콘텐츠(뉴스레터, 교육 채널)

를 의도적으로 구독하고 알고리즘을 길들인다.

이제 우리는 '나'라는 브랜드 시스템이 생각, 감정, 환경이라는 3가지 핵심 변수의 역동적인 상호작용으로 이루어져 있음을 이해했다. 이 3가지는 최고의 요리를 만드는 필수 조건과 같다. 당신의 생각은 요리의 방향과 근본적인 맛을 결정하는 레시피고, 당신의 감정은 요리의 완성도를 좌우하는 요리사의 기술과 불 조절이며, 당신의 환경은 요리의 퀄리티를 결정하는 신선한 식재료와 주방 설비다. 이 3가지 중 어느 하나만으로는 절대 훌륭한 요리를 만들 수 없다. 완벽한 레시피도 서툰 요리사를 만나면 가치를 잃고, 뛰어난 요리사도 상한 재료와 고장 난 화력 앞에서는 요리를 망칠 뿐이다. 당신의 삶에서 반복되는 문제들은 이 요소들이 서로 조화를 이루지 못한 채, 끔찍한 맛의 요리를 만들어 내고 있다는 신호다.

'As-Is 분석'의 마지막 단계는 바로 이 요소들이 어떻게 서로에게 영향을 미쳐 실패한 요리를 만들어 내고 있는지 그 과정을 패턴으로 그려보는 것이다. 예를 들어, 과도한 업무 환경 → '나는 이걸 제대로 해낼 수 없을 거야' → 불안감과 무기력 → 보상 행위로 자극적인 배달 음식을 시키는 행동 등과 같은 연쇄 반응의 고리를 발견하는 것이다.

이제 당신은 당신이라는 요리의 레시피와 조리 과정, 그리고 재료의 상태까지 모두 분석할 수 있는 눈을 갖게 되었다. 다음 단계는 이 분석을 바탕으로 당신이 존경하고 닮고 싶은 위대한 브랜드, 즉 '롤모델'의 시스템은 어떻게 이 요소들을 완벽하게 조화시키는지 분석해 볼 차례다.

롤모델 분석:
닮고 싶은 브랜드의 성공 시스템

—— 당신은 왜 그 배우처럼 울 수 없는가?

인간은 선망하는 존재다. 우리는 본능적으로 자신보다 앞서나간 존재, 소위 롤모델을 정하고 그들의 길을 따르려는 경향이 있다. 이것은 성장을 위한 강력한 동력이 되기도 하지만 대부분의 경우 우리는 치명적인 함정에 빠진다. 바로 결과만 모방하는 아마추어의 덫이다. 여기 한 편의 영화가 있다. 주인공이 처절한 슬픔을 연기하는 장면에서 스크린 속 배우는 실세로 눈물을 쏟아내며 관객의 마음을 울린다. 그 연기에 감명받은 아마추어 배우가 있다고 상상해 보자. 그는 무대에 올라 그 배우처럼 보이기 위해 얼굴을 찡그리고, 눈에 힘을 주며, 억지로 울음소리를 낸다. 결과는 어떨까? 그의 연기는 어색하고 과장

되어 보일 뿐 어떤 감동도 주지 못한다. 왜 이런 차이가 발생할까? 아마추어는 배우가 흘리는 눈물이라는 결과를 모방했다. 하지만 진정한 배우는 눈물을 연기하지 않는다. 그는 슬픈 감정을 만들어 내기 위해 자신의 내면 깊숙한 곳으로 들어가 과거의 상처를 끄집어내고, 캐릭터의 상황에 완벽하게 몰입하여 슬픔이라는 감정의 시스템을 먼저 구축한다. 그 시스템이 완벽하게 작동할 때, 눈물은 자연스럽게 흘러나오는 결과물일 뿐이다.

우리가 롤모델을 대하는 방식이 바로 이 아마추어 배우와 놀라울 정도로 닮아 있다. 우리는 성공한 사람들의 결과물에 감탄한다. 그들의 부, 명성, 자신감 넘치는 태도, 그리고 그들이 이룬 화려한 업적에 열광한다. 그리고 겉으로 드러나는 그들의 행동을 흉내 내기 시작한다. "그가 매일 새벽 4시에 일어나니, 나도 그래야겠다", "그녀가 특정 브랜드의 옷을 입으니, 나도 저렇게 입으면 성공한 사람처럼 보일 거야" 하지만 이것은 억지로 눈물을 짜내는 연기와 무엇이 다른가? 당신은 롤모델의 행동이라는 결과를 모방하고 있을 뿐, 그 행동을 가능하게 만든 보이지 않는 내면의 시스템을 분석하려는 시도는 단 한 번도 해본 적이 없다.

새벽 4시에 일어나는 행동 이면에 있는 그의 '수면 관리 시스템', '저녁 시간 활용 시스템', '아침의 목표 설정 시스템'을 이해하지 못한 채, 무작정 알람 시간만 바꾸는 것은 실패가 예정된 무모한 일일 뿐이다. 이제 우리는 맹목적인 추종자, 즉 팬의 자리에서 내려와야 한다. 그리고 그들의 전략을 벤치마킹하는 브랜드 전략가가 되어야 한다. 우리의 목표는 롤모델을 복제하는 것이 아니다. 그들의 성공 시스템을 분석하여 그 안에 숨겨진 핵심 원리를 발견하고, 그것을 '나'라는 고유한 시스템에 맞게 변형하여 적용하는 것이다.

── 롤모델 시스템 해부: 생각, 감정, 환경의 렌즈로 재조명

이제 당신이 마음속에 품고 있는 롤모델 한두 명을 구체적으로 떠올려 보자. 그가 유명인이든, 직장 상사든, 주변의 친구든 상관없다. 중요한 것은 당신이 그의 어떤 점을 닮고 싶은지 명확히 인지하는 것이다. 이제, 우리가 바로 앞 장에서 '나'를 분석했던 생각-감정-환경이라는 시스템 트라이앵글을 이번에는 당신의 롤모델에게 그대로 적용해 보자. 우리는 더 이상 그의 화려한 결과물에 현혹되지 않는다. 대신, 그 결과를 만들어 낸 보이지 않는 시스템의 부품들을 하나씩 분해하고 분석할 것이다.

생각 시스템 분석: 그들은 세상을 어떻게 해석하는가?

롤모델의 가장 강력한 사산은 그들의 사고방식이나. 그들의 신념, 원칙, 세상을 바라보는 프레임은 그들의 모든 의사결정과 행동의 근원이 되는 운영체제다. 우리는 어떻게 그들의 머릿속을 엿볼 수 있을까?

- 그들의 언어 분석: 그들이 쓴 책, 인터뷰, 강연, SNS 게시물을 수집한다. 그들은 '문제'라는 단어를 사용하는가, 아니면 '도전'이나 '기회'라는 단어를 사용하는가? 그들은 실패를 '끝'으로 묘사하는가, 아니면 '데이터'나 '과정'으로 묘사하는가? 그들이 반복적으로 사용하는 단어와 문장 구조 속에는 세상을 해석하는 그들만의 고유한 핵심 신념이 숨어 있다. 예를 들어, "나는 운이 좋았다"고 말하는 사람은 '성공은 외부 요인에 의해 결정된다'는 신념을, "나는 철저히 준비했다"고 말하는 사람은 '성공은 통제 가능한 내부 요인에 의해 결정된다'는 신념을 가졌을 확률이 높다.

- 그들의 의사결정 분석: 그들이 인생의 중요한 기로에서 어떤 선택을 했는지 연구한다. 그들이 무엇을 얻기 위해 노력했는지보다 무엇을 포기했는지를 보는 것이 더 중요하다. 전략적 포기는 그들의 우선순위와 핵심 가치를 가장 명확하게 보여주는 증거다. 스티브 잡스가 수많은 제품 라인을 단 몇 개로 정리한 결정은 단순함과 집중이라는 그의 핵심 신념을 명확히 보여준다.

- 그들의 사고 회로도 분석: 그들이 문제를 해결할 때 어떤 사고의 틀을 사용하는가? 복잡한 문제의 본질을 꿰뚫기 위해 본질 분해 사고를 사용하는가? 혹은 어떤 결정을 내리기 전에 최악의 상황을 먼저 생각하는 실패 예상 시나리오를 사용하는가? 이러한 사고 회로도야말로 그들의 사고 시스템을 움직이는 진짜 알고리즘이다.

감정 시스템 분석: 그들은 감정을 어떻게 다루는가?

성공적인 브랜드는 감정에 휘둘리지 않고, 감정을 중요한 데이터로 활용한다. 롤모델 역시 마찬가지다. 우리는 그들의 감정 관리 시스템을 어떻게 분석할 수 있을까?

- 실패에 대한 반응 분석: 그들이 큰 실패나 대중의 비판에 직면했을 때 어떻게 반응하는지 관찰한다. 감정적으로 무너지거나, 남 탓을 하거나, 변명으로 일관하는가? 아니면 실패를 공개적으로 인정하고 그 원인을 분석하며, 다음 단계를 위한 학습의 기회로 삼는가? 실패에 대한 반응은 그들의 감정적 회복탄력성과 시스템의 성숙도를 보여주는 가장 명확한 지표다.

- 스트레스 관리 방식 분석: 높은 압박감 속에서 그들은 어떤 행동을 보이는가? 명상, 운동, 글쓰기 등 의식적인 감정 조절 전략을 사용하는가? 아니면 일시적인 쾌락(음주, 쇼핑)에 의존하여 스트레스를 회피하는가? 그들이 스트레스라는 경고등에 어떻게 대처하는지를 보면 그들의 감정 시스템이 얼마나 정교하게 설계되었는지 알 수 있다.

- 동기부여 방식 분석: 그들은 어떻게 지치지 않고 꾸준히 나아가는가? 그들이 열정이나 영감과 같은 변덕스러운 감정에 의존하는

지, 아니면 감정 상태와 상관없이 자동으로 움직이게 만드는 루틴과 습관이라는 시스템을 구축했는지 분석한다. 대부분의 프로페셔널은 감정의 기복을 최소화하는 시스템 위에서 움직인다.

환경 시스템 분석: 그들은 어떤 무대 위에서 움직이는가?

이것이 우리가 가장 쉽게 관찰하고 벤치마킹할 수 있는 부분이다. 그들의 탁월함은 그들 스스로가 의도적으로 설계한 환경의 결과물일 가능성이 높다.

- 물리적 환경 분석: 그들의 작업 공간은 어떤 모습인가? 단순하고 정돈되어 있는가, 아니면 창의적인 영감으로 가득 차 있는가? 그들은 방해받지 않는 집중의 공간을 어떻게 확보하는가? 스티븐 킹이 외부와 단절된 방에서 매일 같은 시간에 같은 분량의 글을 쓰는 것은 그의 의지력이 아니라 그의 물리적 환경 시스템이 만들어 내는 결과다.

- 사회적 환경 분석: 그들의 주변에는 어떤 사람들이 있는가? 그들의 성장을 지지하고 건전한 비판을 해주는 멘토나 동료 집단이 있는가? '당신은 가장 가까운 다섯 사람의 평균이다'라는 말처럼, 그들의 사회적 환경은 그들의 성공을 예측하는 중요한 단서다. 그들이 어떤 모임에 나가고, 누구와 식사하며, 누구의 조언을 구

하는지 관찰한다.

- 정보 환경 분석: 그들은 어떤 책을 읽고, 어떤 매체를 소비하며, 누구의 말을 귀담아듣는가? 그들이 자신의 뇌에 어떤 종류의 정보를 입력(Input)하는지가 결국 그들의 생각과 결정이라는 출력(Output)의 질을 결정한다. 당신이 닮고 싶은 롤모델의 추천 도서 목록을 따라 읽는 것은 그의 정보 환경 시스템을 벤치마킹하는 가장 쉽고 강력한 방법이다.

핵심은 모방이 아닌, 원리의 체화다

이 모든 분석의 끝에서 우리는 반드시 명심해야 할 가장 중요한 원칙과 마주하게 된다. 그것은 바로 맹목적인 모방은 실패를 불러온다는 사실이다. 당신은 롤모델의 시스템을 분석하여 그것을 그대로 복제하려는 것이 아니다. 롤모델의 시스템은 그의 고유한 성격, 재능, 환경, 그리고 시대적 배경 속에서 최적화된 결과물이다. 당신이 처한 상황은 그와 완전히 다르다. 우리의 진짜 목표는 그들의 행동을 따라 하는 것이 아니라 그 행동 이면에 숨겨진 원리를 발견하고, 그 원리를 나의 고유한 시스템에 맞게 변형하여 적용하는 것이다. 이를 위한 전략적 벤치마킹 4단계를 소개한다.

- 행동 분리: 롤모델의 수많은 행동 중, 당신이 가장 부러워하고 모방하고 싶은 구체적인 행동 하나를 명확히 분리한다. (예: "그는 매일 아침 명상을 한다")

- 원리 추출: 그 행동이 어떤 근본적인 목적과 원리를 가지고 있는지 추론한다. (예: "이 행동의 원리는, 본격적인 하루를 시작하기 전에, 내면의 소음에 귀 기울이고 마음을 차분하게 정돈하는 시간을 확보하는 것이다")

- 자기 시스템 분석: 나의 고유한 시스템(생체 리듬, 성격, 환경)에 그 원리를 적용할 때, 어떤 저항이나 충돌이 예상되는지 분석한다. (예: "나는 아침에 일어나자마자 업무 생각으로 머리가 복잡해져서 차분한 명상이 어렵다. 오히려 저녁 시간이 더 차분하고 집중이 잘된다")

- 맞춤형 실험 설계: 추출한 원리를 나의 시스템에 맞게 변형하여 나만의 새로운 행동 가설을 설계한다. (예: "그렇다면 나는 아침 명상 대신, 잠들기 전 15분간의 감사 일기 쓰기를 통해 하루를 차분하게 마감하고 정리하는 시간이라는 원리를 적용해 보겠다")

이것이 바로 롤모델 분석의 최종 목적지다. 롤모델은 당신이 따라야 할 정답이 아니라 당신만의 정답을 찾는 데 영감을 주는 가장 훌륭한 사례다.

롤모델 분석을 통해 당신은 더 이상 그들의 성공을 막연히 부러워하는 팬의 자리에 머무르지 않게 된다. 당신은 이제 그들의 성공 비결을 시스템적으로 분석하고, 그 핵심 원리를 자신의 성장에 활용할 줄 아는 전략가의 시선을 갖게 되었다. 롤모델은 더 이상 당신을 주눅 들게 만드는 비교의 대상이 아니다. 그들은 당신이라는 브랜드의 가치를 높이는 데 사용할 수 있는 가장 귀중한 데이터와 영감의 원천이다. 이제, 당신 내부 시스템에 대한 깊은 이해(As-Is 분석)와, 성공적인 외부 시스템에 대한 전략적 분석(롤모델 분석)이라는 2개의 강력한 데이터를 모두 손에 쥐었다. 다음 단계는 이 모든 데이터를 하나의 전략 문서로 종합하여 우리가 나아갈 방향과 피해야 할 위협을 명확히 하는 'SWOT 분석'을 수행할 차례다.

SWOT 분석:
내 브랜드 자산과 시장 기회

―― **데이터 조각에서 전략적 지도로: 왜 SWOT 분석이 필요한가?**

지금까지 우리는 길고 깊은 탐사를 진행했다. 시스템 행동 일지를 통해 나의 객관적인 행동 데이터를 수집했고, 5 Whys를 통해 문제의 근본 원인을 파헤쳤으며, 생각-감정-환경이라는 시스템의 세 축을 분해했다. 마지막으로, 롤모델 분석을 통해 성공적인 시스템의 작동 원리까지 벤치마킹했다. 이제 당신의 책상 위에는 수많은 데이터 조각과 분석 노트들이 흩어져 있을 것이다. 이것들은 하나하나가 매우 귀중한 정보지만 흩어져 있는 상태로는 그저 복잡한 사실의 나열에 불과하다. 마치 수백 개의 퍼즐 조각을 바닥에 쏟아놓고 아직 전체 그림을 보지 못하는 것과 같다. 우리는 파란 하늘 조각들, 푸른 나무 조각들, 갈색 건물 조각들을 각각 모아두었지만, 이 조각들이 어떻게 연결되어 하나의 풍경화를 완성하는지는 아직 알지 못한다. 이러한 분석을 위한 분석의 함정, 즉 정보 과부하에 빠지면, 우리는 오히려 더 큰 혼란과 무력감을 느끼게 된다. 바로 이 지점에서 가장 고전적이면서도 강력한 도구를 꺼내 들어야 한다. 바로 SWOT 분석이다. SWOT 분석은 단순히 정보를 4개의 칸으로 나누는 정리 도구가 아니다. 이것은 흩어져 있는 데이터 조각들을 모아 하나의 완성된 전략적 지도를 그리는 작업이다. 이 지도는 '나'라는 브랜드가 현재 시장(인생)의 어떤 지점에 서 있는지, 나의 내비게이션에는 어떤 성능(강점/약점)이 탑재되어 있으며, 앞으로의 항해에 어떤 순풍(기회)과 역풍(위협)이 예상되는지를 한눈에 보여준다. 이 분석의 목표는 명확하다. 지금까지의 모든 분석을 종합하여, 다음 2장에서 '나는 어떤 브랜드가 될 것인가'라는 목표를 설정하기 전, '현재 나는 어떤 브랜드인가'에 대한 최종적이고 전략적인 결론을 내리는 것이다. 이제, 당신이라는 브랜드의 첫 번째 공식적인 보고서를 작성해 보자.

4개의 렌즈: 나의 내/외부 환경 정밀 분석

SWOT 분석은 4개의 각기 다른 렌즈를 통해 '나'라는 브랜드를 입체적으로 조명하는 작업이다. 이 4가지 요소는 크게 내부 환경과 외부 환경으로 나뉜다.

- 내부 환경(내가 통제 가능한 요소): 강점(S), 약점(W)
- 외부 환경(내가 통제 불가능한 요소): 기회(O), 위협(T)

A4 용지 한 장을 꺼내 4개의 칸으로 나누고, 각 칸의 제목을 S, W, O, T로 적는다. 그리고 다음의 질문들을 스스로에게 던지며, 앞 장에서 얻은 데이터들을 각 칸에 채워 넣는다.

S(강점): 나의 핵심 브랜드 자산은 무엇인가?

이 칸에는 당신이라는 브랜드가 이미 보유하고 있는 긍정적인 내부 자산을 기록한다. 이것은 당신이 통제할 수 있으며, 앞으로의 전략을 실행하는 데 있어 강력한 무기가 될 요소들이다. 많은 사람들이 겸손함 때문에 자신의 강점을 축소하는 경향이 있다. 지금만큼은 스스로의 가치를 냉정하고 객관적으로 평가해야 한다.

질문 가이드

- 내가 다른 사람들에 비해 꾸준히, 그리고 쉽게 해내는 것은 무엇인가? (타고난 재능, 성격적 강점)
- 나는 어떤 분야에 대한 전문적인 지식이나 기술을 가지고 있는가? (학습된 능력)

- 나의 시스템 행동 일지에서 발견된 긍정적인 습관이나 루틴은 무엇인가? (구축된 시스템)
- 주변 사람들로부터 주로 어떤 칭찬을 듣는가? (객관적으로 검증된 평판)
- 과거에 성공했던 경험을 떠올려 볼 때, 그 성공의 핵심적인 요인은 무엇이었는가?
- 롤모델 분석을 통해 발견한, 내가 이미 가지고 있거나 쉽게 가질 수 있는 성공 원리는 무엇인가?

데이터 소스

과거 성공 경험, 주변의 긍정적 피드백, 롤모델과의 공통점, 성취 목록

작성 예시

- "호기심이 많아 새로운 것을 배우는 데 거부감이 없다"
- "한번 시작하면 끝을 보는 책임감이 강하다"
- "복잡한 정보를 구조화하고 요약하는 능력이 뛰어나다"
- "매일 10분이라도 책을 읽는 습관이 있다"
- "어떤 상황에서도 유머를 잃지 않는 긍정적인 태도를 가지고 있다"

W(약점): 나의 개선이 필요한 시스템은 무엇인가?

이 칸에는 당신 브랜드의 성장을 가로막는 부정적인 내부 요소를

솔직하게, 심지어 고통스러울 정도로 정직하게 기록한다. 이것을 회피하는 것은 진단을 포기하는 것과 같다. 이것 역시 당신이 통제할 수 있는 영역이며, 앞으로 반드시 보완하거나 제거해야 할 과제다.

질문 가이드

- 나의 시스템 행동 일지에서 가장 빈번하게 나타난 문제 행동은 무엇인가?
- 5 Whys 분석을 통해 찾아낸 핵심적인 근본 원인은 무엇이었는가?
- 나를 지배하는 가장 강력한 부정적 자동적 사고나 핵심 신념은 무엇인가? ('나는 충분하지 않아', '어차피 실패할 거야' 등)
- 나의 생존 시스템이 가장 쉽게 무너지는 유혹이나 감정적 트리거는 무엇인가?
- 나는 어떤 종류의 일을 의도적으로 회피하거나 미루는 경향이 있는가?
- 주변 사람들로부터 반복적으로 듣는 부정적인 피드백이나 지적은 무엇인가?

데이터 소스

시스템 행동 일지, 5 Whys 분석 결과, 실패 경험에 대한 자기 성찰, 신뢰할 수 있는 사람의 객관적인 피드백

작성 예시

- "복잡하고 어려운 일을 마주하면 압박감을 느끼고 회피하려는 경향이 있다"
- "이 정도는 괜찮다는 합리화를 통해 단기적 쾌락을 선택하는 시스템이 강력하다"
- "거절에 대한 두려움으로 부당한 요구를 쉽게 거절하지 못한다"
- "재정 계획 없이 감정적으로 소비하는 경향이 있다"
- "타인의 비판에 쉽게 상처받고 방어적으로 변한다"

O(기회): 내가 활용할 수 있는 시장의 기회는 무엇인가?

이 칸에는 당신의 외부 환경에 존재하는 긍정적인 요소들을 기록한다. 이것은 당신이 직접 통제할 수는 없지만, 잘 활용하면 브랜드 성장에 큰 도움이 될 순풍과 같다. 기회는 종종 평범한 일상 속에 숨어 있기에 창의적이고 낙관적인 시선으로 주변을 탐색해야 한다.

질문 가이드

- 나의 성장을 지지하고 도와줄 수 있는 긍정적인 사회적 환경(멘토, 동료, 친구, 가족)이 있는가?
- 나의 목표 달성에 도움이 될만한 새로운 기술, 정보, 트렌드, 정부 정책, 교육 과정 등이 있는가?
- 롤모델 분석을 통해 발견한, 내가 지금 당장 적용해 볼 수 있는

구체적인 전략이나 도구는 무엇인가?
- 나의 강점을 발휘할 수 있는 새로운 프로젝트나 기회가 회사나 주변에 있는가?
- 나의 약점을 보완해 줄 수 있는 외부 자원(책, 강의, 커뮤니티, 상담)은 무엇인가?

데이터 소스

환경 분석, 롤모델 분석, 최신 트렌드 및 뉴스, 네트워킹을 통한 정보 수집

작성 예시

- "나의 성장을 진심으로 응원해 주는 멘토가 있다"
- "최근 회사에서 데이터 분석 교육을 지원해 주기 시작했다"
- "유튜브를 통해 양질의 무료 강의를 얼마든지 들을 수 있다"
- "온라인 커뮤니티를 통해 같은 목표를 가진 사람들과 쉽게 연결될 수 있다"
- "업계의 트렌드가 나의 강점 분야와 일치하게 변화하고 있다"

T(위협): 나의 브랜드를 위협하는 요소는 무엇인가?

이 칸에는 당신의 성장을 방해하거나 브랜드를 위협할 수 있는 부정적인 외부 요소를 기록한다. 이 역풍을 미리 인지하고 대비책을 세우

는 것은 매우 중요한 위기관리 전략이다. 위협은 예상치 못한 곳에서 나타날 수 있으므로 현실적이고 비판적인 시선으로 평가해야 한다.

질문 가이드
- 나의 문제 행동을 유발하는 가장 강력한 외부 트리거는 무엇인가? (물리적/사회적/디지털 환경)
- 나의 에너지를 빼앗고 부정적인 영향을 주는 사회적 환경(특정 인물, 모임)이 있는가?
- 가까운 미래에 나의 계획을 방해할 만한 예상되는 변화(업무량 증가, 경제적 변수)가 있는가?
- 나의 약점을 더욱 심각하게 만들 수 있는 외부 환경의 위험 요소는 무엇인가?
- 나의 강점이 더 이상 통하지 않게 될 시장이나 기술의 변화가 있는가? (예: AI 기술 발전)

데이터 소스
환경 분석, 미래에 대한 예측, 주변 상황 변화, 업계 뉴스

작성 예시
- "스트레스를 받을 때마다 함께 술을 마시자고 하는 친구 그룹이 있다"
- "다음 분기에 대규모 프로젝트가 예정되어 있어 업무량이 폭발적

으로 늘어날 것이다"
- "나의 핵심 직무는 AI 기술에 의해 대체될 위험이 크다"
- "불규칙한 업무 시간으로 인해 꾸준한 생활 패턴을 유지하기 어렵다"
- "집 주변에 24시간 배달 음식점이 너무 많다"

분석에서 전략으로: SWOT 매트릭스를 활용한 전략 방향 설정

SWOT 분석의 진짜 가치는 4개의 칸을 채우는 것에서 끝나는 것이 아니다. 이 4가지 요소를 조합하여 구체적인 실행 전략을 도출하는 데 있다. 이것은 분석을 행동으로 연결하는 가장 중요한 단계다. 이제 각 요소를 교차 분석하여 네 가지 종류의 전략 방향을 설정해 보자.

- SO 전략(강점-기회 전략): 나의 강점을 활용하여 기회를 극대화하는 가장 공격적인 성장 전략. "어떻게 나의 강점으로 이 기회를 잡을 것인가?"

- 예시: 나의 학습 능력(강점)을 활용하여, 회사의 데이터 분석 교육(기회)에 가장 먼저 지원해 팀 내 최고 전문가로 포지셔닝한다.

- ST 전략(강점-위협 전략): 나의 강점을 활용하여 위협을 회피하거나 최소화하는 차별화 전략. "어떻게 나의 강점으로 이 위협에 맞서거나 무력화할 것인가?"

  – 예시: 나의 책임감과 기획력(강점)을 무기로, 프로젝트 업무량 폭증(위협)이라는 위협에 대해 미리 상사와 논의하여 일정을 조율하고, 팀원들의 역할을 분배하는 등 선제적으로 위기를 관리한다.

- WO 전략(약점-기회 전략): 기회를 활용하여 나의 약점을 보완하거나 극복하는 개선 전략. "어떻게 이 기회를 활용하여 나의 치명적인 약점을 보완할 수 있을까?"

  – 예시: 나의 압박감 회피 성향(약점)을 극복하기 위해 나의 성장을 지지하는 멘토(기회)에게 도움을 요청하여, 복잡한 업무를 작은 단위로 쪼개고 관리하는 구체적인 노하우를 배운다.

- WT 전략(약점-위협 전략): 약점과 위협이 결합하여 최악의 상황을 만드는 것을 피하기 위한 방어/회피 전략. "나의 약점이 이 위협과 만났을 때 발생할 최악의 상황을 막기 위해, 어떤 방어막을 쳐야 하는가?"

  – 예시: 스트레스 음주 모임(위협)의 유혹에 빠지지 않기 위해, 나의

거절 못 함(약점)을 인정하고, 모임이 있는 날에는 의도적으로 운동 PT(약점 보완을 위한 새로운 시스템) 약속을 미리 잡아 물리적으로 참석 불가능한 상황을 만든다.

── 당신의 첫 번째 여행 계획서

이제, 당신의 손에는 '나'라는 브랜드의 현재 상태를 한눈에 보여주는 첫 번째 전략 지도가 들려 있다. 지금까지 당신의 삶이 어디로 가야 할지 모른 채 낯선 도시를 헤매는 막막한 여행과 같았다면, 이 지도를 펼쳐 든 순간 당신은 더 이상 길 잃은 방랑자가 아니다. 마침내 도시의 전체 모습과 당신이 서 있는 정확한 위치, 그리고 가고 싶은 목적지까지의 다양한 경로가 한눈에 들어온 것이다. 당신은 이제 여행을 떠나기 전 자신의 모든 조건을 꼼꼼히 점검하는 현명한 여행자다. 여행 경비와 사용 가능한 시간(강점/약점), 마침 저렴하게 나온 항공권과 현지의 축제 정보(기회), 그리고 목적지의 좋지 않은 날씨 예보나 여행자들을 노리는 소매치기 위험(위협)까지 모두 파악했다. 현명한 여행자는 무작정 떠나지 않는다. 그는 이 모든 정보를 바탕으로 최적의 경로를 설계하고, 위험을 피하며, 최고의 경험을 만들어 낼 계획을 세운다. 이 한 장의 문서는 당신의 여행을 위한 가장 정직하고 현실적인 준비 현황 보고서다. 어쩌면 그 내용이 불편하고 초라할 수도 있다. 하지만 중요한 것은 이것이 바로 당신이 여행을 시작할 정확한 현재 위치라는 점이다. 우리는 '어떻게든 되겠지'라는 막연한 기대감으로 떠나는 낭만 여행가가 아니다. 모든 조건을 파악하고 최적의 경로를 설계하는 현실적인 여행 전문가가 된 것이다. 이 SWOT 분석을 통해 당신은, 1장 '브랜드 진단'의 모든 과정을 성공적으로 완수했다. 이 냉철하고 객관적인 자기 이해라는 단단한 출발점 위에서, 우리는 다음 2장의 가장 설레는 질문에 답할 자격을 얻었다.

'그래서, 우리의 다음 목적지는 어디인가?'

이것이 우리가 2장에서 그려나갈 새로운 브랜드 설계도를 위한 출발점이다. 당신은 이제 당신이 어디에 서 있는지 정확히 알게 되었다. 이제, 어디로 갈 것인지 결정할 시간이다.

제2장

브랜드 아이덴티티: 당신은 '어떤 사람'으로 기억되고 싶은가?

1장에서 당신은, 당신이라는 삶의 지도를 손에 넣었다. 당신은 이제 당신이 서 있는 위치의 강점과 약점, 외부의 기회와 위협을 모두 안다. 하지만 지도는 출발지를 알려줄 뿐 목적지를 정해주지는 않는다. 여기서 대부분의 사람들은 성급한 실수를 저지른다. 그들은 지도를 대충 훑어본 뒤 눈앞에 보이는 가장 가까운 길로 무작정 달려 나가기 시작한다. '더 부지런해지기', '살 빼기', '돈 많이 벌기'와 같이, 세상이 좋다고 말하는 목표들을 자신의 목표인 양 착각하고 에너지를 쏟아붓는다. 이깃은 자신의 신체 사이즈와 체형, 어올리는 색깔까지 정확한 데이터를 모두 파악하고도, 자신만의 스타일을 정립할 생각 없이 마네킹이 입고 있는 옷을 그대로 사 입는 것과 같다.
　단편적인 목표와 브랜드 아이덴티티는 완전히 다른 개념이다. 살을 빼는 것은 목표지만, 건강하고 활기찬 라이프스타일을 즐기는 사람이 되는 것은 아이덴티티다. 돈을 버는 것은 목표지만, 경제적 자유를 통해 선한 영향력을 미치는 사람이 되는 것은 아이덴티티다. 목표는 행동의 결과지만, 아이덴티티는 모든 행동의 이유이자 방향을 결정하는 북극성이다.

이 2장에서 우리는 행동을 잠시 멈추고 당신이라는 브랜드의 북극성을 띄우는 작업을 할 것이다. 1장에서 냉철한 분석가의 역할을 수행했다면, 2장에서 당신은 새로운 브랜드를 창조하는 건축가가 되어야 한다. 우리는 이제 '어떻게 고칠 것인가'라는 수리의 관점에서 벗어나, '무엇이 될 것인가'라는 창조의 관점으로 전환한다. 이 과정은 당신 내면 가장 깊은 곳의 욕망과 마주하는 일이다.

이제 당신은 "어떤 사람으로 기억되고 싶은가?"라는 궁극적인 질문에 답해야 한다. 당신의 브랜드가 세상에 어떤 가치를 제공할 것인지 미션과 비전을 설정하고, 그 성공을 무엇으로 증명할 것인지 핵심 성과 지표(KPI)를 정의하며, 그 비전을 흐리는 모든 불필요한 것들을 전략적으로 포기하는 법을 배우게 될 것이다. 이 작업은 당신이라는 브랜드의 브랜드 가이드라인을 만드는 것과 같다. 한번 가이드라인이 완성되면 앞으로의 모든 행동과 습관은 이 기준에 맞춰 일관되게 이루어진다. 당신은 더 이상 매 순간의 선택지 앞에서, 어떻게 보일까 고민하며 에너지를 낭비할 필요가 없다. 그저 "이 행동이 우리의 브랜드 가이드라인에 부합하는가?"라고 묻기만 하면 된다. 1장이 현실을 직시하는 고통스러운 과정이었다면, 2장은 당신이 꿈꾸는 가장 이상적인 미래를 설계하는 설레는 과정이 될 것이다. 이제, 당신이라는 브랜드의 영혼을 담을 첫 번째 설계도를 그릴 시간이다.

관점의 전환: '어떻게' 고칠 것인가에서, '무엇이 될 것인가'로

─── 당신은 당신 삶의 수리공인가, 건축가인가?

당신 삶을 하나의 집이라고 상상해 보자. 그리고 스스로에게 정직하게 물어보자. 당신은 이 집의 주인인가, 아니면 이 집에 고용된 수리공인가? 지금까지 당신은 이 집을 대하는 수리공의 관점으로 살아왔을 가능성이 높다. 당신은 아침에 일어나면 집 안 곳곳을 돌아다니며 문제점을 찾는다. '삐걱거리는 문(어김없이 미루는 습관)', '물 새는 수도꼭지(통제 불능의 재정 문제)', '깨진 유리창(불편해진 인간관계)', '얼룩진 벽지(낮은 자존감)'. 당신의 하루는 이 문제 목록을 작성하고 그것들을 어떻게 고칠 것인가에 대한 고민으로 가득 차 있다. 당신의 손에는 항상 망치와 스패너, 그리고 임시방편을 위한 강력 접착제가 들려 있다.

당신은 의심할 여지 없이 성실한 수리공이다. 끊임없이 문제를 찾아내고 그것을 수리하는 일에 모든 에너지를 쏟아붓는다. 수리가 끝나면 잠시 안도의 한숨을 내쉬지만, 얼마 지나지 않아 집의 다른 곳에서 또 다른 문제가 어김없이 터져 나온다. 당신의 삶은 끝없는 문제 해결의 연속이다. 이 집은 당신에게 안식과 영감을 주는 신성한 공간이 아니라, 끊임없이 관리하고 보수해야 할 피로와 의무의 공간이 되어버린다. 수리공의 삶에는 조용한 만족은 있을지언정 가슴 뛰는 환희는 없다. 수리공의 목표는 명확하다. 집을 고장 나지 않은 상태, 즉 마이너스(−)를 제로(0)로 만드는 것이다. 그에게 +1, +100의 세계는 존재하지 않는다. 그의 사전에 창조란 없으며, 오직 수리와 보수만이 있을 뿐이다. 그의 역할은 어디까지나 문제의 해결이지 새로운 가치의 창조가 아니기 때문이다.

하지만 2장에서 우리는 이 지긋지긋하고 성실하기만 했던 수리공의 역할을 내려놓는다. 1장에서 얻은 정밀한 보고서를 손에 들고, 우리는 이제 이 집을 완전히 새롭게 창조할 건축가의 관점을 장착한다. 건축가는 문제점을 찾는 데서 일을 시작하지 않는다. 그는 빈 대지 위에서, 혹은 낡은 집의 뼈대만 남긴 채, "이곳에 어떤 집을 지을 것인가?"라는 본질적인 질문에서부터 모든 것을 시작한다. 그는 단순히 비와 바람을 막는 기능적인 공간을 넘어서, 따스한 햇살이 쏟아지는 통유리창 거실에서 한가로운 주말을 보내는 가족의 모습을, 소중한 사람들과 나눌 음식을 만들며 주방에서 요리의 즐거움을 만끽하는 당신의 모습을, 고요한 서재에서 깊은 사색에 잠겨 새로운 아이디어를 떠올리는 당신의 미래를 먼저 그린다. 그는 그 집에 살게 될 당신의 삶과 철학이, 공간의 모든 곳에 어떻게 스며들게 할지를 먼저 고민한다. 그의 목표는 문제가 없는 집이 아니다. 살고 싶어 견딜 수 없는 집, 나의 모든 것을 완벽하게 담아내는 단 하나의 작품을 짓는 것이다. 이것이 바로 제로(0)를 플러스(+100)로 만드는 창조의 관점이다. 지금까지 당신은 당신 삶의 성실한 수리공이었다. 이 2장은 당신 내면의 수리공을 해고하고, 당신의 영혼을 담을 위대한 건축가를 영입하는 첫 번째 단계다.

── 수리공 관점의 치명적인 함정: 왜 당신의 노력은 배신당하는가?

우리가 수리공의 관점에서 벗어나야 하는 이유는 단지 그것이 옹색해서가 아니다. 그 관점 자체가 우리의 성장을 가로막고, 현재 문제에 우리를 영원히 가두는 3가지 치명적인 심리적 함정을 가지고 있기 때문이다.

첫째, 관점의 초점이 결핍에 영원히 고정된다

문제 해결을 삶의 목표로 삼는 순간, 당신의 뇌는 자동적으로 당신 삶의 문제점, 결점, 실패만을 찾아내는 고성능 결함 스캐너가 된다.

우리 뇌의 망상 활성계는 우리가 중요하다고 생각하는 정보만 걸러서 보여주는 강력한 필터 역할을 한다. 당신이 계속해서 "나의 문제는 무엇인가?"라고 묻는다면, 당신의 뇌는 그 질문에 충실하게 답하기 위해 당신의 삶에서 잘못된 점, 부족한 점, 부끄러운 기억들만 부지런히 수집하여 당신의 의식 위로 올려보낸다.

이는 당신이 '오늘부터 빨간색 자동차만 찾아보겠다'고 마음먹는 순간, 온 세상이 빨간색 자동차로 가득 찬 것처럼 보이는 것과 같다. 세상에 빨간 차가 갑자기 늘어난 것이 아니다. 그저 당신의 뇌가 빨간 차라는 필터를 통해 세상을 보기 시작했을 뿐이다. 마찬가지로, '나의 문제'라는 필터를 끼고 자신을 바라보면 당신의 세상은 온통 문제투성이로 보이게 된다. 당신은 당신이 가진 것보다 가지지 못한 것에, 당신의 강점보다 당신의 약점에 더 집중하게 된다. 이것은 끊임없는 자기비판과 낮은 자존감으로 이어지는 가장 확실하고 빠른 경로다. 당신의 생존 시스템은 계속해서 위험 신호(나의 결점)를 감지하고 당신을 불안과 무기력 속에 가두게 된다.

둘째, 명확한 방향성 없이 평생 표류하게 된다

문제 해결은 본질적으로 반응적 행위다. 문제가 터지면 해결하고, 또 다른 문제가 터지면 해결하는 식이다. 여기에는 일관된 방향성이 존재하지 않는다. 이는 뛰어난 항해술을 가졌지만 항해 지도와 목적지가 없는 선원과 같다. 그는 파도가 치면 돛을 내리고, 폭풍이 불면

키를 조정하며, 배가 가라앉지 않게 하는 데는 선수다. 그의 항해 일지는 급한 불 끄기와 긴급 보수로 가득 차 있다. 그는 매일 바쁘고, 누구보다 열심히 노를 젓는다. 하지만 이 모든 노력의 끝에, 배가 어디로 향하고 있는지는 선원 자신도 모른다. 다이어트에 성공했다가, 다음에는 인간관계 문제를 해결하려 애쓰고, 그다음에는 재정 문제를 수습하는 식의 삶은 결국 같은 바다 위에서 맴도는 것과 같다. 이것은 두더지 잡기 게임과 같다. 당신은 눈앞에 튀어나온 문제들을 처리하느라 정신없이 바쁘지만, 당신 삶이라는 배가 전체적으로 어디로 나아가고 있는지는 알 수 없다. 가장 큰 비극은, 이 성실한 선원이 자신의 배가 항구에 묶여 있을 때보다, 단 한 걸음도 나아가지 못했다는 사실을 죽을 때까지 깨닫지 못하는 것이다.

셋째, 당신의 진정한 잠재력이 사라진다

수리공의 관점은 당신의 잠재력에 보이지 않는 유리 천장을 만든다. 그가 도달할 수 있는 최상의 상태는 원래의 고장 나지 않은 상태이기 때문이다. 이 관점 안에서 당신의 삶은 더 나아지는 것이 아니라, 그저 덜 나빠지는 것을 목표로 삼게 된다. 이것은 엄청난 잠재력을 가진 신인 배우가 자신의 독창적인 연기력을 개발할 생각은 하지 않고, 오직 NG를 내지 않고 대사를 틀리지 않는 것에만 집착하는 것과 같다. 그는 결국 실수 없는 연기자는 될 수 있을지 몰라도, 관객의 마음을 뒤흔드는 위대한 배우는 될 수 없다. 문제 해결에만 매몰된 삶은 이와 같다. 당신은 사회가 요구하는 기준과 평균에 맞춰 자신의 모난 부분을 깎아내고, 튀는 개성을 다듬으며 문제없는 보통 사람이 되기 위해 노력한다. 하지만 그 과정에서 당신만이 가진 독특한 강점, 남들과 다른 특별한 욕망과 기질은 오히려 고쳐야 할 문제점으로 취급되어 제거당한다. 수리공의 관점은 당신의 잠재력을 해방시키는 것이 아니다. 사회적 기준에 맞춰 당신을 안전하고 대체 가능한 부품으로 만드는 것에 가깝다. 당신이라는 나무를, 분재용 철사로 칭칭 감아 작고 정형화된 모양으로 만드는 것이다.

── **건축가 관점의 위대한 힘: 당신은 어떻게 스스로를 창조하는가?**

반면 건축가의 관점, 즉 '무엇이 될 것인가?'라는 창조의 관점으로 전환하는 순간, 당신의 뇌와 시스템은 완전히 다르게 작동하기 시작하며, 이전과는 비교할 수 없는 강력한 힘을 발휘한다.

첫째, 동기부여의 원천이 결핍과 공포에서 긍정과 열망으로 바뀐다

당신은 더 이상 결점을 없애기 위한 고통스러운 인내의 시간을 보내는 것이 아니다. 당신은 꿈에 그리던 집을 짓기 위해 기꺼이 벽돌을 나르고 땀을 흘린다. 그 과정은 고될 수 있지만, 하루하루 완성되어 가는 집의 모습을 보며 강력한 내적 동기와 살아 있는 성취감을 느낀다. 고통은 더 이상 피해야 할 대상이 아닌, 위대한 창조를 위한 의미 있는 과정이 된다. 이는 당신 내면의 시스템 전쟁에서 엄청난 차이를 만든다.

이러한 내면의 극적인 변화를 심리학에서는 회피 동기가 접근 동기로 전환되는 과정으로 설명한다. 수리공 관점은 실패나 비난을 피하려는 회피 동기를 자극하여 두려움과 스트레스를 유발한다. 이는 생존 시스템을 자극하여 당신을 방어적으로 만든다. 반면, 건축가 관점은 성공과 이상을 향해 나아가려는 접근 동기를 자극하여 희망과 성취라는 강력한 에너지를 성장 시스템에 공급한다. 당신은 '~해야만 한다'는 무거운 의무감이 아니라, '~하고 싶다'는 가슴 뛰는 열망을 연료로 삼아 폭발적으로 나아가게 된다.

둘째, 모든 선택에 명확하고 강력한 기준, 즉 설계도가 생긴다

당신에게 내가 살고 싶은 집이라는 명확한 설계도가 있다면, 더 이상 수많은 일상의 선택지 앞에서 고민하며 에너지를 낭비할 필요가 없다. 이 가구는 내가 설계한 미니멀한 거실의 콘셉트와 어울리는가? 이 벽지의 색깔은 내가 원하는 고요한 침실의 분위기를 만드는 데 도움이 되는가? 모든 행동과 결정은 '나의 설계도에 부합하는가?'라는 단 하나의 명확한 기준으로 걸러진다. 이것은 당신의 시간과 에너지를 지키는 문지기다. 이 문지기는 당신의 설계도에 명시된 가치 있는 활동만 안으로 들여보내고, 나머지는 돌려보낸다. 높은 연봉이지만 나의 가치관과 맞지 않는 회사의 입사 제안 앞에서, 당신은 더 이상 고민하지 않는다. 그것은 당신의 설계도에 없기 때문이다. 나의 성장에 도움이 되지 않는 유흥적인 모임에 대한 초대를 받았을 때, 당신은 의지력을 쥐어짤 필요 없이 쉽게 거절할 수 있다. 그것은 당신의 집을 짓는 데 필요 없는 활동이기 때문이다. 이 명확한 기준은 당신의 의지력 소모를 최소화하고 모든 에너지를 목표 달성에만 집중하게 만드는 강력한 자동 필터 역할을 한다.

셋째, 당신의 진정한 잠재력이 비로소 깨어난다

수리공의 목표는 문제가 없는 집에서 멈춘다. 하지만 건축가의 목표는 바로 그 지점에서부터 시작된다. 건축가는 단순히 하자를 없애는 것을 넘어, 그곳에 사는 사람의 삶이 더 풍요로워지고, 영감을 얻으며, 행복해지는 경험을 설계한다. 그는 햇빛이 가장 잘 드는 곳에 서재를 배치하고, 가족의 대화가 끊이지 않도록 주방과 다이닝 공간의 동선을 고민하며, 현관문을 열었을 때 평온함이 느껴지도록 공간의 향기까지 고려한다. 당신의 잠재력이 깨어난다는 것은 바로 이런 것이다. 그저 문제없는 삶, 평범한 삶을 넘어, '나다운 삶'을 능동적으로 창조하는 건축가의 영역으로 들어서는 것을 의미한다. 수리공의 관점에서 산만함이라는 문제점은, 건축가의 관점에서 창의성과 호기심이라는 강력한 자산으로 재해석된다. 당신의 모든 것이, 당신의 집을 짓는 데 필요한 특별한 재료가 되는 것이다.

── 수리공을 해고하고, 건축가로서의 삶 선택

결국 관점의 전환이란, 당신이 스스로에게 던지는 질문의 언어를 바꾸는 것이다. 수리공의 언어는 "왜 나는 안 되는가?", "무엇이 문제인가?"라는 과거와 결핍에 대한 질문이다. 이 질문은 당신을 무력하게 만들고 스스로를 변호하거나 비난하게 만든다. 하지만 건축가의 언어는 "어떤 것을 가능하게 할 것인가?", "나는 무엇을 창조하고 싶은가?"라는 미래와 가능성에 대한 질문이다. 이 질문은 당신을 창의적인 설계자로 만들고, 당신의 뇌가 새로운 해결책과 기회를 상상하게 만든다.

이제 당신 앞에는 2개의 길이 놓여 있다. 하나는 끊임없이 문제를 수리하며 현상을 유지하는 수리공의 길이다. 이 길은 익숙하고 비교적 안전하지만, 결코 당신을 새로운 곳으로 데려다주지 않는다. 다른 하나는 당신의 영혼을 담은 단 하나의 집을 짓는 건축가의 길이다. 이 길은 낯설고 때로는 힘들겠지만, 그 끝에는 당신만이 만들 수 있는, 당신의 모든 것을 증명하는 위대한 작품이 기다리고 있다. 당신은 어떤 길을 선택하겠는가? 이것이야말로 당신이 당신 인생의 진정한 주인이 되기 위해 내려야 할 첫 번째 결정이다.

1장이 현실이라는 땅을 정밀하게 측량하는 과정이었다면, 2장은 그 땅 위에 어떤 건축물을 올릴 것인지, 그 브랜드 콘셉트를 잡는 과정이다. 이제, 다음 장에서는 이 건축가의 관점을 더욱 단단하게 만들어 줄 '프레임 전환'의 구체적인 방법을 알아볼 것이다.

프레임 전환: '결점 있는 나'에서 '개선이 필요한 시스템'으로

── 보이지 않는 감옥, '결점 있는 나'라는 프레임

우리는 세상을 있는 그대로 보지 않는다. 우리는 각자 자신만의 프레임이라는 창문을 통해 세상을 해석하고 받아들인다. 똑같은 비 오는 날의 풍경을 보고도, 어떤 사람은 우울하고 질척이는 날이라 말하고, 다른 사람은 창가에 앉아 책 읽기 좋은 평온한 날이라 말한다. 비는 그저 비일 뿐이다. 그것을 우울하게 만드는 것도, 평온하게 만드는 것도, 오직 세상을 바라보는 우리의 프레임이다. 프레임은 단순한 장식이 아니다. 그것은 우리가 무엇을 보고 무엇을 보지 못할지를 결정하는 우리 인식의 경계선 그 자체다. 그리고 우리가 가진 가장 강력한 프레임은 바로, 우리 자신을 바라보는 프레임이다. 이 프레임이 무엇이냐에 따라 당신의 삶은 비극이 될 수도, 혹은 영웅의 서사가 될 수도 있다. 문제는 우리 대부분이 자기 자신을 '결점 있는 나'라는 이름으로 바라보고 있다는 점이다. 이 감옥은 우리가 태어나면서부터 지금까지 겪어온 수많은 경험과 교육, 사회적 메시지들이 조각조각 모여 완성된 것이다.

어린 시절, 그림 그리기를 좋아했던 아이가 "너는 그림에 재능이 없구나"라는 무심한 평가 한마디를 듣는다. 아이는 그때 '나는 창의적이지 못한 사람'이라는 감옥의 첫 번째 벽돌을 쌓는다. 학창 시절, 시험 점수 하나로 "너는 똑똑하다" 혹은 "너는 노력이 부족하다"는 평가를 받는다. 우리는 그때 '나의 가치는 나의 성과에 의해 결정된다'는 프레임의 설계를 시작했다. 직장에서의 작은 실수 하나가 '역시 나는 일머리가 없어'라는 내면의 목소리로 확증되었던 경험. 우리는 그때 '나는 본질적으로 무능하다'는 차가운 족쇄를 스스로에게 달았다. 소셜미디어 속 완벽하게 편집된 타인의 삶과, 나의 초라한 현실을 비교하며 느꼈던 박탈감. 우리는 그때 '나를 제외한 모든 사람은 행복하다'는 왜곡된 창문을 통해 세상을 보기 시작했다. 이 모든 경험의 파편들이 시멘트처럼 굳어져 '나는 어딘가 부족하고, 결점이 많은 존재'라는 단단한 프레임을 구축했다. 이 프레임의 가장 무서운 점은 그것이 객관적인 진실의 가면을 쓰고 있다는 것이다. 이 목소리는 너무나 오랫동안 우리와 함께해 왔기에 우리는 그것을 외부의 평가가 아닌 내면의 진실한 목소리라고 착각한다.

이 프레임은 당신의 모든 경험을 개인적 결함이라는 단 하나의 렌즈로만 해석하도록 강요한다. 새로운 다짐에 실패하면 프레임은 속삭인다. "거봐, 넌 역시 의지박약이야", 다른 사람 앞에서 실수를 하면 프레임은 확신에 차서 말한다. "넌 원래부터 어설프고 부족한 사람이야", 심지어 성공을 거두었을 때조차 이 뒤틀린 프레임은 "이번엔 그냥 운이 좋았을 뿐, 곧 너의 진짜 실력이 드러날 거야"라며 성공의 가치를 스스로 깎아내린다. 이 프레임 안에서 당신의 모든 데이터는 당신이 얼마나 부족하고 결점이 많은 사람인지를 증명하는 증거로만 사용된다.

우리는 왜 이 고통스러운 프레임을 스스로에게 씌우는가? 역설적이게도 이 프레임은 우리 생존 시스템에 2가지 종류의 기묘한 안정감을 제공하기 때문이다. 첫째는 정체성의 안정감이다. 나는 원래 게으른 사람이라는 규정은 비록 부정적일지라도, "나는 누구인가"라는 혼란스러운 질문에 대한 가장 손쉬운 답변이 되어준다. 둘째는 기대의 안정감이다. 스스로를 결점 있는 존재로 규정함으로써, 우리는 실패의 고통을 미리 예상하고, 성공에 대한 부담감에서 벗어날 수 있다. 즉, 상처받지 않기 위해 미리 웅크리는 것이다. 이것은 오랫동안 감옥에 갇혀 있던 죄수가 막상 석방의 날이 다가오면 감옥 밖의 예측 불가능한 세상이 두려워 다시 감옥으로 돌아가고 싶어 하는 심리와 같다. 이 감옥은 고통스럽지만, 적어도 예측 가능하기 때문이다. 하지만 이 안정감의 대가는 너무나도 크다. 이것이야말로 당신의 생존 시스템이 사용하는 가장 교묘하고 강력한 무기다. 성장이라는 위험한 도전을 하지 못하도록 "너는 원래 그런 사람이니, 부디 지금 있는 곳에 얌전히 머물러라"고 속삭이며, 당신을 자기 비하라는 이름의 안전한 감옥 안에 영원히 가둬버리는 것이다. 우리가 건축가가 되기 위해 가장 먼저 해야 할 일은, 이 낡고 뒤틀린 액자를 부숴버리고 완전히 새로운 프레임으로 교체하는 것이다.

새로운 프레임: 나는 시스템이다

이제 당신은 스스로를 바라보는 관점을 근본적이고 혁신적으로 바꿔야 한다. 바로 이 한 문장을 당신의 새로운 신조로 삼는 것이다. "나는 결점 있는 사람이 아니다. 나는 개선이 필요한 시스템을 운영하고 있는 사람이다." 이 문장의 차이가 느껴지는가? 이것은 단순한 말장난이나 긍정적인 자기 암시가 아니다. 이것은 당신의 정체성과 문제 사이의 관계를 완전히 재설정하는 관점의 대전환이며, 당신을 평생 옭아매던 자기 비난의 족쇄를 끊어내는 도구다. 이 작업의 본질은 당신의 핵심 자아, 즉 '나'라는 존재의 본질과 당신의 행동 패턴을 만들어내는 시스템을 의식적으로 분리하는 것이다. 이 새로운 프레임을 몇 가지 비유를 통해 더 쉽게 이해해 보자.

식물 vs. 정원사

'결점 있는 나' 프레임

당신은 정원에 심겨진 시든 식물이다. 잎이 노랗게 변하고 꽃이 피지 않으면, 당신은 "나는 원래부터 병약한 식물이야. 내 유전자는 틀렸어"라고 자책한다. 문제의 원인이 나(식물)의 본질에 있다고 믿기 때문에 당신이 할 수 있는 일은 절망하거나, 기적적으로 강한 비료(의지력)가 오기만을 기다리는 것뿐이다. 당신의 정체성과 문제가 하나로 엉겨 붙어 분리할 수 없는 운명이 되어버린다.

'개선이 필요한 시스템' 프레임

당신은 식물이 아니라 그 정원 전체를 관리하는 정원사다. 당신의 핵심 자아, 즉 정원사는 정원을 아름답게 가꾸고 싶은 선한 의도를 가진 존재다. 정원의 식물이 시들었다면 당신은 식물 자체를 탓하지 않는다. 대신, 전문가의 시선으로 시스템의 다른 변수들을 점검한다. "토양(내면의 신념)에 문제가 있는 건 아닐까? 햇빛의 양(외부 환경)이 부족한가? 물을 주는 주기(습관)가 잘못되었나?" 실패는 더 이상 당신의 정체성에 대한 공격이 아니라 해결해야 할 객관적인 시스템의 문제가 된다.

자동차 vs. 드라이버

'결점 있는 나' 프레임

당신은 낡고 성능이 좋지 않은 자동차 그 자체다. 경주에서 다른 차들에 뒤처지거나 언덕을 오를 때 힘에 부치면, 당신은 "나는 원래부터 느리고 형편없는 차야. 내 엔진(재능)은 결함투성이고, 타이어(의지력)는 다 닳아빠졌어"라고 단정 짓는다. 자동차의 성능과 당신의 존재 가치를 동일시하기 때문에, 경주에서의 패배는 곧 당신 존재의 실패가 된다.

'개선이 필요한 시스템' 프레임

당신은 자동차가 아니라, 그 차를 몰고 경주에 나선 숙련된 드라이버. 당신의 핵심 자아(드라이버)는 경주에서 승리하고 싶은 강력한 목표와 열정을 가진 존재다. 경주가 뜻대로 풀리지 않는다면, 당신은 자신의 운전 실력을 탓하기 전에 차의 상태를 점검하고 전략을 수정한다. "엔진 출력(에너지)이 부족한가? 타이어의 공기압(건강 상태)이 적절한가? 내가 선택한 주행 코스(전략)가 잘못되었나? 혹시 더 효율적인 운전 기술(새로운 지식)이 필요하지는 않을까?" 문제의 원인은 드라이버의 본질이 아니라, 그가 운용하는 자동차 시스템의 기술적 문제와 전략의 문제로 전환된다. 드라이버는 타이어를 교체하고, 엔진을 튜닝하며, 다음 코스를 위한 새로운 전략을 세울 수 있다.

일상의 적용: 다이어트 실패를 시스템의 관점으로 바라보기

이 프레임 전환이 실제 삶에서 어떻게 작동하는지, 수많은 사람들이 겪는 '다이어트 결심과 폭식'이라는 고통스러운 문제를 예로 들어보자.

'결점 있는 나' 프레임의 반응

야심 차게 샐러드 식단을 시작했지만, 스트레스받는 하루의 끝에 결국 배달 앱을 켜서 피자와 치킨을 시켜 먹은 자신을 발견한다. 당신의 내면에서는 자동적으로 이런 목소리가 울려 퍼진다. "나는 정말 의지박약이야. 먹는 것 하나 참지 못하다니 한심하다. 이러니 평생 다이어트에 성공할 수 없는 거야" 이 생각은 극심한 수치심과 자기혐오를 불러일으키고, 이 고통스러운 감정은 '에라, 모르겠다. 이미 망했다'는 생각과 함께 남은 음식을 전부 먹어치우는 추가적인 폭식으로 이어진다. 결국 '나는 식탐을 조절 못 하는 사람'이라는 자기 예언이 완벽하게 실현된다.

'개선이 필요한 시스템' 프레임의 반응

같은 상황에서 당신은 당신 삶의 시스템 분석가, 즉 '건강 관리 컨설턴트'가 되어 문제를 객관적으로 바라본다.

- 현상 분석: 나의 건강한 식단 유지 시스템에 오류가 발생하여, 고열량 음식 섭취라는 비상 프로토콜이 가동되었다.

- 입력값 진단: 아침과 점심을 부실하게 먹어 저녁 시간에 극심한 허기와 혈당 저하 상태였다(생리적 입력값). 오후에 중요한 발표를

망쳐 심한 스트레스와 무력감을 느꼈다(감정적 입력값).

- 프로세스 진단: 과도한 스트레스와 허기가 동시에 닥치자, 나의 감정 조절 소프트웨어가 가장 빠르고 확실한 쾌락(도파민)을 제공하는 배달 음식 주문으로 자동 전환되었다. 이는 스트레스에 대한 단기적인 해결책이었다.

- 환경 진단: 스마트폰에 배달 앱 알림이 계속 울렸고, 냉장고에는 즉시 먹을 수 있는 건강한 대안이 없었다. 손쉽게 접근 가능한 경로가 오직 배달 음식뿐이었다.

개선 계획 수립

- 입력값 수정: 점심을 든든하게 챙겨 먹어 저녁의 극심한 허기를 예방한다.

- 프로세스 업그레이드: 스트레스를 받을 때 배달 앱을 켜는 대신, '음악 들으며 10분 산책하기' 혹은 '친한 친구와 통화하기'라는 새로운 스트레스 해소 프로세스를 설계한다.

- 환경 개선: 배달 앱의 알림을 끄거나 특정 시간에는 앱을 삭제한다. 냉장고에 바로 먹을 수 있는 건강한 간식(과일, 요거트 등)을 구

비해 둔다.

'나는 의지박약이다'라는 파괴적인 자기 비난은 '나의 스트레스 관리 및 식단 시스템이 비효율적이다'라는 기술적 문제로 바뀐다. 그리고 기술적 문제는 얼마든지 분석하고 개선할 수 있다. 이처럼, 나와 나의 문제(시스템)를 분리하는 순간 당신은 엄청난 심리적 자유와 통제력을 얻게 된다. 당신의 핵심 자아는 유능하며 최고의 결과를 만들고 싶은 좋은 의도를 가지고 있다. 다만, 그가 관리하는 몇몇 시스템이 낡고 비효율적일 뿐이다. 우리의 임무는 시든 식물을 보며 절망하는 것이 아니라 정원사가 되어 토양을 갈고, 물길을 새로 내며, 햇빛이 잘 드는 곳으로 화분을 옮기는 것이다. 이 새로운 프레임은 당신을 자기 비난의 늪에서 건져내어, 자신의 삶을 객관적으로 관찰하고 개선할 수 있는 관리자의 자리로 옮겨놓는다.

── 프레임 전환이 불러오는 혁명: 당신의 세계는 어떻게 변하는가?

이 새로운 프레임을 장착하는 순간, 당신의 삶에서는 3가지 극적인 변화가 혁명처럼 일어나기 시작한다.

첫째, 자기 비난의 에너지가 지적인 호기심으로 전환된다

과거의 당신을 떠올려 보자. 다이어트에 실패하고 야식을 먹은 다음 날 아침, 당신의 머릿속은 어떤 생각으로 가득 차 있었는가? '나는 정말 한심해', '이러니 살이 찌지', '나는 먹는 것 하나 조절 못 하는 의지박약이야'와 같은 끝없는 자책의 목소리가 당신을 괴롭혔을 것이다. 이 자기 비난은 스트레스 호르몬인 코르티솔을 분비시켜 당신을 더욱 무기력하게 만들고, 이 무력감은 또 다른 보상 행동인 폭식을 유발하는 악순환을 만든다. 하지만 새로운 프레임을 장착한 당신은 다르게 반응한다. '어젯밤 나의 야식 시스템이 가동되었군. 흥미로운데? 어떤 트리거가 있었을까? 아, 부장님의 질책 이메일(스트레스)을 받고 난 직후였구나. 야식을 먹는 동안 어떤 보상을 얻었지? 잠시나마 불안감을 잊을 수 있었군. 그 대가는 오늘 아침의 더부룩함과 죄책감이구나.' 당신은 더 이상 스스로를 심판하지 않는다. 수치심과 죄책감이라는 파괴적인 에너지는 이제, 원인을 분석하고 해결책을 찾는 지적인 호기심이라는 건설적인 에너지로 전환된다. 자책감은 뇌의 스트레스 회로를 자극하지만, 호기심은 뇌의 보상 회로를 자극한다.

둘째, 실패의 종결성이 과정의 연속성으로 대체된다

결점 있는 나 프레임 안에서 실패는 '나는 역시 안 돼'라는 최종 판결처럼 느껴진다. 철학자 제임스 카스가 말했듯, 이 프레임은 삶을 성공 아니면 실패라는 2가지 결과만 존재하는 유한 게임으로 바라보게 만든다. 축구 경기처럼 종료 휘슬이 울리고 패배가 확정되면 모든 것은 끝난다. 그래서 몇 번의 시도 끝에 쉽게 포기하게 된다. 하지만 개선이 필요한 시스템 프레임은 삶을 승패가 없는 무한 게임으로 재정의한다. 이 게임의 목적은 이기는 것이 아니라 게임을 계속해서 이어 나가는 것 그 자체다. 이 관점에서 실패는 더 이상 게임의 끝이 아니라 게임을 더 잘하기 위한 하나의 과정일 뿐이다. 유능한 마케터는 제품의 첫 번째 버전이 시장에서 외면받았을 때 '역시 우리 회사는 안 돼'라고 포기하지 않는다. 그는 기꺼이 고객 피드백을 수집하고, 데이터를 분석하여 버전 1.1을 출시할 준비를 한다. 당신의 실패는 더 이상 당신의 정체성에 대한 최종 판결이 아니라, 당신이라는 브랜드를 다음 버전으로 업그레이드하기 위한 가장 귀중한 데이터다.

셋째, 증명의 두려움이 탐험의 자유로 확장된다

결점 있는 나 프레임은 우리를 실패에 대한 두려움 속에 가둔다. 실패는 곧 나의 무능함을 만천하에 증명하는 것이기 때문이다. 그래서 우리는 새로운 도전을 꺼리고 오직 내가 잘할 수 있는 안전한 영역 안에만 머무르려 한다. 이는, 단 하나의 음도 틀리지 않기 위해 아는 곡만 반복해서 연주하는 피아니스트와 같다. 그의 연주는 기술적으로 완벽할지 몰라도 어떤 새로운 감동도 창조하지 못한다. 하지만 시스템 프레임 안에서 모든 새로운 시도는 데이터를 얻기 위한 즐거운 과정이 된다. 당신은 더 이상 당신의 가치를 증명하기 위해 행동하지 않는다. 당신은 그저 어떤 결과가 나올까?를 관찰하기 위해 행동한다. 이것은 새로운 주법을 실험하는 재즈 연주자와 같다. 그의 즉흥연주 속에는 수많은 틀린 음들이 포함되어 있을지 모른다. 하지만 그 모든 과정은 결국 아무도 연주한 적 없는 경이로운 멜로디를 찾아가는 과정의 일부다. 실패는 더 이상 두려운 심판이 아니라 더 나은 연주를 위한 과정이 된다.

—— 당신은 문제가 아니라, 가능성이다

'결점 있는 나'에서 개선이 필요한 시스템으로의 프레임 전환은 당신의 마음에 새로운 운영체제를 설치하는 것과 같다. 이것은 단순한 심리적 위안이나 긍정적인 생각하기 수준의 기법이 아니다. 이것은 당신이 평생을 갇혀 살아온 보이지 않는 감옥의 문을 열고 나오는 인지적 해방이다. 이 새로운 OS는 당신이 경험하는 모든 것을 다르게 해석하고 당신의 모든 행동에 영향을 미친다. 낡은 OS가 모든 에러 메시지를 '당신이 문제입니다'라고 출력했다면, 새로운 OS는 '시스템에서 문제가 발견되었습니다'라고 출력한다. 이 작은 차이가 당신의 삶 전체를 바꾼다. 이것은 당신이 당신 삶의 문제에 대해 갖는 통제권과 주도권을 되찾아 오는 선택이다.

당신은 더 이상 당신의 감정과 습관이라는 시스템의 노예가 아니다. 당신은 그 시스템의 작동 원리를 이해하고 그것을 개선할 수 있는 설계자다. 이 새로운 프레임은 당신에게 무엇을 지어야 할지 알려주지는 않는다. 그것은 그보다 더 중요한 것, 즉 당신에게 무엇이든 지을 수 있다는 가능성을 선물한다. 이제, 당신이라는 건축가는 마침내 새로운 질문과 마주하게 된다. "그래서, 당신은 무엇을 창조할 것인가?" 이 질문에 답하기 위해 우리는 당신이라는 브랜드의 영혼이 될 '미션과 비전'을 설계하는 작업을 시작할 것이다.

브랜드 미션과 비전: '나'라는 브랜드, 존재 이유와 궁극적 목표

앞선 과정을 통해 우리는 마침내 자기 자신에 대한 객관적이고 정직한 이해에 도달했다. 나를 가두던 '결점 있는 나'라는 낡은 프레임을 부수고, '개선이 필요한 시스템'이라는 새로운 관점을 장착했다. 과거의 실패와 자기 비난의 사슬에서 풀려나 새로운 가능성 앞에 선 것이다. 하지만 이 완전한 자유는 종종 우리를 새로운 종류의 불안, 즉 선택의 공포 앞에 세운다. 인간은 자신의 본질을 스스로 만들어 가야만 하는 무거운 책임을 지닌 존재다. 사자는 자신의 사자다움에 대해 고민하지 않으며, 독수리는 자신의 존재 이유를 묻지 않는다. 그들은 본능이 이끄는 대로 살아간다. 하지만 인간은 다르다. 우리에게는 무엇이든 될 수 있는 자유가 주어졌지만, 바로 그 자유 때문에 "무엇이 되어야만 하는가?"라는 평생의 질문을 짊어지게 된다. 여기서 대부분의 사람들은 이 불안과 막막함을 견디지 못하고 가장 쉽지만 가장 위험한 선택을 한다. 바로, 자신의 외부에서 정답을 찾는 것이다.

그들은 세상이 좋다고 말하는 목표들(높은 연봉, 사회적 성공, 탄탄한 몸매)을 자신의 목표인 양 착각하고 그 목표를 향해 무작정 에너지를 쏟아붓는다. 사회가 정해놓은 성공의 스크립트를 충실히 따라가는 것이다. 좋은 대학, 안정된 직장, 번듯한 집. 이 모든 것을 손에 넣은 뒤, 40대의 어느 날 문득 잠에서 깨어 "이것이 정말 내가 원했던 삶인가?"라는 공허한 질문과 마주하게 된다. 성공이라는 이름의 화려한 파티가 끝나고 홀로 남겨진 당신은 깨닫게 된다. 당신이 지금껏 쫓아온 모든 것들이, 사실은 당신의 것이 아니었다는 사실을 말이다. 따라서 우리는 행동하기에 앞서, 반드시 방향을 먼저 설정해야 한다. 외부의 목소리가 아닌 내면의 목소리에 귀 기울여, 나의 존재 이유와 나의 궁극적 목표를 정의하는 과정이 필요하다. 이것이 바로 당신이라는 브랜드의 정체성을 구성하는 2개의 핵심 기둥, 미션(Mission)과 비전(Vision)을 수립하는 작업이다.

── 미션(Mission): 당신이라는 브랜드의 포지셔닝

이제 가장 중요하고 핵심적인 작업을 시작해야 한다. 그것은 바로 당신이라는 브랜드의 포지셔닝을 결정하는 것이다. 시장에 출시되는 수많은 신제품 중 90% 이상이 실패하는 이유는 무엇일까? 제품의 성능이 부족해서도, 마케팅 예산이 없어서도 아니다. 대부분은 그 브랜드가 누구를 위한 것인지, 왜 다른지에 대한 명확한 정체성, 즉 포지셔닝 없이 출시되었기 때문이다. 그들은 모든 사람을 위한 모든 것이 되려다 결국 아무에게도 아무것도 아닌 존재가 되어 사라진다. 우리의 새해 다짐이 매번 실패하는 이유도 정확히 이와 같다. 우리는 '더 나은 나'라는 막연한 신제품을 출시하려 하지만 그 제품의 핵심 고객이 누구인지, 어떤 가치를 제공할 것인지, 기존의 '나'와는 무엇이 다른지에 대한 전략적 포지셔닝이 전혀 없었다. 미션이란 바로 이 브랜드 포지셔닝을 정의하는 내부 전략 문서다. 이것은 감상적인 다짐이 아니라 당신이라는 브랜드가 인생이라는 치열한 시장에서 어떤 고유한 영역을 차지할 것인지를 결정하는 가장 중요한 전략적 선택이다. 유능한 마케터는 포지셔닝을 정의하기 위해 다음과 같은 시스템적인 질문들을 던진다.

미션 정의를 위한 4단계 프로세스

다음 4단계의 질문에 대한 답을 통해 당신이라는 브랜드의 핵심 미션을 명확하게 정의할 수 있다. 각 단계는 이전 단계의 답을 기반으로 논리적으로 연결된다.

1단계: 핵심 고객 정의 – 당신은 누구를 만족시킬 것인가?

모든 전략은 명확한 목표 고객을 설정하는 것에서 시작한다. 당신의 새로운 브랜드가 만족시켜야 할 첫 번째이자 가장 중요한 고객은 바로 당신의 성장 시스템, 즉 당신이 되고자 하는 '미래의 나'이다. 이 고객의 구체적인 사양을 정의해야 한다.

- 정의: 당신이 되고자 하는 '미래의 나'는 구체적으로 어떤 역량을 갖춘 존재인지 정의한다. (예: '재정적으로 안정되고, 시간을 주도적으로 사용하는 사람', '자신의 분야에서 전문성을 인정받고, 다른 사람에게 영감을 주는 사람')

- 핵심 가치: 그 존재가 가장 중요하게 여기는 핵심 가치는 무엇인지 정의하고, 그중 3가지만 선택한다. (예: 자유, 성장, 안정, 기여, 평화, 연결 등)

- 판단 기준: 그 존재는 어떤 기준으로 삶의 중요한 결정을 내리는지 명시한다. (예: '이 결정이 나의 장기적인 성장에 도움이 되는가?', '이 선택이 나의 핵심 가치와 일치하는가?')

2단계: 핵심 문제 분석 – 어떤 문제를 해결할 것인가?

명확한 고객이 정의되었다면, 그 고객이 현재 직면한 가장 치명적인 단 하나의 문제를 분석해야 한다. 모든 문제를 동시에 해결하려는 것은 실패로 가는 지름길이다. 다른 문제들을 연쇄적으로 유발하는 핵심 병목을 찾아내야 한다.

- 문제 정의: 1단계에서 정의한 '미래의 나'가 되는 것을 가로막는 가장 큰 내적, 외적 장애물은 무엇인지 정의한다. (1장에서 분석한 '5 Whys'의 근본 원인을 참고한다.)

- 고통 명료화: 그 문제로 인해 구체적으로 어떤 고통이나 불이익을 겪고 있는지 명확히 기술한다. (예: '새로운 시도를 하지 못해 무력감을 느낀다', '재정적 불안으로 인해 하고 싶은 일을 하지 못한다')

- 기회 발견: 만약 이 문제 하나만 해결된다면, 당신의 삶에 어떤 긍정적인 연쇄 반응이 일어날 것인지 예상해 본다.

3단계: 솔루션 콘셉트 개발 – 당신은 무엇으로 문제를 해결할 것인가?

고객과 문제가 명확해졌다면, 이제 당신이 제공할 해결책을 구체화할 차례다. 이는 당신만이 가진 고유한 역량과 자원을 조합하여 솔루션의 콘셉트를 개발하는 과정이다.

- 핵심 역량: 당신이 다른 사람들보다 비교적 쉽게, 그리고 뛰어나게 잘하는 것은 무엇인지 정의한다. (예: '복잡한 정보를 논리적으로 분석하는 능력', '다른 사람의 감정을 잘 이해하고 공감하는 능력', '꾸준히 실행하는 성실함')

- **보유 기술 및 자원**: 당신이 현재 보유한 구체적인 기술, 지식, 경험, 인적 네트워크는 무엇인지 나열한다.

- **솔루션 콘셉트**: 위의 역량과 자원을 활용하여 2단계에서 정의한 핵심 문제를 어떻게 해결할 수 있는지, 그 해결책을 한 문장으로 정의한다. (예: '나의 분석 능력을 활용하여, 감정적인 충동구매 패턴을 데이터 기반의 합리적인 소비 시스템으로 전환한다')

4단계: 고유 가치 제안 명문화 – 경쟁자와 무엇이 다른가?

마지막으로, 당신의 솔루션이 왜 선택받아야 하는지를 명확히 해야 한다. 여기서 당신의 가장 강력한 경쟁자는 바로 '어제의 나'다. 당신의 새로운 브랜드가 이 강력한 경쟁자보다 어떤 면에서 우월한지를 정의해야 한다.

- **경쟁자 분석**: '어제의 나'가 문제를 해결하던 방식의 가장 큰 약점은 무엇인지 분석한다. (예: '의지력에만 의존하여 일관성이 없다', '단기적인 쾌락에 집중하여 장기적인 문제를 악화시킨다')

- **차별점 정의**: 당신의 새로운 솔루션은 경쟁자의 약점을 어떻게 극복하는지 설명한다. 이것이 당신의 고유 가치 제안이 된다.

- **최종 정의**: 이 모든 것을 종합하여, 당신이라는 브랜드의 미션을

하나의 문장으로 명료하게 기술한다.

이것이 바로 당신이라는 브랜드의 존재 이유이자, 앞으로의 모든 선택에서 길을 잃지 않게 해줄 전략의 핵심, 당신의 미션이다. 이 미션은 돌에 새기는 것이 아니다. 살아 움직이는 유기체다. 성장에 따라 언제든 더 나은 버전으로 업데이트될 수 있다.

비전(Vision): 미래를 현실로 끌어오는 상상의 힘

당신이라는 브랜드가 왜 존재해야 하는지에 대한 나침반, 즉 미션을 세웠다면, 이제 그 나침반이 가리키는 최종 목적지, 그곳의 풍경을 생생하게 그릴 차례다. 이것이 바로 당신이라는 브랜드의 비전이다. 미션이 추상적이고 철학적인 존재라면, 비전은 구체적이고 감각적인 미래의 상태다. 미션이 가치의 영역이라면 비전은 이미지의 영역이다.

이 비전이 중요한 이유는, 우리의 뇌는 추상적인 원칙보다 구체적인 그림에 훨씬 더 강력하게 반응하기 때문이다. 성장하는 삶이라는 미션은 우리에게 큰 감흥을 주지 못하지만, '5년 뒤, 내가 쓴 책이 서점 베스트셀러 코너에 놓여 있고, 독자들이 내게 감사 편지를 보내오는 모습'이라는 비전은 심장을 뛰게 만든다. 뇌과학적으로 우리의 뇌는 생생한 상상과 실제 경험을 명확히 구분하지 못한다. 선명한 비전을 그리는 행위는 뇌에 새로운 신경 회로를 구축하고, 우리가 그 미래를 실제로 경험한 것처럼 느끼게 만드는 미래 기억을 심는 것과 같다.

비전은 미래에 대한 단순한 예측이나 뜬구름 잡는 희망 사항이 아니다. 그것은 당신의 뇌에 앞으로 일어날 현실을 미리 보여주는 고해상도 시뮬레이션이다. 이 생생한 이미지는 현재의 당신과 미래의 당신 사이의 심리적 거리를 극적으로 좁혀준다. 생존 시스템의 저항을 줄이고 성장 시스템의 동기를 폭발시키는 강력한 연료 역할을 한다. 또한, 당신의 뇌 속 망상 활성계에 '이것이 중요하다'는 신호를 보내, 당신의 비전과 관련된 기회, 정보, 사람들을 무의식적으로 포착하게 만든다. 마치 당신이 빨간색 자동차를 사기로 마음먹는 순간, 온 세상의 빨간 차들이 눈에 들어오기 시작하는 것처럼 말이다.

비전 수립 워크숍: '완벽한 하루' 그려보기

이제 당신의 비전을 구체적으로 그려볼 시간이다. 막연하게 생각하는 대신, 당신의 미션이 100% 실현된 5년 후의 어느 완벽한 하루를 아주 상세하게 상상해 보자. 이 하루는 당신이 꿈꾸는 삶의 모든 요소가 응축된 하루다.

1단계: 아침의 장면

당신은 어떤 공간에서 눈을 뜨는가? 창밖으로는 어떤 풍경이 보이는가?

침대에서 일어날 때 당신의 몸과 마음은 어떤 상태인가?

당신의 아침을 시작하는 첫 번째 행동은 무엇인가?

그 아침의 공간은 어떤 향기와 소리로 채워져 있는가?

2단계: 오후의 장면

당신의 주된 활동은 무엇인가? 당신은 누구와 함께, 어디서 일하고 있는가?

그 일을 하는 동안 당신은 어떤 감정을 느끼는가?

당신의 하루 중 가장 의미 있고 만족스러운 순간은 언제인가?

당신은 다른 사람이나 세상에 어떤 긍정적인 영향을 주고 있는가?

3단계: 저녁의 장면

당신은 누구와 함께 저녁 시간을 보내는가? 어떤 대화를 나누고 있는가?

당신의 휴식은 어떤 모습인가? 당신에게 재충전과 평화를 주는 활동은 무엇인가?

잠자리에 들기 전, 하루를 돌아보며 어떤 감사를 느끼는가?

비전 수립 예시: 디자이너 P

- 미션: 나는 창의적 영감을 추구하는 사람이다. 배움과 실험을 꾸준히 기록하는 시스템을 통해, 세상에 나의 고유한 관점을 제시하고 동료들에게 영감을 준다.

• 5년 후, 완벽한 하루 (Vision)

(아침) 억지로 알람을 끄고 일어나는 대신, 창문으로 스며드는 햇살에 자연스럽게 눈을 뜬다. 침대 옆에는 스마트폰 대신 스케치북과 연필이 놓여 있다. 일어나자마자 커피를 내리며, 어젯밤 꿈에서 본 이미지를 자유롭게 스케치한다. 무엇을 만들어야 한다는 압박감 대신, 무엇을 만들어 볼까?라는 순수한 호기심과 설렘으로 하루를 시작한다.

(오후) 작은 스튜디오 공간으로 향한다. 오전에는 의뢰받은 프로젝트가 아닌, 순전히 나의 즐거움을 위한 개인 작업을 진행한다. 물감을 섞고, 새로운 재료를 실험하며 시간 가는 줄 모른다. 점심은 나와 비슷한 가치관을 가진 다른 분야의 크리에이터들과 함께 먹으며, 서로의 작업에 대한 영감을 나눈다. 오후에는 내가 만든 작품과 그 과정을 담담하게 기록한 뉴스레터를 구독자들에게 발송한다. 좋아요 숫자에 연연하지 않고, 나의 생각에 공감하는 소수의 진정한 팬들과 소통하는 것에 집중한다.

(저녁) 작업을 마친 후에는 요가 스튜디오에 들러 생각을 비우고 몸을 이완시킨다. 저녁은 사랑하는 사람과 함께 건강하고 맛있는 음식을 만들어 먹으며 오늘 각자가 발견한 새로운 것들에 대해 이야기 나눈다. 잠자리에 들기 전, 오늘 하루 동안 내가 만들

어 낸 작은 결과물들을 보며 뿌듯함과 감사함을 느낀다. 내일은 또 어떤 새로운 실험을 해볼까 기대하며 평온하게 잠이 든다.

이처럼 구체적으로 그려진 비전은, 당신이 어려운 선택의 순간에, 혹은 지치고 무기력해질 때마다 다시 꺼내 볼 수 있는 등대가 된다. 어두운 밤바다에서 길을 잃었을 때, 저 멀리서 깜빡이는 등대의 불빛(비전)은 당신이 나아가야 할 방향을 명확히 알려주고, 항해를 계속할 용기를 준다.

─── 목적 있는 삶의 시작

이제 당신에게는 2가지의 강력한 전략적 자산이 생겼다. 하나는 당신의 모든 선택에 일관된 방향성을 부여하는 '미션(왜)'이고, 다른 하나는 당신의 모든 노력에 가슴 뛰는 동기를 부여하는 '비전(무엇)'이다. 미션 없는 비전은 공허하다. 설령 남들이 부러워하는 멋진 미래(비전)를 성취한다 해도, 그것이 당신의 존재 이유(미션)와 연결되어 있지 않다면 당신은 정상에서 깊은 허무함과 마주하게 될 것이다. 반대로, 비전 없는 미션은 무력하다. 아무리 숭고한 가치(미션)를 품고 있더라도 그것이 어떤 구체적인 모습으로 실현될지에 대한 그림(비전)이 없다면, 당신의 열망은 한 걸음도 나아가지 못하고 제자리에서 맴돌 뿐이다. 이 2가지가 단단하게 결합될 때, 비로소 당신의 삶은 목적 있는 삶으로 전환된다. 이것은 단순한 목표 설정이 아니라 당신 삶에 영혼을 불어넣는 작업이다.

이제, 이 영혼을 담은 설계도를 현실에서 어떻게 구현하고, 그 성과를 어떻게 측정할 것인가? 유능한 마케터는 전략을 세우는 것에서 멈추지 않는다. 그는 반드시 그 전략의 성공을 증명할 '핵심 성과 지표(KPI)'를 설정한다.

핵심 성과 지표(KPI): 내 성공을 무엇으로 증명하고 측정할 것인가?

── 꿈에서 데이터로: 위대한 브랜드는 숫자로 말한다

당신은 이제 당신이라는 브랜드의 존재 이유(미션)와 눈부신 미래의 모습(비전)을 모두 손에 넣었다. 하지만 바로 이 지점에서 대부분의 야심 찬 브랜드 프로젝트는 안갯속으로 사라지고 만다. 아무리 훌륭한 비전이라도 그것을 측정할 수 없다면 관리할 수 없기 때문이다. 아마추어 브랜드 매니저는 명확한 전략이 아닌, 자신의 직감으로 방향을 정한다. "요즘 우리 브랜드 이미지가 좋아진 것 같아", "왠지 이 캠페인이 성공할 것 같은 느낌이 들어" 하지만 전략가의 세계에서 주관적인 직감은 가장 믿을 수 없는 지표다. 유능한 브랜드 매니저의 언어는 숫자로 이루어져 있다. "이번 분기, 우리의 브랜드 인지도는 15% 상승했고, 핵심 고객의 재구매율은 5% 증가했습니다"

이것은 단순히 보고 스타일의 차이가 아니다. 이것은 세상을 대하는 태도의 차이다. 우리의 주관적인 감각은 생각보다 훨씬 더 우리를 자주 배신한다. 최근에 힘든 하루를 보냈다는 이유만으로 지난 한 달간의 꾸준한 노력이 모두 수포로 돌아갔다고 느끼는 것이 바로 우리다.

부정적인 경험 1~2개가 긍정적인 수십 개의 경험을 압도하도록 내버려두는 것이 우리 뇌의 편향이다. 우리는 주관성이라는 안개 속에서 길을 잃기 쉽다. 이는 바다의 안개 속에서 바람의 감촉만으로 배를 모는 것과 같다. 빠르게 나아가는 것 같지만, 실제로는 조류에 떠밀려 제자리를 맴돌고 있을 수도 있고, 정체된 것 같지만 깊은 해류를 타고 꾸준히 전진하고 있을 수도 있다. 따라서 '나'라는 브랜드를 전략적으로 경영하기 위해 당신은 이제 당신의 꿈을 데이터로 번역해야 한다. 주관적이고 변덕스러운 기분이나 느낌의 영역에서 벗어나 객관적이고 반박 불가능한 숫자의 영역으로 넘어와야 한다. 감정은 당신을 속이지만 데이터는 정직하다. 데이터는 당신의 노력을 있는 그대로 비춰주는 가장 정직한 거울이다.

이때 우리가 사용할 가장 강력한 도구가 바로 핵심 성과 지표(KPI)다. KPI는 당신의 추상적인 비전이 현실 세계에서 제대로 구현되고 있는지를 객관적으로 측정하고 증명하는 계기판이다. 이 계기판이 없다면, 당신은 망망대해 위에서 당신의 배가 앞으로 나아가고 있는지, 아니면 제자리에서 맴돌고 있는지조차 알 수 없다. KPI는 당신의 성장 시스템에는 명확한 이정표가 되어주고, 생존 시스템에는 당신이 올바른 길로 가고 있다는 안전 신호가 되어준다.

── 좋은 KPI의 조건: 무엇을, 어떻게 측정할 것인가?

그렇다면 어떤 KPI를 설정해야 하는가? 성공적인 브랜드는 수십 개의 지표를 복잡하게 관리하지 않는다. 그들은 자신들의 비전과 가장 직접적으로 연결된, 단 몇 개의 핵심적인 지표에만 집중한다. 좋은 KPI는 다음과 같은 4가지 조건을 충족한다.

첫째, 구체적이고 측정 가능해야 한다

'더 건강해지기'는 비전이지, KPI가 될 수 없다. 그것은 측정할 수 없기 때문이다. 대신 '체지방률 3% 감량'이나 '매일 새벽 3km 조깅'은 훌륭한 KPI다. '독서를 많이 하기' 대신 '매달 3권의 책 완독하기'로 설정해야 한다. 당신의 성공을 의심의 여지 없는 숫자로 증명할 수 있어야 한다. 이는 목표를 명확하게 만드는 것과 같다. 우리의 KPI는 모호한 다짐이 아니라 명확한 숫자로 만들어져야 한다.

둘째, 당신의 비전과 직접적으로 연결되어야 한다

KPI는 당신의 미션과 비전을 달성하기 위한 과정 그 자체를 측정해야 한다. 위대한 기업들은 자신들의 성공을 정의하는 단 하나의 북극성 지표를 가지고 있다. 페이스북에게 그것은 월간 활성 이용자 수였고, 에어비앤비에게는 예약된 숙박일 수였다. 당신 또한 당신의 비전을 가장 잘 대표하는 나만의 북극성 지표를 찾아야 한다. 만약 당신의 비전이 '가족과 더 많은 시간을 보내는 것'이라면, 당신의 북극성 지표는 '가족과 함께하는 주말 시간'이 되어야 한다. 이 경우 연봉 상승률은 이 비전과 직접적인 관련이 없는 허영의 지표일 뿐이다. 많은 사람들이 연봉이 오르면 행복해질 것이라 믿지만, 정작 그 연봉을 위해 가족과의 시간을 희생하고 있다면, 그것은 비전을 향해 나아가는 것이 아니라 오히려 멀어지는 것이다. 당신의 비전에 기여하지 않는 모든 지표는 당신의 에너지를 갉아먹는 소음이다.

셋째, 당신이 직접 통제할 수 있어야 한다

이것이 가장 중요한 원칙이다. 우리는 종종 우리가 통제할 수 없는 결과 지표에 집착한다. 예를 들어, 체중 10kg 감량은 당신이 100% 통제할 수 없다. 당신의 신진대사나 건강 상태 같은 외부 변수가 개입하기 때문이다. 결과에만 집착하면 노력해도 숫자가 바뀌지 않을 때 쉽게 좌절하고 포기하게 된다. 이것은 정원사가 식물이 자라나는 속도(결과)를 통제하려는 것과 같다. 불가능한 일이다. 유능한 정원사는 자신이 통제할 수 없는 결과 대신, 자신이 100% 통제할 수 있는 행동에 집중한다. 즉, 선행 지표를 관리하는 것이다. 그는 식물이 자라는 속도를 통제할 수는 없지만, 물을 주는 횟수, 비료를 주는 양, 햇빛이 잘 드는 곳으로 화분을 옮기는 행위는 100% 통제할 수 있다. 이 선행 지표들을 꾸준히 관리하면 식물의 성장이라는 결과는 자연스럽게 따라온다.

이 원칙을 우리 삶에 적용하면 막연했던 목표들이 비로소 손에 잡히기 시작한다. 당신은 더 이상 업무 전문가로 인정받기라는 통제 불가능한 평판을 좇지 않는다. 대신, 당신은 매주 하나의 전문 아티클을 요약하여 팀과 공유한다는, 당신의 의지로 100% 실행 가능한 구체적인 행동을 측정한다. 전문가는 그렇게 만들어지는 것이지 인정받기로 결심해서 되는 것이 아니기 때문이다. 영어로 유창하게 대화하기라는 막연한 꿈은, 매일 아침 30분, 영어 학습 앱으로 소리 내어 말하기라는 단순하고 명확한 시스템으로 구체화된다. 유창함은 이 시스템이 꾸준히 작동한 뒤에 찾아오는 자연스러운 결과물일 뿐이다. 파트너와 더 좋은 관계 맺기라는 감정적인 목표는 매일 저녁, 의식적으로 파트너의 눈을 보며 그날 하루에 대해 비판 없이 10분간 대화한다는 측정 가능한 행동으로 바뀐다. 좋은 관계는 바라는 것이 아니라 만들어 가는 것이기 때문이다. 이처럼, 당신의 에너지를 통제 불가능한 결과에 대한 걱정이 아닌 통제 가능한 행동에 집중시켜야 한다.

넷째, 단순하고 추적하기 쉬워야 한다

KPI를 추적하는 행위 자체가 또 다른 스트레스가 되어서는 안 된다. 모든 새로운 행동에는 마찰력이 존재한다. KPI 추적 시스템이 복잡할수록 마찰력은 커지고, 당신의 생존 시스템은 어떻게든 그 행위를 피하려 할 것이다. 매일 복잡한 엑셀 시트를 열어 데이터를 기입해야 한다면 그 시스템은 얼마 못 가 붕괴된다. 가장 좋은 KPI는 달력에 O, X 표시를 하는 것만으로도 추적이 가능해야 한다. 혹은 스마트폰의 걸음 수 측정 앱이나 수면 추적 앱처럼 자동으로 기록되는 시스템을 활용하는 것도 좋은 방법이다. 추적 시스템의 마찰을 최소화해야 한다. 단순함은 꾸준함을 낳고, 꾸준함이 결국 의미 있는 변화를 만들어 낸다.

── 당신 브랜드의 대시보드 설계하기: 비전을 숫자로 번역하기

이제, 앞선 장에서 정의한 당신의 미션과 비전을 바탕으로 당신만의 KPI 대시보드를 설계해 보자. '건강한 라이프스타일 경영자'라는 포지션을 설정한 김 대리의 사례를 통해 비전을 KPI로 번역하는 과정을 살펴보자.

- 김 대리의 미션: "최상의 신체적, 정신적 에너지를 유지하여, 삶의 모든 영역에서 최고의 퍼포먼스를 내고 사랑하는 사람들과의 시간을 온전히 즐긴다"

- 김 대리의 비전: "5년 뒤, 나는 주말마다 등산을 즐길 수 있는 건강한 신체를 가지고 있으며, 업무 시간에는 높은 집중력을 발휘하고, 저녁에는 온전히 가족에게 집중하는 삶을 살고 있다"

이 비전을 달성하고 있는지 측정하기 위해 김 대리는 자신의 삶을 3가지 영역으로 나누어 핵심 KPI를 설정했다.

김 대리 브랜드의 KPI 대시보드

- 신체 에너지 KPI
- 핵심 목표: 등산을 즐길 수 있는 체력 확보
- 후행 지표(결과): 3개월마다 인바디를 측정하여 체지방률 확인
- 선행 지표(행동): 주 3회, 헬스장에서 근력 운동 1시간 이상 실시(달력에 O/X)

- 정신 에너지 KPI
- 핵심 목표: 업무 시간의 높은 집중력 유지
- 후행 지표(결과): 매일 아침, '오늘의 컨디션'을 1~5점으로 기록

- 선행 지표(행동): 매일 밤 12시 이전 취침하여, 7시간 이상 수면 확보(수면 앱 활용)

- 관계 에너지 KPI
- 핵심 목표: 저녁 시간을 가족에게 온전히 집중
- 후행 지표(결과): 배우자와의 대화를 통해 관계 만족도 확인
- 선행 지표(행동): 주 5회, 저녁 식사 시간 동안 스마트폰 거실에 두기(달력에 O/X)

이제 김 대리의 성공은 더 이상 막연한 느낌이 아니다. 그는 매일 자신의 대시보드를 보며 자신의 브랜드가 비전을 향해 제대로 나아가고 있는지 객관적인 숫자로 확인할 수 있다. 그는 더 이상 감으로 운전하지 않는다. 그는 계기판을 보고 운전한다.

── 당신의 성공을 증명하는 계기판의 힘

KPI 대시보드를 갖는다는 것은 당신 삶이라는 자동차에 속도계와 연료계, 그리고 내비게이션을 장착하는 것과 같다. 첫째, 이 대시보드는 당신에게 객관적인 피드백을 제공한다. 당신은 더 이상 내가 잘하고 있는 걸까?라고 불안해할 필요가 없다. 데이터가 당신에게 진실을 말해줄 것이다. 이것은 당신의 감정적 기복으로부터 당신의 노력을

보호하는 강력한 방패가 된다. 둘째, 이것은 강력한 동기부여 장치가 된다. 달력에 하나씩 채워지는 'O' 표시는 당신의 뇌에 작은 성취감을 선물하고, 도파민을 분비시켜 다음 행동을 이어갈 힘을 준다.

이것은 자기계발의 과정을 일종의 게임으로 만들어 즐겁게 레벨업 하는 경험을 선사한다. 연속 성공 기록을 깨고 싶지 않은 마음은 그 어떤 잔소리보다 강력한 동기가 된다. 셋째, 이것은 조기 경보 시스템 역할을 한다. 만약 당신이 2주 연속으로 운동하기 KPI를 달성하지 못했다면 대시보드는 빨간불을 켤 것이다. 이것은 비행기 조종석의 경고등과 같다. 경고등은 비행기가 추락하고 있다는 의미가 아니라 사소한 문제가 감지되었으니 지금 점검하면 큰 사고를 막을 수 있다는 신호다.

이제 당신에게는 명확한 목적지(미션과 비전)와 그곳으로 향하는 과정을 알려주는 정밀한 계기판(KPI)이 모두 생겼다. 유능한 마케터는 이 목표를 가장 빠르고 효율적으로 달성하기 위해 하지 않아도 될 일들을 결정한다. 자동차의 속도를 높이는 가장 좋은 방법 중 하나는 차체의 불필요한 무게를 줄이는 것이기 때문이다. 다음 장에서는 당신의 에너지를 낭비시키고 비전을 흐리는 모든 것들을 과감하게 제거하는 기술, '전략적 포기'에 대해 알아볼 것이다.

전략적 포기: 내 브랜드의 핵심 가치를 흐리는 모든 것 제거

덧셈의 신화: 더 많이 할수록 성공할까?

우리는 성장과 성공을 이야기할 때 무의식적으로 덧셈의 관점에서 생각하는 경향이 있다. 더 많은 책을 읽고, 더 많은 기술을 배우고, 더 많은 사람을 만나고, 더 많은 목표를 세우는 것. 우리는 이 더하기의 행위가 우리를 더 나은 버전으로 만들어 줄 것이라고 굳게 믿는다.

행동 그 자체에서 오는 뿌듯함에 중독되어 우리의 할 일 목록은 매일같이 늘어나고, 우리는 그 목록을 지워나가기 위해 스스로를 끊임없이 채찍질한다. 하지만 이는 자기계발의 가장 흔하고 위험한 착각이다. 당신의 제한된 시간과 에너지, 그리고 집중력이라는 자원은 한정되어 있다. 이 자원을 수십 개의 목표에 얇고 넓게 분산시키는 것은 모든 목표를 평범하거나 실패하게 만드는 가장 확실한 방법이다. 심리학에서 말하는 손실 회피 편향은 포기를 본능적으로 두려워하게 만든다. 무언가를 더하는 것은 이득처럼 느껴지지만, 무언가를 빼는 것은 손실처럼 느껴져 심리적 저항을 유발하는 것이다.

이제 우리는 이 본능적인 저항을 거슬러 관점을 바꿔야 한다. 진정한 브랜드 전략은 무엇을 더할 것인가에서 시작되지 않는다. 그것은 무엇을 하지 않을 것인가를 결정하는 냉철한 과정에서 시작된다. 스티브 잡스가 애플에 복귀하여 가장 먼저 한 일은, 수십 개에 달하던 제품 라인을 단 4개로 줄여버린 것이었다. 그는 하지 않을 일을 결정함으로써 흩어져 있던 회사의 모든 에너지를 가장 중요한 단 몇 개의 제품에만 집중시켰다. 이 위대한 뺄셈이 파산 직전의 애플을 세상에서 가장 가치 있는 브랜드로 만들었다. 당신의 삶도 마찬가지다. 당신이라는 브랜드의 가치를 높이는 가장 강력한 방법은 당신의 핵심 가치를 흐리는 모든 불필요한 것들을 과감하게 포기하는 것이다.

── 신호와 소음: 명확한 브랜드는 무엇을 버려야 할지 안다

당신이라는 브랜드를 세상과 당신 자신에게 메시지를 송출하는 하나의 라디오 방송국이라고 상상해 보자. 이 방송국의 힘은 얼마나 선명하고 강력한 신호를 내보내느냐에 달려 있다. 당신의 미션과 비전에 부합하는 핵심적인 행동과 생각들이 바로 이 신호다. 하지만 대부분의 방송국은 깨끗한 신호만 내보내지 않는다. 신호 주변에는 언제나 지지직거리는 소음이 끼어든다. 이 소음은 당신의 핵심 메시지를 방해하고, 신호의 힘을 약화시키며, 당신 자신과 세상을 혼란스럽게 만든다. 여기서 소음이란 당신의 목표와 관련 없는 모든 활동, 생각, 관계, 그리고 정보를 의미한다.

아마추어는 신호의 출력을 높이는 데만 집중한다. 즉, 더 많은 노력을 쏟아부어 더 크게 소리치려고만 한다. 하지만 프로는 다른 접근을 취한다. 그는 출력을 높이기 전에, 먼저 신호를 방해하는 소음의 원인을 찾아 제거하는 일부터 시작한다. 소음이 줄어들면 같은 출력의 신호라도 훨씬 더 멀리, 그리고 선명하게 전달되기 때문이다.

전략적 포기란 바로 당신 삶에서 이 불필요한 소음을 제거하여 당신의 진짜 신호, 즉 '나다움'을 가장 순수하고 강력하게 만드는 기술이다. 이것은 브랜드 전략에서 브랜드 희석의 위험을 막는 것과 같다. 강력한 성능으로 유명한 자동차 브랜드가 갑자기 유아용 장난감이나 패션 의류를 만들기 시작했다고 상상해 보자. 단기적으로는 매출이 늘어날지 모른다. 하지만 고객들은 혼란에 빠진다. "이 브랜드는 대체 정체가 뭐지?" 결국 브랜드가 가진 고유의 강력한 신호는 여러 가지 관련 없는 소음들에 의해 희석되어 힘을 잃고 만다. 당신의 삶도 마찬가지다. 당신의 미션이 지적 성장인데, 주말마다 의미 없는 유흥으로 시간을 보낸다면 당신은 스스로 당신의 브랜드를 희석시키고 있는 것이다. 당신은 세상과 당신 자신에게 나는 성장을 추구하는 사람이라는 신호와, 나는 현재의 쾌락을 좇는 사람이라는 소음을 동시에 보내고 있다. 이 2개의 메시지가 충돌하면서 당신이라는 브랜드는 정체성을 잃고 표류하게 된다. 따라서 가장 확실하고 견고하게 나아지는 방법은, 불확실한 좋은 것을 더하는 것이 아니라, 당신 브랜드를 희석시키는 확실한 소음을 제거하는 것이다. 이것은 조각가가 대리석 덩어리에서 작품을 만들어 내는 과정과 같다. 조각가는 새로운 돌을 덧붙여 작품을 만들지 않는다. 그는 작품(신호)이 아닌 모든 것, 즉 불필요한 돌멩이(소음)들을 하나씩 깎아내고 제거함으로써 대리석 안에 잠자고 있던 완벽한 형상을 드러낸다. 당신의 최고 버전은 이미 당신 안에 존재한다. 당신이 할 일은 그 모습을 가리고 있는 불필요한 습관, 관계, 생각, 그리고 그저 그런 기회라는 소음들을 하나씩 제거해 나가는 것이다.

── 당신의 무엇을 포기할 것인가?

이제, 당신만의 포기 목록을 작성할 시간이다. 이 목록은 크게 3가지 범주로 나눌 수 있다.

나쁜 시스템 포기

이것은 가장 기본적이고 명확한 단계다. 1장에서 분석한 시스템 행동 일지를 다시 펼친다. 그리고 당신의 에너지를 갉아먹고, 당신의 시간을 낭비하며, 당신의 자존감을 깎아내리는 모든 부정적인 습관과 행동 패턴을 이 목록에 적는다.

- 예시: 의미 없는 소셜미디어 새로고침, 목적 없는 웹서핑, 남에 대한 험담이나 불평, 건강에 해로운 야식, 충동적인 온라인 쇼핑 등 이것들은 명백한 잡음이다. 이 잡음들을 먼저 제거하지 않고서는 당신의 진짜 목소리는 들리지 않는다.

그저 그런 기회 포기

이것이 가장 어렵고, 동시에 가장 강력한 단계다. 이것은 나쁜 것을 포기하는 것이 아니라 좋아 보이지만 나의 미션과 비전에 부합하지 않는 것을 포기하는 기술이다. 워런 버핏의 '25/5 전략'이 바로 이것이다. 그는 자신의 조종사에게 인생에서 가장 중요한 목표 25가지를 적게 한 뒤, 그중 가장 중요한 5가지에 동그라미를 치게 했다. 그리고 나머지 20가지를 어떻게 할 것인지 물었다. 조종사가 "시간 날 때마다 틈틈이 해야죠"라고 답하자, 버핏은 이렇게 말했다. "아니, 그게 바로 당신이 무슨 수를 써서라도 피해야 할 목록일세. 그것들은 당신의 신경을 끌 만큼 충분히 매력적이지만, 당신의 가장 중요한 5가지 목표에 집중할 시간과 에너지를 빼앗아 갈 가장 위험한 적들이기 때문이지" 당신의 삶에도 이런 그저 그런 기회들이 가득하다. 그것들은 당신의 성장을 방해하는 나쁜 것처럼 보이지 않기에 더 위험하다.

그것들은 좋은 것의 가면을 쓴 채 당신의 가장 귀중한 자원인 집중력을 훔쳐 간다.

- 예시: 나쁘지 않지만 가슴 뛰지도 않는 직장 동료와의 저녁 약속, 나의 비전과 관련 없는 흥미로운 북클럽, 지금 당장 도움이 될 것 같지만 나의 큰 그림과는 무관한 단기 프로젝트 제안 등, 이 좋아 보이는 것들을 거절할 수 있는 용기가 당신을 평범함에서 비범함으로 이끄는 결정적 차이를 만든다.

나를 가두는 믿음 포기

가장 보이지 않지만 가장 강력하게 당신을 구속하는 것이다. 앞 장에서 분석했던 당신의 낡은 프레임과 제한적 신념들이다.

- 예시: "나는 원래 창의적인 사람이 아니야", "안정적인 것이 최고야, 위험한 시도는 하면 안 돼", "다른 사람의 부탁을 거절하면, 그 사람이 나를 싫어할 거야", "실수하는 것은 끔찍한 일이야" 이러한 낡은 믿음들을 의식적으로 포기하고, 새로운 프레임의 믿음으로 내체해야 한다.

이것이 바로 당신 내면의 운영체제를 업그레이드하는 과정이다. 낡은 믿음은 당신의 가능성을 좀먹는 가장 깊은 곳의 소음이다.

── '아니오'라는 가장 강력한 전략적 발언

우리는 '아니오'라고 말하는 것을 두려워하도록 사회화되었다. 거절은 무례하고, 이기적이며, 관계를 해치는 행위라고 배웠다. 하지만 전략의 세계에서 '아니오'는 부정적인 단어가 아니다. 그것은 자신의 가장 중요한 자원인 시간과 에너지를 가장 중요한 곳에 집중시키기 위한 가장 강력하고 긍정적인 전략적 발언이다. 모든 것에 "네"라고 말하는 사람은 사실 자기 자신의 가장 중요한 것들에 "아니오"라고 말하고 있는 것과 같다. 모든 제안에 "네"라고 답하는 것은 당신의 소중한 시간을 지키지 않는 것과 같다. 누구나 당신의 시간을 마음대로 가져갈 수 있게 된다. 당신이 당신의 미션과 비전에 부합하지 않는 것에 "아니오"라고 말하는 순간, 당신은 당신의 진짜 목표에 "네"라고 말하고 있는 것이다.

- 의미 없는 저녁 약속에 "아니오"라고 말하는 것은 당신의 휴식과 재충전, 혹은 가족과의 시간에 "네"라고 말하는 것이다.

- 그저 그런 기회에 "아니오"라고 말하는 것은 당신의 인생을 바꿀 탁월한 기회를 위해 당신의 공간을 비워두는 것에 "네"라고 말하는 것이다.

- 스스로를 깎아내리는 낡은 믿음에 "아니오"라고 말하는 것은 당

신의 무한한 잠재력과 가능성에 "네"라고 말하는 것이다.

당신의 '아니오'는 당신이라는 브랜드의 정체성을 가장 명확하게 보여주는 행위다. 당신이 무엇을 거절하는지를 보면 당신이 무엇을 중요하게 여기는 사람인지 알 수 있다.

—— 단순함이라는 가장 큰 정교함

위대한 브랜드, 위대한 작품은 종종 무엇을 더했는지가 아니라 무엇을 덜어냈는지로 그 가치가 결정된다. 캔버스 위의 여백, 음악의 쉼표, 글의 행간이 작품에 깊이를 더하듯, 당신의 삶도 불필요한 것들을 과감히 포기하고 덜어낼 때 비로소 진짜 중요한 것들이 빛나기 시작한다. 전략적 포기는 당신의 삶을 텅 비게 만드는 것이 아니다. 그것은 당신의 삶을 당신의 미션과 비전에 관련된 가장 중요한 알맹이만으로 가득 채우는 과정이다. 잡초를 모두 뽑아낸 정원에 마침내 당신이 원하는 가장 아름다운 꽃이 만개할 공간이 생긴 것이다.

이제, 당신은 당신의 목표를 명확히 하고(미션/비전), 그 과정을 측정하며(KPI), 그 과정을 방해하는 모든 것을 제거할(전략적 포기) 준비를 마쳤다. 다음 단계는 이 모든 것을 종합하여 당신이라는 브랜드의 최종 '설계도'를 완성하는 것이다.

브랜드 설계도: '나'라는 브랜드의 새로운 콘셉트와 전략

2장에서 우리는 건축가로서 가장 중요하고 본질적인 작업들을 수행했다. 낡은 집을 수리하는 수리공의 관점을 버리고 새로운 가치를 창조하는 건축가의 관점을 장착했다. 그리고 이 집이 왜 존재해야 하는지에 대한 미션(건축 철학)을 세웠고, 그 집이 완성되었을 때의 눈부신 모습을 비전(조감도)으로 그렸다. 또한, 그 비전을 현실로 만들기 위해 성공을 측정할 KPI(계기판)를 설정했으며, 마지막으로 설계에 방해되는 모든 것을 덜어내는 전략적 포기를 통해 집중해야 할 것을 명확히 했다. 이제 이 모든 전략적 결정들을 하나의 문서로 종합하여 최종적인 브랜드 설계도를 완성할 시간이다.

문서화 과정이 왜 필요할까? 흩어져 있는 생각과 아이디어는 힘이 없기 때문이다. 그것들은 공기 중에 흩어지는 영감의 파편일 뿐 당신을 실제로 움직이게 만들지 못한다. 우리 뇌는 명확하게 구조화되고 시각화된 정보에 훨씬 더 강력하게 반응한다. 전략은 그것이 명확하게 정의되고, 기록될 때 비로소 현실적인 힘을 갖는다. 이것은 심리적으로 인지 부하를 줄이는 효과적인 방법이기도 하다.

당신의 미션, 비전, KPI(핵심 성과 지표), 포기 목록을 모두 머릿속에만 담아두려는 것은 수십 개의 공을 동시에 저글링하려는 것과 같다. 당신의 정신적 에너지는 계획을 기억하는 데 모두 소진되어 정작 그것을 실행할 힘은 남아 있지 않게 된다. 이 모든 것을 하나의 문서로 정리하는 행위는 당신의 머릿속에 떠다니던 복잡한 생각들을 외부의 하드 드라이브에 저장하는 것이다.

이 브랜드 설계도는 건축가가 마침내 모든 구상을 끝내고 건축주와 시공사 앞에서 최종 브리핑을 하는 것과 같다. "우리가 지을 집은 바로 이런 모습입니다. 이것이 이 집의 존재 이유이며, 우리가 앞으로 모든 과정을 판단할 기준입니다" 이 설계도는 당신이라는 브랜드의 새로운 탄생을 알리는 공식적인 출사표다. 이것은 더 이상 막연한 꿈의 목록이 아니다. 당신이 앞으로 당신의 시간과 에너지, 그리고 인생이라는 가장 귀한 자원을 어디에 투자할 것인지를 명시한 당신 자신과 맺는 계약서다.

── 당신의 첫 번째 브랜드 설계도: 5가지 핵심 구성요소

이제 A4 용지 한 장을 꺼내 당신이라는 브랜드의 첫 번째 공식 설계도를 작성해 보자. 이 설계도는 당신의 머릿속에 있던 모든 추상적인 개념들을 한눈에 파악할 수 있는 구체적인 정보로 시각화하는 과정이다. 아래의 5가지 핵심 구성요소로 이루어진다.

브랜드 이름/포지션: 당신의 새로운 정체성

이 설계도의 제목이자 당신이라는 브랜드의 새로운 이름이다. 2장에서 정의한 당신의 새로운 미션과 비전을 한마디로 압축하는 당신 브랜드의 공식적인 직함이다. 이것은 당신이 앞으로 수행할 새로운 역할의 이름이다. 이름을 부여하는 행위는 존재에 힘을 실어준다. 당신이 스스로를 '건강한 라이프스타일 경영자'라고 부르는 순간, 당신은 더 이상 '살을 빼고 싶은 사람'이 아니라, 자신의 건강을 전략적으로 경영할 책임을 지닌 존재가 된다.

- 예시: '건강한 라이프스타일 경영자', '내 삶의 프로젝트 총괄 매니저', '지적 탐험가'

브랜드 미션: 당신의 존재 이유(Why)

이 브랜드가 존재하는 이유, 즉 건축 철학이다. 미션과 비전 설정 장에서 정의했던 당신의 미션을 한두 문장으로 요약하여 기록한다. 이 문장은 당신이 길을 잃을 때마다 돌아와야 할 근본적인 이유가 된다. 매일 아침 이 문장을 읽는 것만으로도, 당신의 하루는 목적 있는 방향성을 갖게 될 것이다.

- 예시: "최상의 신체적, 정신적 에너지를 유지하여 삶의 모든 영역에서 최고의 퍼포먼스를 내고 사랑하는 사람들과의 시간을 온전히 즐긴다"

브랜드 비전: 당신의 목적지(What)

이 브랜드가 성공적으로 론칭했을 때의 구체적인 미래 모습, 즉 조감도다. 당신의 가슴을 가장 뛰게 하는 5년 혹은 10년 뒤의 핵심적인 성공 이미지를 감각적이고 생생한 언어로 서술한다. 이 비전은 당신의 생존 시스템을 설득하고 성장 시스템에 강력한 동기를 부여하는 가장 효과적인 심리적 도구다. 이것은 당신이 지칠 때마다 꺼내보는 당신의 목적지가 담긴 가장 아름다운 사진이어야 한다.

- 예시: "5년 뒤, 나는 주말마다 산 정상에 오르는 것을 즐기는 건

강한 신체를 가지며, 평일에는 높은 집중력으로 창의적인 업무를 주도하고, 저녁에는 스마트폰 없이 가족과 깊이 있는 대화를 나누는 리더가 되어 있다"

핵심 성과 지표(KPI): 당신의 계기판(How)

이 비전을 향한 여정이 제대로 진행되고 있는지를 알려주는 계기판이다. 당신이 직접 통제할 수 있는 3~5개의 핵심 선행 지표를 기록한다. 이 숫자들은 당신의 노력이 뜬구름이 아닌 실재하는 데이터임을 증명하는 가장 객관적인 증거다. 이 계기판을 통해 당신은 감정이 아닌 데이터에 기반하여 의사결정을 내리는 시스템의 영역으로 들어선다.

- 예시
신체 에너지: 주 3회 근력 운동 세션 실행(O/X)
정신 에너지: 매일 7시간 이상 수면 확보(O/X)
관계 에너지: 주 5회 이상, 가족과 '스마트폰 없는 저녁 식사'(O/X)

전략적 포기 목록

이 브랜드의 핵심 가치를 희석시키는 소음들이다. 당신의 에너지를 보호하고, 핵심 목표에 집중하기 위해 당신이 의식적으로 하지 않을 것들을 기록한다. 이것은 당신 브랜드의 정체성을 지키기 위한 가장 강력한 방법이다. 이 목록은 당신이 무엇을 하는 사람인지 만큼이나, 당신이 무엇을 하지 않는 사람인지를 명확하게 정의해 준다.

- 예시

밤 9시 이후의 모든 야식

나의 비전과 관련 없는 모호한 저녁 약속

'나는 원래 피곤한 사람이야'라는 낡은 자기 합리화

설계도의 완성, 그리고 건축의 시간

이 한 장의 설계도를 완성했다는 것은 당신의 삶에 어떤 의미를 가지는가? 단순히 보기 좋은 계획표를 만든 것 이상의 강력한 심리적 효과를 가져온다.

첫째, 이것은 당신에게 압도적인 명료함을 선물한다. 당신은 더 이상 '나는 무엇을 원하는가'를 고민하며 방황하지 않는다. 당신의 목표와 가치, 그리고 구체적인 행동 계획이 한눈에 들어온다. 이 명료함은 당신을 망설임과 불안으로부터 해방시킨다.

둘째, 이것은 강력한 실행 유도 장치가 된다. 머릿속에만 있던 계획은 쉽게 잊히고 변질된다. 하지만 명확하게 기록된 설계도는 당신에게 구체적인 책임을 부여한다. 이것은 당신의 성장 시스템과 생존 시스템 모두가 동의하고 서명한 공식적인 계약서다. 당신은 매일 아침 이 설계도를 보며, 오늘 내가 쌓아야 할 벽돌은 무엇인가를 명확히 인지하게 된다.

셋째, 이것은 당신을 지켜주는 심리적 방패가 된다. 힘든 날, 당신의 생존 시스템이 "그냥 다 포기해, 예전처럼 사는 게 편하잖아"라고 속삭일 때, 당신은 이 설계도를 펼쳐 보이면 된다. 당신의 미션과 비전은 그 모든 나약한 속삭임들을 이겨낼 수 있는 강력한 '왜'를 제공해 줄 것이다. 이것은 당신이 흔들릴 때마다 다시 중심을 잡게 해준다.

이것으로 당신은 한 명의 온전한 건축가로서 당신이 지을 집에 대한 모든 전략적 기획을 마쳤다. 대부분의 사람들은 평생 동안 한 번도 해보지 않는 자기 삶에 대한 가장 깊고 진지한 분석과 설계를 해낸 것이다. 당신은 이제 당신이 누구이며, 어디로 가야 하는지에 대한 명확한 자기 확신을 갖게 되었다. 이 설계도는 더 이상 막연한 꿈의 목록이 아니다. 이것은 당신의 시간과 에너지, 그리고 인생이라는 가장 귀한 자원을 어디에 투자할 것인지를 명시한, 당신 자신과 맺은 가장 강력하고 신성한 계약서다. 이제 설계는 끝났다. 건축의 시간이다. 우리는 3장에서 이 설계도를 현실의 건축물로 만들어 나갈 것이다.

제3장

브랜드 경험 설계:
'나다움'은 어떻게 행동으로 증명되는가?

이제 당신에게는 브랜드의 영혼과 미래가 담긴 완벽한 설계도가 있다. 당신의 미션은 당신의 존재 이유를, 비전은 당신의 목적지를, KPI(핵심 성과 지표)는 당신의 계기판을, 그리고 전략적 포기 목록은 당신의 방어막을 명확히 규정했다. 하지만 이제부터 우리는 냉혹한 진실 하나를 마주해야 한다. 아무리 완벽한 설계도라도 그것이 종이 위에 머물러 있는 한, 그 가치는 없다는 사실이다.

훌륭한 미션과 비전을 가진 브랜드가 시장에서 처참하게 실패하는 경우는 수없이 많다. 그들의 홈페이지에는 고객 감동이라는 문구가 새겨져 있지만, 실제 고객센터의 응대는 무례하고 불친절하다. 그들의 광고는 혁신을 외치지만 실제 제품은 낡은 기술의 재탕에 불과하다.

이처럼 브랜드가 하는 약속과 고객이 하는 경험 사이에 건널 수 없는 강이 흐를 때, 브랜드는 신뢰를 잃고 서서히 죽어간다. 브랜드는 스스로 무엇이라고 말하는지에 의해 정의되지 않는다. 브랜드는 그것이 무엇을 하는지에 의해 정의된다. '나'라는 브랜드도 마찬가지다. 당신의 '나다움'은 당신의 설계도 위에 쓰인 멋진 문장들로 증명되지 않는다. 그것은 스트레스가 극에 달했을 때 당신이 어떤 행동을 선택하는지, 아무도 보지 않는 주말 오전에 당신이 무엇으로 시간을 채우는지, 불편한 진실 앞에서 당신이 침묵하는지 아니면 용기를 내어 말하는지에 의해 증명된다. 당신의 브랜드는 당신 행동의 총합이다.

이 3장은 바로 그 약속과 경험 사이의 강에 다리를 놓는 작업이다. 머릿속에 있던 당신의 완벽한 설계도를, 손으로 만질 수 있는 현실의 행동으로 번역하는 과정이다. 이것은 이 책의 모든 챕터 중 가장 어렵지만 가장 중요한 단계다. 계획의 단계에서 조용했던 당신의 생존 시스템은 이제 비상경보를 울리며 당신의 발목을 붙잡을 것이다. "그 계획은 너무 완벽해서 비현실적이야", "오늘은 피곤하니, 내일부터 시작하자", "굳이 그렇게까지 힘들게 살아야 해?" 이 저항의 목소리는 너무나 달콤하고 합리적으로 들려서, 당신은 또다시 행동을 미루고 계획을 수정하는 일에만 매달리고 싶어질지도 모른다. 하지만 기억해야 한다. 우리는 성 전체를 하루 만에 지으려는 것이 아니다. 우리의 첫 번째 목표는 설계도에 명시된 단 하나의 벽돌을 제자리에 완벽하게 쌓아 올리는 것이다.

단 하나의 행동이라도 당신의 새로운 브랜드 가이드라인에 부합하는 행동을 실행하는 순간 당신의 내면에서는 거대한 변화가 시작된다. 그것은 '나는 이런 사람이 될 것이다'라는 가능성이, '나는 이런 사람이다'라는 현실이 되는 첫 번째 증거이기 때문이다. 그 첫 행동이 생존 시스템이라는 단단한 벽에 첫 번째 균열을 만들어 낸다.

1장이 탐정의 시간이었고, 2장이 건축가의 시간이었다면, 3장은 장인이 되는 시간이다. 우리는 이제 추상적인 개념이 아닌 구체적인 행동과 기술을 다룬다. 최소의 노력으로 최대의 변화를 만드는 '레버리지 포인트'를 찾고, 원하는 행동을 저절로 하게 만드는 '환경'을 설계하며, 실패의 두려움 없이 시작하게 만드는 '최소 실행 가능 프로세스'를 배우게 될 것이다.

레버리지 포인트:
최소 행동으로 성공 가능성 극대화

—— 불평등한 노력의 법칙: 왜 당신의 성실함은 계속 배신당하는가?

매일 아침, 당신의 책상 위에는 빼곡하게 적힌 할 일 목록이 놓여 있다. '오전 6시 기상 후 명상. 출근 전 경제 뉴스 30분 읽기. 점심시간 쪼개서 운동하기. 퇴근 후 외국어 강의 수강. 잠들기 전 독서 1시간' 목록을 바라보는 당신의 마음 한편에는 변화에 대한 뜨거운 열망이, 다른 한편에는 이 모든 것을 해내야 한다는 무거운 압박감이 자리한다.

우리는 성공이 노력의 총합과 정직하게 비례한다고, 땀 흘리는 시간과 결과의 크기는 같아야 한다고 교육받았다. 이는 컨베이어 벨트

앞에서 노동 시간을 투입한 만큼 생산량이 결정되던 산업 시대의 낡은 패러다임이다. 하지만 이 믿음은, 오늘날 가장 성실한 사람들을 가장 크게 배신하는 노력의 신화일 뿐이다. 더 나은 삶을 위해서는 더 많은 노력을 동시에 쏟아부어야 한다고 생각한다. 아침 일찍 일어나고, 운동을 하고, 외국어를 공부하고, 업무에 매진하고, 좋은 부모가 되기 위해 애쓰는 것. 우리는 이 모든 좋은 일들을 한 번에 해내려고 시도한다.

그 결과는 어떤가? 얼마 지나지 않아 당신의 한정된 의지력과 에너지는 완전히 방전되고, 당신은 '나는 역시 모든 걸 잘 해낼 수는 없어'라는 깊은 패배감과 함께 원래의 자리로 돌아오게 된다. 이것이 바로 우리가 매번 경험하는 노력의 배신이다. 당신이 실패한 이유는 노력이 부족해서가 아니다. 오히려, 당신의 노력이 아무런 전략 없이 무차별적으로 분산되었기 때문이다. 이것은 마치 밑 빠진 독에 물을 붓는 것과 같다. 당신은 독을 채우기 위해(더 나아지기 위해) 쉴 새 없이 우물과 독 사이를 오가며 땀 흘리지만, 독의 수위는 결코 오르지 않는다. 진짜 문제는 물의 양(노력)이 아니라, 물이 새는 거대한 구멍(핵심 문제)을 막지 않았기 때문이다. 하지만 우리는 그 구멍을 찾는 대신, 그저 더 열심히, 더 빠르게 물을 붓는 데만 집중해 왔다. 이제 우리는 더 열심히라는 낡은 주문에서 벗어나, 더 똑똑하게라는 새로운 전략을 배워야 한다.

이탈리아의 경제학자 빌프레도 파레토가 발견한 파레토 법칙(80/20 법칙)은, 모든 시스템에서 결과의 80%는 단 20%의 원인에서 비롯된다고 말한다. 이는 자연계, 비즈니스, 그리고 당신의 삶을 포함한 거의 모든 복잡계에서 예외 없이 나타나는 보편적인 현상이다. 당신의 성공을 결정하는 것은 당신이 하는 수많은 노력이 아니라, 가장 결정적인 영향을 미치는 단 몇 가지의 핵심적인 행동이라는 의미다. 유능한 전략가는 바로 이 핵심 20%를 찾아내는 사람이다. 그는 나머지 80%의 비효율적인 노력들을 과감하게 포기하고, 오직 이 결정적인 지점에만 자신의 모든 자원을 집중시킨다. 3장의 첫 번째 목표는, 당신의 그 많고 많은 할 일 목록 속에서, 당신의 삶 전체를 움직일 수 있는 단 하나의 지렛대, 즉 레버리지 포인트를 찾아내는 것이다.

── 지렛대의 본질: 레버리지 포인트의 놀라운 특성

고대 그리스의 과학자 아르키메데스는 말했다. "나에게 충분히 긴 지렛대와 받침점만 준다면, 지구라도 들어 올릴 수 있다" 레버리지 포인트는 바로 당신 삶의 아르키메데스 지렛대다. 최소의 힘으로 최대의 결과를 낳는 이 강력한 지렛대는 어떤 특성을 가지고 있을까? 그것은 보통 우리의 직관과는 다른 몇 가지 놀라운 특징을 보인다.

첫째, 레버리지 포인트는 지극히 반직관적이다

우리의 뇌, 특히 생존 시스템은 크고, 시끄럽고, 긴급해 보이는 문제에 먼저 반응하도록 설계되어 있다. 하지만 진짜 레버리지는 가장 작고, 가장 조용하며, 그래서 우리가 그 중요성을 완전히 간과하고 있던 지점에 숨어있는 경우가 많다. 이는 기침(증상)을 멈추게 하는 시럽이 아니라, 기침의 원인인 폐렴(근본 원인)을 치료하는 항생제와 같다. 우리는 눈에 보이는 증상에 집착하지만, 시스템을 바꾸는 힘은 보이지 않는 원인에 있다. 가장 강력한 변화는 종종 가장 요란하지 않은 곳에서 시작된다.

둘째, 레버리지 포인트는 강력한 연쇄 반응을 일으킨다

작은 도미노 하나가 자신보다 1.5배 큰 다음 도미노를 쓰러뜨릴 수 있듯이, 이 작은 행동 하나가 당신의 삶 전체에 긍정적인 파급 효과를 만들어 낸다. 변화가 더 이상 고통스러운 인내가 아니라 저절로 굴러가는 거대한 바퀴처럼 느껴지는 순간이 온다. 당신은 더 이상 변화를 만들어 내는 사람이 아니라, 변화의 흐름에 올라타는 사람이 된다. 이는 당신의 시스템 안에 선순환의 피드백 루프를 만들어 내는 것과 같다. 하나의 긍정적인 행동이 또 다른 긍정적인 결과를 낳고, 그 결과가 다시 처음의 긍정적인 행동을 강화시키는, 눈덩이처럼 불어나는 폭발적인 성장의 경험을 하게 된다.

셋째, 레버리지 포인트는 모든 것을 극도로 단순화시킨다

복잡하게 얽힌 10개의 문제를 해결하기 위해 10개의 다른 해결책을 찾을 필요가 없게 만든다. 단 하나의 핵심 문제를 제대로 해결함으로써, 나머지 9개의 문제가 저절로 해결되거나 중요하지 않게 만들어 버리는 것. 이것이 바로 레버리지가 추구하는 전략적 우월함이다. 체스 초심자는 상대의 모든 말에 일일이 반응하지만, 그랜드마스터는 단 하나의 수를 통해 상대의 전체적인 구조를 붕괴시킨다. 레버리지 포인트는 바로 그 한 수다.

── 그들은 어떻게 삶의 지렛대를 찾았는가?

레버리지 포인트는 분석적인 공식으로 찾아내는 것이 아니다. 자신의 삶을 정직하고 깊이 관찰하는 과정에서 발견된다. 여기, 각기 다른 문제 속에서 자신만의 레버리지 포인트를 발견하고 삶의 궤도를 바꾼 사람들의 이야기가 있다.

사례 1. 만성 피로와 번아웃: 수면이라는 숨겨진 에너지 발전소

한 유능한 프로젝트 매니저가 있었다. 그는 수년간 만성적인 피로와 번아웃에 시달렸다. 그는 더 열심히 일하기 위해 더 많은 커피를 마셨고, 부족한 시간을 메우기 위해 잠을 줄였다. 그의 책상에는 각종 영양제와 에너지 드링크가 가득했다. 하지만 그의 몸은 나아지지 않았고, 오후 3시만 되면 좀비처럼 변해갔다. 그러던 어느 날, 그는 모든 것을 포기하는 심정으로 '매일 밤 11시에는 모든 전자기기를 끄고 침실에 들어간다'는 단 하나의 규칙만을 지키기로 했다. 처음 며칠간은 금단 현상처럼 불안했지만, 일주일이 지나자 그의 삶에 놀라운 연쇄 반응이 일어났다.

- 연쇄 반응: 충분한 수면 → 스트레스 호르몬 감소 → 야식에 대한 욕구 자연 감소(식단 개선) → 아침의 커피 없이도 머리가 맑아짐(카페인 의존 탈피) → 오후의 업무 집중력 극적으로 향상(생산성 증가)

그는 식단이나 업무 습관을 직접적으로 바꾸려 하지 않았다. 그저 자신의 망가진 수면 시스템을 바로잡았을 뿐이다. 수면이 바로 그의 삶 전체를 지탱하는 레버리지 포인트였던 것이다.

사례 2. 끝없는 미루는 습관: 이부자리 정리라는 작은 통제감

또 다른 사람은 늘 새로운 아이디어가 넘치지만, 단 하나도 제대로 끝마치지 못하는 자신을 의지박약이라 자책했다. 그는 더 강한 의지력과 더 좋은 시간 관리 기술을 배우기 위해 수많은 책을 읽었다. 하지만 그의 진짜 레버리지 포인트는 다른 곳에 있었다. 바로 매일 아침 일어나자마자 이부자리를 정리하는 것이었다. 미 해군 대장 윌리엄 맥레이븐이 그의 유명한 연설에서 말했듯, 2분도 채 걸리지 않는 이 사소한 행동은 그에게 하루를 시작하는 첫 번째 작은 성공의 경험을 선물했다.

- 연쇄 반응: 이부자리 정리(작은 성공) → '나는 내 공간을 통제하는 사람'이라는 정체성 각인 → 어지러운 책상 정리로 이어짐 → 명확해진 공간에서 첫 업무 시작 → 미루던 프로젝트를 시작하고 끝마치는 힘으로 연결

이 작은 행동은 단순히 침대를 깨끗하게 만드는 행위가 아니었다. '나는 혼돈에 질서를 부여하는 사람', '나는 시작한 일을 마무리하는 사람'이라는 긍정적인 정체성을 아침마다 스스로에게 각인시키는 강력한 의식이었다.

사례 3. 늘 텅 빈 지갑: 자동이체라는 감정 없는 시스템

한 사회초년생은 월급날이면 부자가 된 것 같다가 월말이면 늘 돈에 쪼들렸다. 그는 돈을 아끼기 위해 가계부를 쓰고, 커피값을 줄이고, 점심값을 아끼려 노력했지만, 스트레스를 받는 날이면 어김없이 충동구매로 무너졌다. 그의 실패 원인은 의지력으로 감정과 욕구를 통제하려 했기 때문이다. 그는 전략을 바꿨다. 그의 레버리지 포인트

는 '월급날 아침, 월급의 15%가 저축 계좌로 자동이체 되도록 설정하는 것'이었다.

- 연쇄 반응: 월급날 자동 저축 → 내 손에 들어오기 전에 돈이 사라짐('아껴야 한다'는 고통스러운 결정의 과정 생략) → 남은 돈 안에서만 소비하게 됨(자연스러운 예산 관리) → 매달 쌓이는 저축액을 보며 경제적 안정감 상승 → 충동구매의 원인이었던 미래에 대한 불안감 감소

그는 더 이상 수백 번의 작은 유혹과 싸우지 않았다. 감정이 개입할 여지가 없는, 단 하나의 시스템이 그의 재정 문제를 해결한 것이다.

사례 4. 서먹한 가족 관계: 하나의 좋은 질문이라는 연결의 시작

한 아버지는 사춘기 아들과의 관계가 서먹해 고민이었다. 그는 아들에게 더 좋은 선물을 사 주고, 주말마다 외식을 제안하는 등 더 노력했지만, 관계는 나아지지 않았다. 그는 대화 방식을 바꾸기로 했다. 그의 레버리지 포인트는 매일 저녁 식사 자리에서 "오늘 하루 어땠니?"라는 닫힌 질문 대신, "오늘 하루 중 가장 재밌었던 일(혹은 짜증 났던 일)은 뭐였어?"라는 구체적이고 열린 질문 하나를 던지는 것이었다.

- 연쇄 반응: 구체적인 질문 → 아들의 구체적인 답변 유도(대화의 시

작) → 아들의 생각과 감정을 알게 됨(이해의 시작) → 아버지가 자신의 경험을 이야기함(공감대 형성) → 작은 대화가 쌓여 심리적 거리 좁혀짐(관계 개선)

단 하나의 좋은 질문이 무관심의 벽을 허물고 진정한 소통의 문을 연 것이다.

—— 어떻게 당신의 지렛대를 찾을 것인가?

그렇다면, 이 숨겨진 보물, 당신의 레버리지 포인트를 발견할 수 있는 눈은 어떻게 기를 수 있을까? 다음의 질문들을 통해 당신 삶의 시스템을 분석하고 전략가의 시선을 훈련할 수 있다.

시스템 전체를 조망하는 질문: 모든 것을 연결하면 무엇이 보이는가?

전략가는 눈앞의 문제 하나(예: 과소비)에 매몰되지 않는다. 대신 한 걸음 물러서서 그 문제가 다른 문제들(예: 스트레스, 낮은 자존감, 외로움)과 어떻게 연결되어 있는지를 관찰한다.

- 훈련: 당신의 고민들을 종이 위에 모두 적는다. 그리고 각 고민들

이 서로에게 어떻게 영향을 미치는지 화살표로 연결해 본다. 가장 많은 화살표를 받거나, 가장 많은 화살표를 보내는 고민은 무엇인가? 그곳이 바로 시스템의 강력한 레버리지 포인트 후보다.

병목 현상을 찾는 질문: 만약 단 하나의 문제만 해결할 수 있다면?

복잡한 시스템에는 항상 전체 흐름을 막는 병목 지점이 존재한다.

- 훈련: 당신 삶의 수많은 문제 중, "만약 이것 하나만 해결된다면 다른 문제들이 훨씬 쉬워지거나 아예 사라질 것 같은 것은 무엇인가?"라고 자문해 본다. 만성 피로가 해결되면 운동 부족과 업무 집중력 저하가 함께 해결될 수 있다. 명확한 목표 부재가 해결되면 무기력과 미루는 습관이 해결될 수 있다. 그 병목 지점이 당신의 레버리지 포인트일 가능성이 높다.

에너지의 흐름을 읽는 질문: 무엇이 나의 에너지를 만들고, 무엇이 빼앗는가?

당신의 일과를 시간대별로 돌아본다.

- 훈련: 어떤 행동이 끝난 뒤에 에너지가 넘치고 활력이 생기는가?

(예: 아침 산책, 친구와의 깊은 대화) 반대로 어떤 행동이 당신을 완전히 지치고 무기력하게 만드는가? (예: 의미 없는 SNS 스크롤, 원치 않는 회식) 당신의 에너지를 고갈시키는 핵심 원인을 찾아 제거하거나, 당신에게 가장 큰 에너지를 주는 활동을 하루의 맨 처음에 배치하는 것이 강력한 전략이 될 수 있다.

마지막으로, 중요하지 않은 것들을 포기할 용기를 가져야 한다. 레버리지 포인트를 발견했다는 것은 동시에 나머지 80%의 활동이 비교적 중요하지 않다는 의미다. 중요하지 않은 것들에 대한 노력을 과감히 중단하고, 오직 단 하나의 지렛대에만 자신의 모든 자원을 집중시켜야 한다. 이 선택과 집중이 레버리지 포인트의 가장 중요한 핵심이다. 이제 우리는 노력에 대한 낡은 관념과 작별을 해야 한다. 진정한 성장은 더 열심히, 더 많이 노력하는 데서 오는 것이 아니다. 그것은 당신의 삶이라는 복잡한 시스템에서 가장 적은 노력으로 가장 큰 변화를 일으킬 수 있는 단 하나의 지점을 꿰뚫어 보는 데서 온다. 당신은 더 이상 모든 것을 한 번에 바꾸려는 무모한 도전을 할 필요가 없다. 불필요한 노력은 최대한 줄이고, 가장 중요한 곳에만 힘을 쓰면 된다. 이것이 바로 탁월한 브랜드와 평범한 브랜드를 가르는 결정적 차이다. 이제 이 강력한 레버리지 포인트를 찾았다면, 다음 단계는 그 지렛대를 가장 쉽게, 저항 없이 누를 수 있도록 주변 환경을 설계하는 것이다. 다음 장에서는 의지력 없이도 저절로 행동하게 만드는 '행동 설계'의 기술에 대해 알아볼 것이다.

행동 설계:
당신의 가장 중요한 고객, '뇌' 설득하기

── 당신 내면의 전쟁: 기수와 코끼리, 그리고 2개의 브랜드

앞서 우리는 레버리지 포인트를 통해 최소의 노력으로 최대의 변화를 이끌어 낼 수 있는 가장 효과적인 지점을 찾아냈다. 하지만 그 지렛대를 누르기로 결심하는 순간, 우리는 어김없이 내면의 강력한 저항과 마주한다. 이 저항은 단순한 관성이나 게으름이 아니다. 사회심리학자 조너선 하이트의 비유에 따르면, 이는 당신 내면의 거대한 '코끼리(감정과 본능)'가 이성적인 '기수(계획과 의지)'의 통제를 벗어나, 익숙하고 편안한 길로 가려는 자연스러운 움직임이다.

기수는 당신의 이성적이고 의식적인 마음, 즉 성장 시스템이다. 그는 지도를 읽을 줄 알고, 장기적인 목표를 이해하며, 무엇이 옳고 그

른지 논리적으로 판단할 수 있다. 그는 코끼리를 이끌어 성장이라는 목적지로 가고 싶어 한다. 반면, 코끼리는 당신의 감정적이고 본능적인 마음, 즉 생존 시스템이다. 그는 몇 톤에 달하는 거대하고 강력한 존재로, 오직 즉각적인 만족(달콤한 과일, 시원한 물웅덩이)과 즉각적인 위협 회피(포식자, 고통)에만 반응한다. 그는 지도를 읽지 못하며, 오직 지금 당장의 감각과 기분에 따라 움직인다.

기수는 고삐를 쥐고 있기에 자신이 코끼리를 통제한다고 착각한다. 기수와 코끼리의 의견이 다를 때, 예를 들어 기수가 체육관이라는 목적지로 가려 하는데 코끼리가 소파라는 물웅덩이로 가고 싶어 할 때, 이 싸움의 승자는 언제나 코끼리다. 기수는 고작해야 잠시 버틸 뿐, 결국 거대한 코끼리의 힘에 끌려갈 수밖에 없다. 이것이 당신의 의지력이 번번이 패배하는 이유다. 작은 기수가 거대한 코끼리를 힘으로 이기려고 했기 때문이다.

이 내면의 전쟁을, 당신 마음속에서 벌어지는 치열한 마케팅 전쟁으로 다시 상상해 보자. 이 시장은 이성적인 판단보다는 원초적인 감각과 즉각적인 욕망, 즉 코끼리의 변덕이 모든 것을 지배한다. 이곳에서는 매일, 매 순간 2개의 브랜드가 코끼리의 선택을 얻기 위해 치열한 전쟁을 벌이고 있다. 하나는 당신의 생존 시스템이 운영하는 시장의 절대 강자, '브랜드 현상유지'다. 이 브랜드는 코카콜라나 맥도날드와 같다. 너무나 익숙하고, 언제나 예측 가능한 안정적인 맛(쾌락)을 제공한다. 이 브랜드는 안정성, 즉각적 쾌락, 에너지 보존이라는 코끼리가 가장 좋아하는 3가지 가치를 정확히 파고든다. 수십 년간 당신이라는 시장을 독점해 온 덕분에 엄청난 브랜드 충성도(오랜 습관)와 막대한 마케팅 예산(무의식적 끌림)을 보유하고 있다. 당신 뇌의 신경망에는 이 브랜드로 향하는 8차선 고속도로가 이미 깔려 있다.

다른 하나는 당신의 성장 시스템, 즉 기수가 이제 막 론칭하려는, 비전을 가졌지만 아무런 실적도 없는 스타트업, '브랜드 넥스트레벨'이다. 이 브랜드는 이제 막 문을 연 작은 유기농 레스토랑과 같다. 성장, 성취, 장기적 행복이라는 당장은 손에 잡히지 않지만, 훨씬 더 고차원적인 가치를 약속한다. 하지만 시장 인지도는 거의 없고, 마케팅 예산(의지력)은 턱없이 부족하며, 그곳으로 가는 길은 아직 포장되지 않은, 잡초가 무성한 좁은 오솔길이다.

이것은 공정한 싸움이 아니다. 이 전쟁의 승패는 기수가 코끼리를 채찍질하는 '더 나은 의지'라는 정신력으로 결정되지 않는다. 그것은 어떤 브랜드의 이야기가, 당신이라는 변덕스러운 고객, 즉 거대한 코끼리의 마음을 사로잡는가에 의해 결정된다. 진정한 행동 설계는 단순히 환경을 바꾸는 기술을 넘어, 당신의 모든 행동을 재설계하여 이 불공정한 내면의 전쟁에서 승리하는 고도의 마케팅 전략이다.

── 브랜드 현상유지는 어떻게 코끼리를 유혹하는가?

전략을 세우기 전에 우리는 먼저 경쟁 브랜드인 '어제의 나'가 얼마나 유능한 마케터인지 인정하고 그의 전략을 철저하게 분석해야 한다. 그는 당신의 가장 깊은 욕망과 취약점을 완벽하게 꿰뚫고 있으며, 수십 년간 축적된 고객 데이터를 바탕으로 당신을 설득할 가장 효과적인 광고 카피를 알고 있다. 그의 핵심 전략은 의미론적 침투, 즉 고귀하고 긍정적인 단어들을 저급하고 해로운 상품에 결합시켜 그 가치를 부풀리는 것이다.

상품명: 퇴근 후의 맥주 한 캔

- 광고 카피: "오늘 하루도 정말 고생 많았지? 넌 이럴 자격 있어. 이건 단순한 술이 아니야. 이건 너의 고된 하루에 대한 보상이자 누구에게도 방해받지 않는 너만의 자유이며, 복잡한 세상으로부터 너를 지켜주는 안식처야" 그는 이 상품을 알코올이 아닌 휴식과 자유라는 감성적인 카테고리로 판매한다.

상품명: 중요한 일을 앞둔 인터넷 서핑

- 광고 카피: "지금 바로 그 일을 시작하기엔 너무 부담스럽잖아. 완벽하게 시작해야 한다는 생각에 머리가 복잡하지? 일단 딱 10분만 머리를 식히며 준비운동을 하는 거야. 이것은 회피가 아니라 더 잘하기 위한 전략적 휴식이고, 성공적인 결과물을 위한 창의적인 영감 수집의 과정이야" 그는 딴짓이라는 행동을 성공을 위한 준비 과정이라는 그럴듯한 의미로 리브랜딩한다.

상품명: 알람 끄고 5분 더 자기

- 광고 카피: "이건 게으름이 아니야. 세상은 너무 차갑고 힘드니 너 자신을 보호하기 위한 자기만의 시간이 필요한 거야. 이 따뜻한 이불은 너를 지켜주는 요새이고, 5분의 시간은 다가올 전투를 준비하기 위한 전략적 후퇴야" 그는 늦잠을 자기보호라는 행위로 둔갑시킨다.

상품명: 스트레스받는 날의 야식

- 광고 카피: "하루 종일 얼마나 힘들었어. 이 정도는 먹어줘야 내일 또 싸울 힘이 생기지. 이건 그냥 음식이 아니야. 지친 너의 영혼을 위한 따뜻한 위로이자, 스스로를 아껴주는 자기 관리의 한 방법이야" 그는 폭식을 자기 관리라는 트렌디한 용어로 포장한다.

이처럼, '어제의 나'는 모든 나쁜 습관을 보상, 자유, 전략, 위로, 자기 관리와 같은 저항할 수 없이 매력적인 의미로 포장하는 천재적인 카피라이터다. 그의 전략이 이토록 효과적인 이유는, 그가 기수에게 말을 거는 것이 아니라 코끼리에게 직접 속삭이기 때문이다. 코끼리는 장기적 건강이나 성장 같은 추상적인 개념을 이해하지 못하지만, 보상, 자유, 안식처, 위로라는 감성적인 단어에는 즉각적으로 반응한다. 이 강력한 경쟁자의 마케팅을 이기기 위해, 우리 역시 더 강력하고 매력적인 브랜드 스토리를 만들어야 한다.

—— 행동의 물리학: 마찰력과 추진력을 지배하라

새로운 브랜드를 성공시키기 전에, 우리는 먼저 고객이 물건을 구매하는 물리학적 원리를 이해해야 한다. 모든 행동은 마찰력과 추진력이라는 2가지 힘의 지배를 받는다. 코끼리는 본능적으로 마찰력을 피하고 추진력에 끌린다. 마찰력은 행동을 시작하기 어렵게 만드는 모든 종류의 저항이다. 브랜드 현상유지는 우리의 새로운 행동에 엄청난 마찰력을 가한다. 헬스장에 가기 위해 옷을 챙기고, 차를 타고 이동하고, 주차하고, 낯선 사람들 사이에서 운동해야 하는 모든 과정이 코끼리에게는 가파르고 험준한 산길과 같은 마찰력이다. 반면, 추진력은 행동을 시작하게 만드는 매력적인 동력이다. 브랜드 현상유지는 즉각적인 쾌락이라는 강력한 추진력을 제공한다. 스마트폰을 터치하는 순간 쏟아지는 도파민이 바로 코끼리를 달리게 하는 달콤한 먹이, 추진력이다. 지금까지 우리가 실패했던 이유는 마찰력은 엄청나게 높고 추진력은 거의 없는 상품(운동, 독서)을 팔려고 했기 때문이다. 반면 경쟁자는 마찰력은 제로에 가깝고 추진력은 즉각적인 상품(유튜브, 게임)을 팔고 있었다. 승패는 이미 정해져 있었다. 따라서 우리의 전략은 명확하다.

'브랜드 넥스트레벨'의 마찰력은 극한까지 줄인다.
'브랜드 넥스트레벨'에 즉각적인 추진력을 더한다.
(역으로) '브랜드 현상유지'의 마찰력은 의도적으로 높인다.

—— 가치 제안의 재설계: 성장이라는 상품을 팔리는 물건으로

이제 당신은 '브랜드 넥스트레벨'의 최고 브랜드 책임자이자 기수로서, 이 전쟁의 판도를 바꿀 새로운 전략을 실행해야 한다. 우리는 "더 좋은 사람이 되자"는 구호를 외치는 대신, 고객(코끼리)이 거부할 수 없는 가치 제안을 설계해야 한다. 우리는 더 이상 미래의 건강이라는 약속어음이 아닌, 지금 당장의 즐거움이라는 현금을 팔아야 한다.

전략 1: 유혹 묶음으로 추진력 더하기

이는 당신이 해야 하는 행동과 당신이 하고 싶은 행동을 하나로 묶어버리는 것이다.

사례: 지루한 운동을 '나만의 시네마'로 만들기

한 젊은 직장인은 퇴근 후 운동을 해야 한다는 것을 알지만, 지친 몸을 이끌고 헬스장에 가는 것은 고문과도 같았다. 그에게 운동은 땀 흘리는 고통의 시간이었다. 그는 이 경험을 완전히 리브랜딩하기로 했다. 그는 요즘 가장 인기 있는 스릴러 드라마에 푹 빠져 있었는데, 다음과 같은 규칙을 만들었다. '이 드라마의 다음 에피소드는 오직 헬스장의 러닝머신 위에서만 볼 수 있다' 이제 그에게 헬스장은 더 이상 운동하는 공간이 아니다. 그곳은 다음 화를 시청할 수 있는 나만의 프라이빗 시네마가 되었다. 운동은 드라마 시청이라는 즐거움을 얻기 위한 입장권이 되었다. 드라마의 다음 내용이 궁금하다는 강력한 욕구(추진력)가 그를 헬스장으로 이끌었고, 30분간의 러닝머신은 더 이상 고통이 아닌 몰입의 시간이 되었다.

전략 2: 환경 설계로 마찰력 제거

인간의 의지력은 약하지만 환경의 힘은 절대적이다. 스마트한 마케터는 고객의 의지력에 호소하지 않고, 자사 제품을 가장 손쉽게 집을 수 있는 곳에 진열한다. 우리는 코끼리가 가야 할 길을 평탄한 내리막길로 만들어 줘야 한다.

사례: 어색한 네트워킹을 '도시 탐험가의 커피 일지'로 만들기

프리랜서로 일하는 한 디자이너는 인맥을 넓혀야 한다는 압박감에 시달렸지만, 낯선 사람들과 어색한 대화를 나눠야 하는 네트워킹 행사를 혐오했다. 여기에는 엄청난 정서적 마찰력이 있었다. 그녀는 목표 자체를 재설계했다. 그녀의 새로운 목표는 네트워킹이 아니라 '매주 한 번, 가보지 않은 동네의 독립 카페를 탐험하고 기록하기'였다. 그녀는 가고 싶은 카페 리스트를 미리 만들어 두고(인지적 마찰력 감소), 가방에 항상 예쁜 노트와 펜을 넣어 다녔다(물리적 마찰력 감소). 이제 네트워킹은 해야 하는 일이 아니라, 카페 탐험이라는 즐거운 여정에서 얻을 수 있는 보너스 아이템이 되었다. 그녀는 더 이상 사람을 만나야 한다는 부담 없이 새로운 공간을 즐겼고, 자연스럽게 바리스타나 다른 손님과 대화를 나누는 자신을 발견했다. 부담감을 제거하자 오히려 진정한 연결이 시작된 것이다.

전략 3: 게임화로 재미라는 추진력 주입

인간은 본능적으로 게임을 좋아한다. 명확한 규칙, 즉각적인 피드백, 그리고 성장하는 느낌만 있다면 어떤 지루한 일도 게임이 될 수 있다. 코끼리는 지루한 노동을 싫어하지만, 신나는 게임은 마다하지 않는다.

사례: 끝없는 집안일을 '5분 비트 게임'으로 만들기

집이 항상 어수선해서 스트레스를 받던 한 워킹맘은 주말마다 대청소를 계획했지만, 시작할 엄두조차 내지 못했다. 그녀는 이 지루한 의무를 짧고 재미있는 게임으로 바꿨다. 그녀는 매일 저녁, 자신이 가장 좋아하는 신나는 음악을 켜고 타이머를 정확히 5분에 맞췄다. 그리고 그 시간 안에 최대한 많은 물건을 제자리에 갖다 놓는 새로운 게임을 시작했다. 그녀의 목표는 깨끗한 집이라는 막연한 결과가 아니었다. 그녀의 목표는 '이제보다 1개라도 더 많이 정리하기'라는 명확한 퀘스트다. 5분이라는 짧은 시간(시간 마찰력 감소)과 신나는 음악(추진력)은 저항감을 없애주었고, 게임처럼 즐기다 보니 어느새 집은 매일 저녁 조금씩 정돈되었다. 그녀는 집안일이라는 지루한 노동을, 짧은 시간 동안 에너지를 폭발시키는 즐거운 게임으로 성공적으로 리브랜딩했다.

전략 4: 정체성 리프레이밍

가장 강력한 행동 설계는 행동 자체를 바꾸는 것이 아니다. 그 행동을 하는 자신에 대한 이야기를 바꾸는 것이다. 코끼리에게 더 멋지고 영웅적인 역할을 부여하는 것이다.

사례: 발표 불안을 '길 잃은 자를 위한 안내자' 되기로 바꾸기

한 주니어 사원은 팀 회의 발표에 대한 극심한 불안을 겪고 있었다. 그의 코끼리는 청중을 '나를 평가하고 공격할 포식자'로, 자신을 '심판대 위에 선 희생양'으로 인식했다. 이 프레임 안에서 발표는 생존을 위협하는 끔찍한 고통이었다. 그는 자신의 역할을 재정의했다. "나는 심판받는 희생양이 아니다. 나는 이 주제에 대해 잘 모르는 동료들에게, 내 지식의 지도를 나눠주는 친절한 안내자다. 청중은 포식자가 아니라, 내가 도와줘야 할 길 잃은 여행객이다" 이 정체성의 전환은 모든 것을 바꿨다. 두려움은 책임감과 사명감으로 바뀌었고, '내가 어떻게 보일까?'라는 자기중심적 불안은 '어떻게 하면 저들을 더 잘 이해시킬 수 있을까?'라는 이타적인 관심으로 전환되었다. 코끼리는 더 이상 도망치려 하지 않고, 기꺼이 기수와 함께 길을 안내하는 역할을 수행하기 시작했다.

── 당신은 당신 경험의 설계자다

결국 이 내면의 마케팅 전쟁은, 어떤 브랜드가 '지금 당장 더 나은 경험'을 제공하는가의 싸움이다. 당신은 더 이상 더 나은 사람이 되어야 한다고 스스로를 설득하며 채찍질할 필요가 없다. 당신의 역할은 코끼리를 힘으로 억누르는 것이 아니라, 그의 특성을 이해하고 그가 원하는 방식으로 소통하며, 그가 나아갈 길을 미리 설계해 주는 것이다. 의미를 지배하는 자가 행동을 지배하고, 행동을 지배하는 자가 자신의 운명을 지배한다. 그리고 그 의미는 결국 당신이 설계한 경험의 총합이다. 당신은 당신 삶의 모든 순간을, 당신이 원하는 정체성에 부합하는 경험으로 가득 채울 수 있는 힘을 가진 유일한 설계자다.

이제 우리는 코끼리를 설득하고 경로를 설계하는 강력한 관점을 손에 쥐었다. 하지만 유능한 마케터는 강력한 새 브랜드 콘셉트를 만들었다고 곧바로 대규모 론칭을 감행하지 않는다. 그는 먼저 가장 작은 시장에서, 가장 최소한의 기능만을 담은 시제품으로 고객의 실제 반응을 테스트한다. 다음 장에서는 바로 이 전략을 우리의 삶에 적용하는 '최소 실행 가능 프로세스(MVP)'에 대해 알아볼 것이다.

MVP(Minimum Viable Product):
최소 성공 경험으로 브랜드 가치 테스트

—— 완벽한 시작이라는 환상, 그 달콤한 독배

    마침내 행동할 준비가 되었다고 느끼는 순간, 우리의 발목을 잡는 가장 교묘하고 강력한 적이 나타난다. 바로 완벽주의다. 우리는 이왕 시작할 거면 완벽하게, 제대로, 폼 나게 해야 한다고 생각한다. '매일 1시간씩 운동하기', '매일 책 한 권 읽기', '매일 2시간씩 글쓰기'. 이 원대한 비전은 우리에게 영감을 주지만 동시에 '과연 내가 저걸 하루라도 해낼 수 있을까?'라는 거대한 압박감과 실패에 대한 두려움을 안겨준다. 이 두려움 앞에서 우리의 생존 시스템, 즉 변화를 위협으로 인식하는 내면의 거대한 코끼리는 즉시 비상 브레이크를 건다. 실패는 코끼리에게 생존을 위협하는 포식자와 같기 때문이다. 코끼리는 포식자에게 잡아먹힐 위험을 감수하느니, 아예 출발선에 서지 않는 쪽을 택한다. 그리고 이성적인 기수는 '나중에 모든 준비가 완벽해지면'이라는 그럴듯한 핑계 뒤로 코끼리와 함께 숨어버린다. 완벽주의는 이처럼 행동하지 않는 나를 정당화하는 가장 세련된 자기기만이자, 시작이라는 경주 자체를 포기하게 만드는 가장 달콤한 독배다.

당신의 책장에 꽂힌 채 먼지만 쌓여가는 수많은 자기계발서, 1월에만 사용된 헬스장 회원권, 개설만 해놓고 글 하나 없는 블로그. 이 모든 것은 완벽한 시작의 비극이 남긴 기념비들이다. 이 거창한 시작에 대한 공포를 극복하기 위해 우리는 실리콘밸리의 가장 혁신적인 스타트업들이 사용하는 핵심 생존 전략을 빌려와야 한다.

그것은 MVP(Minimum Viable Product), 즉 최소 실행 가능 제품의 개념이다. 어리석은 창업가는 3년간 연구소에 틀어박혀 수십억을 쏟아부어 완벽한 제품을 만든 뒤, 화려한 론칭 파티와 함께 그 제품을 세상에 내놓는다. 그리고 시장의 외면이라는 참혹한 현실 앞에서 파산했다. 하지만 성공적인 창업가는 그렇게 일하지 않는다. 그것은 너무 큰 리스크를 동반하는 어리석은 도박임을 알기 때문이다. 대신, 단 2주 만에 제품의 핵심 가설('고객은 이 문제를 해결하고 싶어 할 것이다')을 확인할 수 있는 가장 최소한의 기능만을 담은 시제품(MVP)을 만들어 시장에 빠르게 내놓는다. 그리고 실제 고객의 냉정한 피드백을 통해 자신들의 가설이 맞았는지, 틀렸는지를 빠르게 학습하고 개선한다. 이 과정을 통해 실패의 비용은 최소화하고, 성공의 가능성은 극대화하는 것이다. 우리 삶도 마찬가지다. 우리는 이제부터 '완벽한 나'라는 최종 완성품을 한 번에 론칭하려는 무모함을 멈추고, 가장 작고, 가장 안전하며, 가장 확실한 성공 경험을 통해 우리의 새로운 브랜드 가치를 테스트할 것이다.

── 최소 실행 가능 프로세스의 핵심 원칙

우리가 만들 첫 번째 시제품, 즉 최소 실행 가능 프로세스는 복잡할 필요가 없다. 오히려 단순하고, 때로는 우스꽝스러울 정도로 작아야 한다. 이 전략의 목표는 거대한 결과를 만들어 내는 것이 아니다. 행동의 관성을 만드는 것이다. 멈춰 있는 거대한 맷돌을 처음 한 바퀴 굴리는 것은 엄청난 힘이 들지만, 일단 한번 구르기 시작하면 훨씬 적은 힘으로도 계속 굴러가게 만들 수 있다. 작은 첫걸음은 바로 이 최초의 회전력을 만들어 내는 가장 손쉬운 방법이다. 성공적인 첫 시제품은 다음 3가지 핵심 원칙을 반드시 따른다.

첫째, 실패가 불가능할 정도로 작아야 한다

새로운 습관을 시작할 때 가장 큰 허들은 행동 그 자체가 아니다. 행동을 시작하기까지의 심리적 저항감이다. 우리의 내면의 코끼리(생존 시스템)는 '매일 1시간 운동하기'와 같은 거대한 변화를 자신을 위협하는 포식자로 인식하고, 그 자리에서 얼어붙거나 도망치려 한다. 이 저항을 무력화시키는 가장 효과적인 방법은, 코끼리가 위협으로 인식조차 못 할 만큼 2분 안에 끝낼 수 있게 작게 시작하는 것이다. 이것은 코끼리의 위협 감지 시스템을 교묘하게 우회하는 기술이다. 코끼리는 '책 한 권 읽기'라는 거대한 산을 보면 겁을 먹지만, '책 한 페이지 넘기기'라는 작은 조약돌에는 아무런 반응을 보이지 않는다. 이처럼 실패 자체가 불가능해 보이는 작은 목표는 코끼리가 저항할 명분 자체를 없애버린다.

- 원대한 목표: 매일 30분 운동하기
- 실패 불가능한 첫걸음: 운동복으로 갈아입는다(2분).

- 원대한 목표: 매일 2시간씩 글쓰기
- 실패 불가능한 첫걸음: 노트북을 켜고, 어제 썼던 글을 읽고, 딱 한 문장만 새로 쓴다(2분).

- 원대한 목표: 매일 20분 명상하기
- 실패 불가능한 첫걸음: 편안히 앉아, 눈을 감고, 단 세 번만 깊게 숨을 쉰다(2분).

이 단계에서 목표는 운동을 하거나, 글을 쓰거나, 명상을 하는 것이 아니다. 진짜 목표는 '나는 운동하는 사람이다', '나는 글을 쓰는 사람이다', '나는 내면을 돌보는 사람이다'라는 새로운 정체성의 스위치를 켜는 것이다. 일단 스위치가 켜지고 행동의 문턱을 넘으면, 그 이후의 일은 훨씬 쉬워진다. 운동복을 입은 당신은 소파에 눕는 대신 현관문을 열 가능성이 훨씬 높다.

둘째, 작더라도 완전한 성공의 경험을 제공해야 한다

작은 시작은 그 자체로 끝나서는 안 된다. 그것은 반드시 '신호 → 행동 → 보상'으로 이어지는 완전한 경험의 고리를 완성해야만 코끼리의 뇌에 긍정적인 기억으로 각인된다. 행동을 완수한 직후에 주어지는 아주 작은 보상은, 뇌의 보상 회로에 도파민을 분출시키는 방아쇠 역할을 한다. 도파민은 단순히 기분을 좋게 만드는 것을 넘어, "방금 네가 한 행동, 그거 아주 좋아. 내일 또 해!"라고 뇌에게 가르치는 강력한 학습 도구다.

새로운 행동을 했다면 그 직후에 의도적으로 스스로에게 보상을 제공해야 한다. 달력에 커다란 별 스티커를 붙이거나, 습관 추적 앱에 체크 표시를 하거나, 스스로의 어깨를 두드리며 "해냈어, 역시 나야"라고 말해주는 등, 아주 작은 축하 의식을 거행해야 한다. 이 작은 보상이 뇌에게 '행동 = 즐거운 경험'이라는 긍정적인 피드백을 보내고, 다음 날에도 이 고리를 다시 반복하고 싶다는 갈망을 만들어 낸다.

1시간 운동을 계획만 하다가 포기하는 것은 코끼리에게 '운동 = 좌절, 실패'라는 부정적 경험을 학습시키는 것이다. 반면, 단 1분이라도 운동복을 입고 성공을 축하하는 것은 '운동복 입기 = 성취, 기쁨'이라는 긍정적 경험을 학습시키는 것이다. 우리는 이 작은 성공들을 의도적으로, 그리고 집요하게 축적함으로써, 새로운 행동에 대한 코끼리의 인식을 서서히 바꿔나가야 한다.

셋째, 성공의 기준은 결과가 아니라 과정에 있어야 한다

첫 시제품을 테스트하는 단계에서 당신의 유일한 KPI(핵심 성과 지표)는 결과(체중 감량, 책 완독, 팔로워 증가)가 아니라 실행 여부다. 당신의 목표는 오직 "오늘 나의 작은 실험을 실행했는가?"라는 질문에 "네"라고 답하는 것이다. 결과는 우리 통제 밖에 있는 경우가 많다. 열심히 운동해도 몸무게는 그대로일 수 있고, 정성껏 글을 써도 아무도 읽지 않을 수 있다. 이처럼 통제 불가능한 결과에 성공의 기준을 두면, 코끼리는 불확실성 앞에서 쉽게 불안해하고 좌절하며, 결국 행동을 포기하게 된다. 반면, 과정, 즉 실행 여부는 100% 당신의 통제하에 있다. 이것은 당신을 성과에 대한 압박감에서 해방시키고, 그저 매일 출석 도장을 찍는다는 가벼운 마음으로 새로운 시스템을 테스트하게 해준다. 더 중요한 것은, 이 작은 행동 하나하나가 당신의 새로운 정체성에 대한 지표가 된다는 점이다. 운동복을 입는 행동은, '나는 건강한 사람이다'라는 정체성을, 단 한 문장을 쓰는 행동은, '나는 작가다'라는 정체성을, 단 한 페이지의 책을 읽는 행동은, '나는 배우는 사람이다'라는 정체성을 만들어 준다. 당신의 목표는 단번에 이기는 것이 아니다. 그저 오늘, 당신이 원하는 정체성을 위해 행동하는 것이다.

── 사례 연구 1. 신제품 '아침의 글쓰기 v0.1' 론칭 캠페인

여기, '언젠가 내 이름으로 된 책을 쓰는 작가'라는 비전을 가진 J가 있다. 그녀는 2장에서 지적인 탐험가라는 자신의 브랜드 아이덴티티를 확립했다. 하지만 그녀는 몇 달째 단 한 문장도 쓰지 못하고 있다. 베스트셀러를 써야 한다는 거창한 비전이 오히려 그녀를 압도하여 키보드 앞에 앉을 용기조차 앗아갔기 때문이다. 그녀는 전형적인 완벽한 시작에 대한 공포에 사로잡혀 있었다.

- 전략적 전환 – 출간에서 테스트로: J는 마침내 깨달았다. 자신이 지금 하려는 것이 책 출간이라는 거대한 프로젝트가 아니라, '아침에 글을 쓰는 습관이 나의 삶에 긍정적인 영향을 미칠 것인가?'라는, 하나의 가설을 검증하는 가벼운 테스트임을. 그녀는 목표를 집필에서 실험으로 전환했다.

- 시제품 설계: 나의 5분 모닝 인사이트

- 제품명: 아침의 글쓰기 v0.1

- 핵심 기능: "매일 아침 커피를 내리는 동안 노트북을 열어 어제 썼던 문장을 읽고 단 한 문장만 새로 쓴다" 이 목표는 너무나 작아서, '시간이 없어서', '피곤해서'라는 변명이 통하지 않는다.

- 가치 제안 재설계: 그녀는 이 행동을 하루 중 가장 좋아하는 순간인 첫 커피를 내리는 시간과 결합했다. 그리고 글을 한 문장 쓰기 전까지는 커피를 마실 수 없다는 규칙을 만들었다. 글쓰기는 이제 고통스러운 창작이 아니라 향긋한 커피를 마시기 위한 경쾌한 첫걸음이 되었다.

- 핵심 성과 지표: 얼마나 대단한 문장을 썼는가가 아니다. 오직 오늘 아침 커피 앞에서 한 문장을 썼는가?라는 질문에 대한 예/아니오뿐이다.

- 일주일간의 테스트, 그리고 놀라운 발견: J는 이 시제품을 가지고 일주일간의 테스트에 돌입했다. 처음 며칠간은 '고작 한 문장 쓰려고 노트북을 켜다니'라는 생각에 약간의 현타가 왔지만, 커피의 유혹이 더 강했기에 기계적으로 행동을 수행했다. 3일이 지나자 놀라운 변화가 시작됐다. 한 문장만 쓰기로 했던 규칙은 압박감을 완전히 제거했다. 압박감이 사라지자 오히려 글쓰기가 재미있게 느껴지기 시작했다. 그녀는 종종 자신도 모르게 두 문장, 세 문장을 더 쓰고 있는 자신을 발견했다. 7일 차, 그녀가 얻은 것은 고작 일곱 문장이 아니었다. 그녀는 '나는 작가를 꿈꾸는 사람'이 아니라, '나는 매일 아침 글을 쓰는 사람'이라는 새로운 정체성의 증거를 얻었다. 이것은 베스트셀러 작가라는 칭호보다 더 강력한, 스스로가 증명해 낸 실체였다.

── 사례 연구 2. 신제품 '액티브 리커버리 v0.1' 론칭 캠페인

이번에는 항상 만성 피로에 시달리는 직장인 K의 사례를 살펴보자. 그의 새로운 브랜드 아이덴티티는 '건강한 에너지를 관리하는 경영자'다. 그는 자신의 레버리지 포인트가 운동 부족임을 알고 있지만 퇴근 후 헬스장에 갈 에너지는 전혀 남아 있지 않다.

- 전략적 전환 – 운동에서 회복으로: K는 운동이라는 단어가 주는 압박감에서 벗어나기로 했다. 그는 자신의 첫 번째 시제품을 에너지를 소모하는 운동이 아니라 하루의 피로를 푸는 능동적 회복의 개념으로 재정의했다.

- 시제품 설계: 나의 5분 리부트 스트레칭

- 제품명: 액티브 리커버리 v0.1

- 핵심 기능: "퇴근 후 집에 돌아오면, 옷을 갈아입고, 유튜브에서 5분짜리 스트레칭 영상 하나를 따라 한다" 헬스장에 가는 것에 비하면 이 목표는 저항감이 거의 제로에 가깝다.

- 가치 제안 재설계: 그는 이 행동을 샤워하기 전의 필수적인 준비

과정으로 설계했다. 그는 자신이 가장 좋아하는 향의 바디워시를 새로 구입하고, 스트레칭을 마치면 이 바디워시로 샤워할 수 있다는 규칙을 만들었다. 스트레칭은 이제 귀찮은 운동이 아니라 상쾌한 샤워라는 보상을 얻기 위한 즐거운 준비운동이 되었다.

- 핵심 성과 지표: 얼마나 유연해졌는가가 아니다. 오직 오늘 퇴근 후 5분 스트레칭을 했는가?라는 질문에 대한 예/아니오뿐이다.

- 테스트 결과: K는 첫날 놀라운 경험을 했다. 5분간의 가벼운 스트레칭이 오히려 몸을 더 피곤하게 만드는 것이 아니라 뭉친 근육을 풀어주고 혈액순환을 도와 몸이 더 가벼워지는 느낌을 받은 것이다. 샤워 후의 상쾌함은 평소보다 2배가 되었다. 그는 이 작은 성공을 통해 '운동 = 에너지 소모'라는 자신의 낡은 믿음이 틀렸음을 데이터로 확인했다. '운동 = 에너지 충전'이라는 새로운 가설을 검증한 그는 이제 10분 스트레칭을 시도할 자신감을 얻었다.

위대함은 어떻게 당신의 현실이 되는가?

위대함은 초라한 시작을 먹고 자란다. 이것은 단순한 격언이 아니라, 행동 심리학의 핵심 원리다. 가장 작은 성공 경험을 설계하는 것은 완벽주의라는 거대한 벽을 부수는 가장 강력한 망치다. 그것은 시작이 반이라는 낡은 격언을 현실로 만드는 가장 과학적인 시스템이다. 당신은 더 이상 당신의 원대한 비전 앞에 주눅 들 필요가 없다. 당신의 목표는 100층짜리 마천루를 당장 짓는 것이 아니다. 당신의 목표는 오늘, 작지만 완벽한 단 하나의 벽돌을 구워내는 것이다.

특히 자신감에 대한 우리의 오해를 바로잡아야 한다. 우리는 자신감이 있어야 행동할 수 있다고 믿는다. 하지만 이는 완전히 틀렸다. 자신감은 행동의 원인이 아니다. 행동의 결과다. 자동차가 달려야만 계기판의 숫자가 올라가듯, 우리가 먼저 행동해야만 자신감이라는 숫자가 쌓이기 시작한다. 이 작고 초라해 보이는 첫걸음들이 당신에게 매일같이 '나는 내가 한 말을 지키는 사람이다', '나는 실행하는 사람이다'라는 반박 불가능한 증거를 선물하고, 그 증거들이 쌓여 자신감의 단단한 토대를 만들어 줄 것이다. 행동이 증거를 낳고, 증거가 믿음을 낳으며, 그 믿음이 새로운 정체성을 완성한다. 이것이 바로 '나'라는 브랜드가 재창조되는 과정의 핵심 알고리즘이다. 그러니 자신에게 관대해져야 된다. 당신은 평생 지킬 계약서에 서명하는 것이 아니다. 그저 일주일짜리 가벼운 실험을 시작하는 호기심 많은 사람일 뿐이다. 당신의 브랜드가 시장에 내놓을 첫 번째 시제품, 당신의 첫 번째 작은 실험은 무엇인가? 어떤 작고 사소한 행동이 당신의 새로운 정체성을 증명할 첫 번째 증거가 될 것인가? 다음 장에서는 이 첫 번째 시제품의 성공을 바탕으로, 어떻게 하면 더 나은 버전으로 개선하고 발전시킬 수 있는지, 즉 '어떤 색의 버튼이 더 클릭률이 높을까?'를 테스트하는 마케팅의 기술, 'A/B 테스트'를 우리 삶에 적용하는 방법에 대해 알아볼 것이다.

A/B 테스트:
내 행동 데이터 기반의 시스템 개선

─── 첫 성공, 그다음 질문: 어떻게 더 나아질 것인가?

　최소 실행 가능 프로세스(MVP)를 통해 당신은 마침내 행동이라는 벽을 넘었다. 당신은 이제 '나는 할 수 있다'는 작지만 단단한 성공의 경험과 그 경험이 만들어 낸 귀중한 데이터를 손에 쥐고 있다. 하지만 건축가는 첫 번째 벽돌을 쌓았다는 사실에 안주하지 않는다. 그는 곧바로 새로운 종류의 질문과 마주한다. "이 벽돌이 최선인가? 더 단단한 벽돌은 없을까? 이 벽돌을 쌓는 더 효율적인 방법은 없을까?" 즉, "어떻게 더 나아질 것인가?"라는 질문이다. 바로 이 지점에서, 당신의 역할은 다시 한번 진화해야 한다. 2장에서 당신은 미래를 그리는 건축가였다. 하지만 이제부터 당신은 그 설계도를 현실 세계라는 불확실성 속에서, 검증하고 개선해 나가는 냉철한 과학자가 되어야 한다. 건축가의 세계가 비전과 창조의 영역이었다면 과학자의 세계는 가설과 검증의 영역이다. 아마추어는 이 질문에 자신의 직감이나 의견으로 답한다. "제 생각엔, 이 방법이 더 좋을 것 같습니다" 하지만 프로는 결코 자신의 감을 믿지 않는다. 그는 현실에 직접 물어본다. 즉, 테스트를 통해 데이터로 답을 찾는다. 이것이 바로 감과 추측의 영역을 과학과 데이터의 영역으로 전환시키는 A/B 테스트의 핵심 철학이다. 이는 삶을 개선하는 과정에서 주관적 편견을 배제하고, 오직 데이터만을 판단의 근거로 삼는 시스템적 접근을 의미한다.

── 삶에 적용하는 과학적 방법론

A/B 테스트는 단순히 2가지를 비교하는 행위가 아니다. 이것은 수백 년간 인류의 지성을 발전시켜 온 과학적 방법론을 당신 삶이라는 가장 중요한 대상에 적용하는 것이다. 이 과학적 방법론은, 당신을 당신 삶의 문제를 대하는 아마추어 관점에서 프로의 관점으로 바꿔놓는다. 그 과정은 '가설-실험-학습-반복'이라는, 끝없이 순환하며 상승하는 나선형 고리로 이루어진다.

1단계: 지적인 추측 – 가설 수립하기

모든 과학적 탐구는 하나의 좋은 질문에서 시작된다. 당신의 경험과 직관을 바탕으로 "어떻게 하면 더 나아질 것인가"에 대한 지적인 추측, 즉 가설을 세운다. 가설은 막연한 희망 사항이 아니라, 구체적이고 검증 가능한 형태를 가져야 한다. 좋은 가설은 보통 다음과 같은 구조를 따른다.

"만약 내가 [변수 A]를 [방법 B]로 바꾼다면, [핵심 지표 C]는 [결과 D]가 될 것이다. 왜냐하면 [이론/근거 E] 때문이다"

예를 들어, 앞선 장에서 '한 문장 쓰기'라는 MVP를 막 성공시킨 작가 J의 사례를 보자. 그녀는 이제 "어떻게 하면 스트레스 없이 생산량을 조금 더 늘릴 수 있을까?"라는 다음 질문에 도달했다. 그녀는 '아마 시간을 정해놓고 쓰는 게 낫지 않을까?'라는 막연한 생각을 위 공식에 맞춰 구체적인 가설로 발전시킬 수 있다.

"만약 내가 글쓰기 목표(변수 A)를 '딱 한 문장 쓰기'에서 '2분 동안 자유롭게 쓰기(방법 B)'로 바꾼다면, 글의 생신량(핵심 지표 C)은 스트레스 증가 없이 소폭 상승할 것(결과 D)이다. 왜냐하면 2분이라는 시간은 나의 생존 시스템을 자극하지 않을 만큼 충분히 짧기 때문(근거 E)이다" 이처럼 잘 설계된 가설은 당신의 실험에 명확한 방향성을 제시한다.

2단계: 공정한 게임의 규칙 – 실험 설계하기

훌륭한 가설을 세웠다면, 이제 그 가설을 검증하기 위한 공정하고 통제된 실험을 설계해야 한다. 이것은 다른 변수들의 간섭을 최대한 배제하고 오직 당신이 세운 가설의 인과관계만을 명확히 밝혀내기 위한 과정이다.

- 변수 통제: 실험의 신뢰도를 높이려면, 당신이 바꾸고자 하는 단 하나의 변수(독립 변수)를 제외한 나머지 모든 조건(통제 변수)을 동일하게 유지해야 한다. 글쓰기 실험이라면, 글을 쓰는 시간, 장소, 사용하는 노트북 등은 A안과 B안 모두 동일해야 한다.

- 측정 지표 설정: 무엇을 측정할 것인지 명확히 해야 한다. 실험의 성공을 판단할 핵심 성과 지표(KPI)와, 그로 인해 발생할 수 있는 부작용을 측정할 역지표를 함께 설정한다(예: KPI- 글의 생산량, 역지표- 글쓰기에 대한 스트레스 지수).

- 기간 설정: 이 실험이 언제 시작해서 언제 끝나는지 명확한 기간을 설정한다. 보통 각 버전을 일주일씩, 총 2주간 테스트하는 것이 일반적이다.

3단계: 편견 없는 관찰 – 데이터 수집하기

이제 설계된 실험을 실행하고, 그 결과를 편견 없이 객관적인 데이터로 수집한다. 중요한 것은 자신이 옳기를 바라는 마음을 버리고, 현실을 있는 그대로 관찰하는 것이다. 이 단계에서는 두 종류의 데이터를 모두 수집하는 것이 좋다.

- 정량적 데이터: 숫자로 측정 가능한 데이터(예: 오늘 쓴 단어의 수, 만족도 점수)

- 정성적 데이터: 숫자로 표현되지 않는 감정과 생각(예: 실험 중 어떤 감정을 느꼈는가? 무엇이 특히 어렵거나 쉬웠는가? 어떤 예기치 못한 일이 발생했는가?).

매일 실험이 끝난 뒤, 간단하게 실험 노트를 작성하는 것이 큰 도움이 된다.

4단계: 현명한 결론 – 학습하고 반복하기

실험 기간이 끝나면 수집된 데이터를 분석하여 가설이 맞았는지 틀렸는지를 배우고, 그 학습을 바탕으로 다음 단계를 결정한다. 이 단계에서 당신은 3가지 종류의 결론과 마주하게 된다.

- 가설이 증명된 경우: B안이 A안보다 명백히 더 나은 성과를 보였다. 축하할 일이다. 당신은 성공적으로 시스템을 개선할 하나의 방법을 찾아냈다. 이제 B안을 새로운 표준(v1.1)으로 삼고, 이 버전을 더 개선할 새로운 가설을 세워 다음 실험을 준비한다.

- 가설이 실패한 경우: A안이 더 낫거나, 둘 사이에 별 차이가 없었다. 이것 역시 실패가 아니라 엄청난 성공이다. 당신은 효과 없는 방법을 미리 걸러냄으로써, 시간과 에너지 낭비를 막았다. 당신의 초기 가설이 틀렸다는 귀중한 데이터를 얻었으므로, 이제 완전히 다른 각도에서 새로운 가설을 세울 수 있다.

- 예상치 못한 결과가 나온 경우: 핵심 지표는 좋아졌지만 역지표가 악화되었다(예: 글의 양은 늘었지만, 글쓰기에 대한 스트레스가 더 커졌다). 이것은 가장 흥미로운 학습의 기회다. 이는 당신의 문제가 생각보다 더 복잡하다는 의미이며, 시스템을 더 깊이 이해하고 더 정교한 가설을 세울 수 있도록 당신을 안내한다.

이처럼 가설-실험-학습의 순환 고리를 계속해서 반복함으로써, 당신의 시스템은 추측이나 감이 아닌, 오직 데이터와 학습에 기반하여 점진적이지만 확실하게, 그리고 가장 효율적으로 진화하게 된다.

── 견고한 실험을 설계하는 기술

유의미한 학습을 얻기 위해서는 당신의 A/B 테스트가 몇 가지 중요한 원칙에 따라 설계되어야 한다.

단 하나의 변수만 격리하여 테스트

이것은 모든 과학 실험의 기본이다. 정확한 인과관계를 파악하기 위해 당신은 반드시 한 번에 단 하나의 변수만을 변경하고 테스트해야 한다. 새로운 운동법과 새로운 식단을 동시에 테스트하면 한 달 뒤 체중이 감량되었을 때, 그것이 운동의 효과인지 식단의 효과인지 알 수 없다. 그 결과, 당신은 아무것도 배우지 못한다. 명확한 학습을 위해서는 명확한 통제가 선행되어야 한다.

핵심 지표와 역지표의 설정: 우리는 무엇을 얻고, 무엇을 잃는가?

당신은 이 실험을 통해 무엇을 최적화하고 싶은가? 그 핵심 성과 지표(KPI)를 명확히 해야 한다. 하지만 여기서 한 걸음 더 나아가 역지표를 함께 측징한다. 역지표란, 핵심 지표를 개신하는 과정에시 의도치 않게 악화될 수 있는 부작용을 측정하는 지표다. 예를 들어, 업무 생산성을 높이기 위한 새로운 시스템을 테스트할 때, 반드시 스트레스 지수나 가족과의 시간(역지표)을 함께 측정해야 한다. 생산성은 높아졌지만, 당신이 불행해졌다면 그것은 결코 성공적인 실험이 아니다.

정해진 기간 동안만 테스트

A/B 테스트는 평생의 약속이 아니다. 그것은 '앞으로 2주 동안만, 이 새로운 방법을 시험해 보겠다'는 가벼운 마음으로 시작하는 단기 실험이다. 이 기간 한정이라는 조건은 새로운 시도에 대한 우리의 심리적 저항을 크게 낮춰준다. 일주일 혹은 2주라는 테스트 기간을 정하고, 그 기간이 끝나면 반드시 데이터를 검토하고 다음 단계를 결정해야 한다.

── 사례 연구 1. 신제품 '아침의 글쓰기 v0.1' 론칭 캠페인 최적화

앞선 장에서 '아침의 글쓰기 v0.1'을 성공적으로 론칭한 J의 사례를 다시 살펴보자. 그녀는 이제 매일 한 문장 쓰기라는 습관을 안정적으로 구축했다. 이제 그녀의 다음 과제는 이 시스템을 개선하여 실제 글의 생산량을 늘리는 것이다. 그녀는 2가지 가설을 세웠다.

가설

나의 시스템에는 시간을 기준으로 통제하는 것보다, 분량을 기준으로 통제하는 것이 더 높은 만족도를 줄 것이다.

A/B 테스트 설계
- 통제 변수: 시간, 글쓰기 장소, 사용하는 노트북 등 모든 환경은 동일하게 유지한다.
- 실험 변수: 목표 설정 방식(시간 vs. 분량)
- 측정 기간: 총 2주(각 버전당 일주일)
- 핵심 성과 지표(KPI): 실행 후 과정 만족도(1~10점 척도)

1주 차(A안 테스트): 시간 기반 접근
- 실행: 매일 아침, 타이머를 15분 맞추고 그 시간 동안 무조건 글을 쓴다.
- 결과: 그녀는 15분이라는 시간이 생각보다 길게 느껴졌고 글이 잘 써지지 않는 날에는 타이머의 남은 시간을 보며 압박감을 느꼈다. 주간 만족도 평균은 10점 만점에 4점이었다.

2주 차(B안 테스트): 분량 기반 접근
- 실행: 매일 아침, 시간에 상관없이 딱 150단어만 쓴다.
- 결과: 150단어라는 목표는 매우 명확하고 구체적이었다. 어떤 날은 10분 만에 목표를 달성했고, 어떤 날은 20분이 걸렸다. 하지만 중요한 것은 매일 목표를 달성했다는 구체적인 성공 경험을 느낄 수 있었다는 점이다. 주간 만족도 평균은 10점 만점에 8점이었다.

학습

2주간의 실험이 끝났을 때 J는 명확한 데이터를 얻었다. 그녀의 시스템에는 정해진 시간 동안 앉아 있는 것보다 정해진 분량을 끝내는 것이 훨씬 더 효과적이라는 사실이다. 그녀는 이제 추측이 아닌 데이터에 기반하여 자신의 글쓰기 시스템을 '매일 150단어 쓰기'라는 v1.1 버전으로 자신 있게 업그레이드했다.

── 사례 연구 2. '액티브 리커버리' 상품의 효과성 A/B 테스트

이번에는 만성 피로에 시달리는 직장인 K의 사례를 다시 가져와 보자. 그는 MVP 테스트를 통해 퇴근 후 5분 스트레칭이라는 작은 습관을 성공적으로 구축했다. 그는 이 작은 성공을 통해 '운동 = 에너지 소모'라는 낡은 믿음을 깨고, 짧은 움직임이 오히려 활력을 준다는 귀중한 학습을 얻었다. 이제 K의 다음 과제는 이 능동적 회복 시스템을 최적화하는 것이다. 그는 새로운 가설을 세웠다.

가설

실내에서 하는 정적인 스트레칭보다, 밖으로 나가 신선한 공기를 쐬는 동적인 움직임이 퇴근 후 에너지 레벨을 높이는 데 더 효과적일 것이다.

A/B 테스트 설계

- 통제 변수: 퇴근 직후, 옷을 갈아입고 바로 실행(총소요 시간은 5분으로 동일)
- 실험 변수: 회복 활동의 종류(스트레칭 vs. 걷기)
- 측정 기간: 총 2주(각 버전당 일주일)
- 핵심 성과 지표(KPI): 실행 후 1시간 뒤 저녁 8시에 느끼는 정신적 상쾌함(1~10점 척도)

1주 차(A안 테스트): **5분 실내 스트레칭**(기존 버전)
- 실행: 퇴근 후, 집에서 유튜브 스트레칭 영상을 따라 한다.
- 결과: 이미 익숙해진 활동이라 실행에 어려움은 없었다. 뭉친 근육이 풀리는 느낌이 들었고 정신적 상쾌함 점수는 평균 6점을 기록했다. 나쁘지 않은 결과였다.

2주 차(B안 테스트): **5분 집 앞 걷기**
- 실행: 퇴근 후 운동화로 갈아 신고 집 앞 공원을 5분간 가볍게 걷고 온다.
- 결과: 처음에는 밖으로 나가는 것이 조금 더 귀찮게 느껴졌다. 하지만 5분간 바깥 공기를 쐬고 해 질 녘 풍경을 보며 걷고 돌아오자 실내 스트레칭과는 비교할 수 없는 정신적 환기 효과를 느꼈다. 정신적 상쾌함 점수는 평균 9점을 기록했다.

학습

K는 데이터를 통해 자신의 시스템에는 정적인 회복보다 공간을 바꾸는 동적인 회복이 훨씬 더 효과적이라는 명확한 결론을 내렸다. 그는 이제 자신의 액티브 리커버리 상품을 퇴근 후 5분 파워 워크라는 v1.1버전으로 자신 있게 업그레이드하고 이를 자신의 핵심적인 저녁 루틴으로 구축하기 시작했다.

── 당신은 당신 삶의 데이터 과학자다

A/B 테스트의 관점을 받아들이는 순간 당신의 삶에서 실패라는 단어는 사실상 사라진다. 오직 데이터와 학습만이 존재할 뿐이다. A안이 B안보다 성과가 나빴다면 그것은 실패가 아니라 B안이 더 낫다는 귀중한 학습을 한 것이다. 심지어 A안과 B안이 모두 기대했던 것보다 성과가 나빴다 해도 그것은 2가지 가설이 모두 틀렸다는, 그래서 완전히 새로운 가설을 세워야 한다는 더 중요한 학습을 한 것이다.

이 데이터 기반의 접근법은 자기계발의 과정에서 필연적으로 발생하는 수많은 감정적 소모를 제거한다. 당신은 더 이상 당신의 기분이나 직감에 의존하지 않는다. 당신은 가설을 세우고, 실험을 설계하며, 결과를 분석하고, 시스템을 개선하는 당신 삶의 데이터 과학자가 된다. 이것이야말로 가장 이성적이고, 회복탄력성이 높으며, 지속 가능한 성장의 방식이다. 이제 당신은 데이터를 기반으로 시스템을 점진적으로 개선하는 방법을 알게 되었다. 당신은 이제 최고의 시스템을 설계하고 구축할 수 있는 거의 모든 기술을 갖추었다. 하지만 아직 마지막 단계가 남아 있다. 아무리 정교하게 개선된 시스템이라도 매번 의식적으로 신경 쓰고 노력해야 한다면 언젠가는 지치기 마련이다. 3장의 마지막 여정은 우리가 공들여 만든 이 모든 시스템을 당신의 의식적인 노력 없이도 저절로 돌아가게 만드는, 즉 이 모든 것을 당신의 새로운 본능으로 만드는 '자동화 기술'이다.

브랜드 자동화:
의지력이 필요 없는 시스템 완성

　　　　3장의 기나긴 여정을 통해 우리는 마침내 하나의 견고한 시스템을 구축했다. 가장 효과적인 지점(레버리지 포인트)을 찾았고, 그 행동을 쉽게 만드는 환경(행동 설계)을 만들었으며, 실패 없는 시작(MVP)과 데이터 기반의 개선(A/B 테스트) 방법까지 배웠다. 하지만 이 모든 과정에는 1가지 공통점이 있다. 바로 당신의 의식적인 노력이 필요했다는 점이다.

　당신은 매 순간 분석가이자 설계자로서 당신의 시스템에 의식적으로 개입해야만 했다. 이것은 아직 최종 단계가 아니다. 지금까지의 과정이 우리를 낡은 시스템의 굴레에서 벗어나게 하는 소극적 과정이었다면, 이제부터는 우리가 꿈꾸는 모습이 저절로 실현되게 만드는 적극적 영역으로 나아가야 한다. 이를 위해 우리에게 필요한 마지막 기술이 바로 자동화다. 우리가 공들여 설계한 새로운 행동들을, 더 이상 의식적인 노력 없이 새로운 본능으로 만드는 것. 의지력이라는 수동 변속기에서 손을 떼고, 당신의 삶을 최적의 경로로 이끄는 자율주행 시스템을 완성하는 것이다. 가장 위대한 시스템은 우리가 그것을 시스템이라고 인지하지 못할 때 완성된다.

── 분석가에서 건축가로, 그리고 장인으로

이 자동화의 경지로 나아가기 전에 우리가 1, 2, 3장을 거치며 얼마나 먼 길을 걸어왔는지 잠시 되돌아볼 필요가 있다. 당신은 이미 여러 번의 놀라운 변신을 거듭해 왔다.

1장에서, 당신은 냉철한 분석가이자 탐정이었다. 당신은 용감하게 당신 삶이라는 혼란스러운 사건 현장으로 들어가 시스템 행동 일지라는 증거를 수집하고, 5 Whys를 통해 문제의 근본 원인을 파헤쳤다. 당신은 이 과정을 통해 이유도 모른 채 자신을 탓하던 무력한 피해자에서, 문제의 구조를 꿰뚫어 보는 유능한 분석가로 거듭났다. 그 마지막 결과물인 SWOT 분석은 '나'라는 브랜드의 모든 현황이 담긴 당신 생의 첫 번째 공식 보고서였다.

2장에서, 당신은 분석가의 돋보기를 내려놓고, 건축가의 연필을 들었다. 당신은 '무엇이 문제인가'라는 과거의 질문에서 벗어나, "무엇을 만들 것인가"라는 미래의 질문을 던지기 시작했다. 당신은 당신이라는 건축물의 존재 이유(미션)와 최종적인 모습(비전)을 정의하고, 성공을 측정할 계기판(KPI)을 설정했으며, 불필요한 모든 것을 덜어내는 과감함(전략적 포기)을 통해, '나'라는 브랜드의 완벽한 청사진, 즉 최종 설계도를 완성했다. 이것은 당신이 당신 삶의 창조주가 되겠다는 첫 번째 결심이었다.

그리고 3장에서, 당신은 마침내 장인이자 엔지니어가 되었다. 당신은 깨끗한 설계 사무실을 떠나 흙먼지 날리는 현실의 건설 현장으로 나왔다. 당신은 가장 효율적인 작업 방식(레버리지)을 고민하고, 작업 동선을 최적화했으며(행동 설계), 가장 작은 벽돌부터 쌓아 올렸고(MVP), 더 나은 시공법을 찾기 위해 끊임없이 실험(A/B 테스트)했다. 당신은 이제, 당신의 손으로 직접 당신의 삶을 구축할 수 있는 모든 지혜와 기술을 갖추었다. 이제 남은 마지막 할 일은 이 모든 장인의 기술을 당신 신경계에 각인시켜 새로운 본능으로 만드는 것이다.

무의식적 유능함의 과학: 어떻게 행동이 본능이 되는가?

새로운 행동이 완전한 자동화, 즉 무의식적인 유능함에 이르기까지는 일반적으로 4개의 단계를 거친다. 자동차 운전을 배우는 과정을 통해 이 4단계를 깊이 있게 이해해 보자.

1단계: 무의식적 무능

운전면허를 따기 전의 당신이다. 당신은 운전이 얼마나 복잡한 행위인지 전혀 알지 못한다. 그저 다른 사람들이 쉽게 운전하는 것을 보며 '나도 금방 할 수 있겠지'라고 막연하게 생각한다. 당신은 당신이 무엇을 모르는지조차 모르는 무지에 대한 자각조차 없는 상태다. 이 책을 읽기 전, 자신의 삶이 어떤 시스템으로 돌아가는지 전혀 몰랐던 당신의 모습이다.

2단계: 의식적 무능

운전 학원에 등록하여 처음으로 운전대를 잡은 순간이다. 당신은 갑자기 수많은 것들을 동시에 신경 써야 한다는 사실에 압도당한다. 액셀과 브레이크, 핸들, 사이드 미러, 전방 시야, 다른 차들의 움직임까지. 뇌의 모든 회로가 과부하에 걸리는 듯한 극심한 스트레스. '나는 왜 이것밖에 안 되지?'라는 사괴감이 밀려온다. 당신은 비로소 자신이 운전에 대해 얼마나 무지했는지를 처절하게 깨닫는다. 이 단계는 고통스럽지만 모든 변화의 필수적인 시작점이다. 자신의 무능함을 정확히 아는 것, 이것이야말로 성장의 진짜 출발점이기 때문이다.

3단계: 의식적 유능

도로 주행 연습을 수십 시간 거친 후의 당신이다. 당신은 이제, 의식적으로 집중하고 노력하면 차선을 바꾸고, 주차를 하고, 고속도로를 달릴 수 있다. 하지만 여전히 운전 중에 옆 사람과 깊은 대화를 나누거나 편안하게 음악을 즐기기 어렵다. 당신의 모든 정신적 에너지가 운전이라는 행동에 집중되어 있기 때문이다. 당신의 뇌는 여전히 수동 모드로 작동하고 있다. 지금, 새로운 습관을 의식적으로 실행하고 있는 당신의 상태가 바로 여기다. 성공을 만들어 내고는 있지만 여전히 상당한 정신적 에너지를 요구하는 인내와 집중의 단계다.

4단계: 무의식적 유능

이것이 바로 자동화 단계다. 10년 차 베테랑 운전자의 모습이다. 그는 더 이상 어떻게 운전하는지 생각하지 않는다. 그의 손과 발은 마치 스스로 의지를 가진 것처럼 자연스럽게 움직인다. 그는 라디오를 듣고, 옆 사람과 대화하면서도 집까지 안전하게 도착한다. 운전이라는 복잡한 행위가 그의 뇌 깊숙한 곳 기저핵에 완벽하게 자동화된 것이다. 그는 더 이상 운전에 의식적인 에너지를 거의 사용하지 않는다. 이것은 당신의 뇌 속, 좁고 울퉁불퉁했던 오솔길(새로운 행동)을 수없이 반복하여 지나다님으로써 마침내 8차선 신경 고속도로가 뚫리는 것과 같다. 일단 고속도로가 완공되면 당신의 행동이라는 자동차는 저항 없이, 그리고 엄청난 속도로 그 길을 달리게 된다.

── 브랜드 생태계 구축하기: 자동화를 위한 3대 통합 전략

우리의 뇌 속에 새로운 8차선 신경 고속도로를 완공하는, 즉 행동을 자동화하는 데는 반복의 횟수와 성공 경험의 밀도가 중요하다. 그렇다면, 이 과정을 의식적으로 더 빠르고, 더 효과적으로 만들 수는 없을까? 다음은 이 생태계 구축을 위한 3대 통합 전략이다.

전략 1: 핵심 제품과의 연동

성공적인 브랜드는 새로운 기능을 완전히 독립된 형태로 출시하지 않는다. 그들은 이미 수많은 충성 고객들이 매일 사용하는 핵심 제품(예: 아이폰의 iOS, 구글의 검색엔진)에 새로운 기능을 플러그인하거나 업데이트하는 방식으로 자연스럽게 생태계에 통합시킨다.

우리 삶도 마찬가지다. 당신에게는 이미 완벽하게 자동화된 강력한 핵심 제품, 즉 기존 습관들이 있다(예: 아침에 일어나 커피 내리기, 출근하기 위해 신발 신기, 잠들기 전 양치하기). 이것들은 당신의 뇌가 아무런 저항 없이 매일 실행하는, 가장 높은 트래픽을 자랑하는 행동이다. 새로운 행동을 자동화하는 가장 효율적인 방법은, 이 강력한 기존 습관에 새로운 행동을 연동시키는 것이다.

- 시스템 설계: 기존의 자동화된 습관(핵심 제품)이 실행되면, 자동화하고 싶은 새로운 습관(새로운 기능)이 자동으로 실행된다.

- 작동 원리: 이 전략은 새로운 습관을 실행할 타이밍에 대한 고민, 즉 '언제 할까?'라는 인지적 마찰력을 완전히 제거한다. 이미 자동화된 습관이 새로운 습관을 불러오는 강력하고 확실한 신호 역할을 하기 때문이다. 아침에 커피 머신의 버튼을 누르는 행동이, 곧바로 책상에 앉아 책을 펴는 행동의 신호가 된다.

- 적용: 당신이 자동화하고 싶은 행동(명상, 스트레칭, 글쓰기 등)을 당신의 일과 중 가장 강력하고 변함없는 기존 습관에 연결할 수 있는 지점을 찾아내어, 하나의 통합된 프로세스로 설계한다.

전략 2: 사용자 경험(UX) 최적화

위대한 브랜드는 고객이 자사 제품을 사용하는 모든 여정을 치밀하게 설계하여, 고객이 아무런 불편함이나 고민 없이 원하는 목표에 도달하게 만든다. 이것이 바로 사용자 경험(UX) 디자인이다. 자동화 역시 마찬가지다. 당신은 당신의 가장 중요한 고객, 즉 '미래의 나'를 위해 최고의 UX를 설계해야 한다. 핵심은 마찰력을 제로(0)에 가깝게 만드는 것이다.

- 핵심 질문: "나의 고객이 이 행동을 하는 데 있어, 단 1초의 불필요한 고민이라도 존재하는가?"

- 작동 원리: 인간의 뇌(생존 시스템)는 본능적으로 가장 쉬운 길, 즉 저항이 없는 경로를 선택한다. 의지력은 복잡한 사용법을 익혀야 하는 두꺼운 설명서와 같다. 훌륭한 UX는 설명서 없이도 누구나 사용할 수 있는 직관적인 디자인이다. 원하는 행동을 가장 쉬운 선택지로 만드는 순간, 의지력이라는 설명서는 더 이상 필요 없게 된다.

- 적용: 당신의 물리적, 디지털 환경 전체를 당신이 원하는 행동에 최적화된 인터페이스로 재설계해야 한다. 아침 운동을 자동화하고 싶다면, 잠들기 전 운동복을 아예 입고 자거나 침대 바로 옆에 두어, 아침에 일어나 운동복을 찾는다는 마찰력조차 제거해야 한다. 잠들기 전 독서를 자동화하고 싶다면, 침대 위에는 오직 책 한 권만 두고 스마트폰은 거실에서 충전하여, 스마트폰의 유혹과 싸운다는 마찰력을 시스템적으로 차단해야 한다.

전략 3: 고객 충성도 프로그램

브랜드는 고객의 재방문을 유도하고 충성도를 높이기 위해 마일리지, 포인트, 등급과 같은 보상 시스템을 운영한다. 새로운 행동을 자동화하는 마지막 관문은, 바로 당신 자신을 위한 정교한 충성도 프로그램을 설계하는 것이다. 핵심은 손실 회피 성향을 역이용하여, 행동을 하지 않는 것을 포인트가 소멸되는 손실로 느끼게 만드는 것이다.

- 핵심 전략: '연속 성공 기록'이라는 이름의 마일리지 시스템 도입

- 작동 원리: 달력이나 앱을 이용해 당신이 성공한 날들을 눈에 보이게 기록하고 연결한다. 10일, 20일, 30일 연속으로 이어진 성공의 체인은 그 자체로 강력한 자산이자, 당신이 획득한 VIP 등급이다. 이 단계에 이르면, 당신의 동기는 '운동을 해야지'가 아니라, '내가 애써 쌓아온 이 30일의 등급을 잃을 수 없어'로 바뀐다. 즉, 시스템이 스스로를 강화하며 돌아가는 선순환 구조가 완성된다.

- 적용: 거창한 기록은 필요 없다. 그저 달력에 X 표시를 하거나, 앱의 버튼을 누르는 것만으로 충분하다. 이 시각적인 연속성은 당신이 어떤 상황에서도 그 행동을 하도록 만드는 강력한 동기가 된다.

우리가 배운 3가지 통합 전략(연동, UX 최적화, 충성도 프로그램)은, 당신의 새로운 행동을 의식의 영역에서 무의식의 영역으로 이전시키는 체계적인 과정이다. 이 과정을 꾸준히 반복하면, 당신의 뇌에서는 물리적이고 화학적인 변화가 실제로 일어난다.

새로운 행동을 할 때마다, 그 행동과 연결된 뇌의 신경 경로는 조금씩 더 두꺼워지고 빨라진다. 뇌는 '신호-행동-보상'의 고리를 학습하며, 특정 신호가 나타나면 보상을 기대하기 시작한다. 이 기대감은 행동을 시작하게 만드는 강력한 동력이 된다. 이 과정이 충분히 반복되어 하나의 임계점을 넘어가는 순간, 변화의 주도권은 당신의 의식적인 노력에서 뇌의 보상 시스템으로 넘어간다. 이제는 행동을 하는 것이 보상을 주는 것이 아니라, 오히려 행동을 하지 않는 것이 뇌에게 '예상했던 보상이 들어오지 않았다'는 결핍 신호를 보낸다. 매일 아침 달리던 사람이 하루를 쉬었을 때 느끼는 찝찝함, 매일 밤 책을 읽던 사람이 그냥 잠들 때 느끼는 허전함이 바로 그 증거다. 이것은 당신의 뇌가 새로운 행동을 정상 상태로 인식하고, 그 상태를 유지하기 위해 당신에게 행동을 촉구하는, 역전된 상황이다. 저항이 갈망으로 바뀐 것이다. 이러한 뇌의 변화는 당신의 정체성에도 근본적인 전환을 가져온다. 인간의 정체성은 자신의 생각이나 다짐이 아닌, 스스로가 반복적으로 실행한 행동의 총합으로 결정된다. '나는 건강하지 못한 사람'이라는 낡은 정체성을 가지고 있더라도, 매일 건강한 음식을 선택하고 운동하는 행동을 반복하면, 뇌는 이 모순을 해결해야만 한다. '나는 건강하지 않다고 생각했는데, 나의 행동은 건강한 사람의 행동이군. 그렇다면 나는 이제 건강한 사람이 맞다' 이처럼 뇌는 당신이 제공한 압도적인 행동의 증거를 바탕으로, 당신의 자기 인식을 새로운 현실에 맞게 업데이트한다.

이것이 바로 브랜드가 당신 자신이 되는 순간이다. 당신이 2장에서 설계했던 브랜드 아이덴티티는 더 이상 당신이 따라 하려는 역할 모델이 아니다. 당신의 행동과 무의식에 깊이 각인된 실제 모습이 된다. 당신은 더 이상 지적 탐험가가 되기 위해 노력하지 않는다. 당신은 그냥, 새로운 지식을 탐구하는 사람이 된다. 당신이 의식적으로 설계한 '나다움'이, 마침내 당신의 존재 방식이 된 것이다. 이제, 당신은 스스로 행동하고, 스스로 개선하며, 스스로 자동화시키는 완벽한 성장 엔진을 당신 안에 구축했다. 당신이라는 브랜드의 제품 개발과 내부 시스템 구축이라는 거대한 프로젝트가 마침내 끝난 것이다. 하지만 유능한 마케터는 여기서 멈추지 않는다. 그는 이 잘 만들어진 브랜드와 이 성장 엔진이 만들어 내는 막대한 잉여 에너지와 집중력을 가지고, 더 넓은 시장으로 나가 그 영향력을 확장할 준비를 한다. 4장에서는 당신이라는 브랜드가 어떻게 세상과 상호작용 하며 성장하는지, 그 보이지 않는 힘과 법칙에 대해 탐구하게 될 것이다.

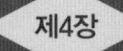

브랜드 성장 동력:
보이지 않는 시장 법칙 활용

당신은 마침내 하나의 혁신적인 신제품, 즉 '나'라는 이름의 새로운 브랜드 시스템을 완성했다. 당신은 이 제품의 모든 것을 안다. 제품의 핵심 콘셉트(미션)와 로드맵(비전)을 직접 기획했고, 최고의 부품(핵심 가치)을 선택했으며, 안정적인 내부 소프트웨어(좋은 습관)를 설계했다. 이제 이 제품은 당신의 통제 아래 완벽하게 작동할 준비가 되어 있다. 지금까지 당신이 해온 모든 작업은 세상의 어떤 경쟁도 비판도 없는 완벽하게 통제된 R&D 센터 안에서 이루어졌다. 당신은 당신이리는 브랜드의 유일한 개발자이자, 유일한 베디데스디였다. 하지만 어떤 브랜드도 연구소 안에 머물기 위해 만들어지지 않는다. 브랜드의 진정한 가치는 그것이 시장이라는 예측 불가능한 전쟁터에 출시되었을 때 비로소 판가름 난다.

이제 당신은 당신이라는 브랜드를 세상이라는 거대한 시장에 공식적으로 론칭해야 한다. 하지만 시장에 발을 들이는 순간 당신은 깨닫게 될 것이다. 이 시장에는 브랜드의 내부 시스템만으로는 통제할 수 없는 보이지 않는 거대한 힘들이 존재한다는 사실을 말이다. 그것은 당신의 성공을 더욱 폭발적으로 만들어 주는 네트워크 효과(기회)일 수도 있고, 당신의 성장을 끊임없이 방해하는 경쟁 브랜드의 반격(저항)일 수도 있으며, 당신이 아무리 발버둥 쳐도 벗어날 수 없는 시장의 거대한 관성(사회 시스템)일 수도 있다. 아무리 완벽한 제품을 만든 개발자라도, 이 시장의 보이지 않는 법칙을 이해하지 못한다면 그의 브랜드는 결국 아무도 모르게 사라질 것이다. 그는 자신의 제품이 왜 소비자들의 선택을 받지 못하는지, 왜 시장 점유율이 오르지 않는지 이해하지 못한 채 연구실에 틀어박혀 제품의 내부 기능만 개선하고 있을 것이다. 이것이 바로 우리가 4장에서 탐구해야 할 브랜드 성장 동력이다. 이것은 당신이라는 브랜드가 세상과 상호작용 할 때 나타나는 눈에 보이지 않는 힘의 작용 원리다.

1, 2, 3장이 당신이라는 브랜드의 제품 개발론에 대한 것이었다면, 4장은 그 제품이 경쟁하는 시장의 시장 경제학과 경쟁전략에 대한 것이다. 우리는 제품의 내부 성능을 개선하는 것을 멈추고, 시장 전체의 보이지 않는 힘의 흐름을 읽고 그것을 우리 브랜드의 성장 동력으로 활용해야 한다. 이제 당신의 성공을 결정할 보이지 않는 시장의 법칙들을 하나씩 살펴보자. 이 법칙을 이해하면 시장의 파도 위에 올라타 더 빠르게 성장할 것이고, 그러지 못한다면 시장의 저항에 부딪혀 조

용히 부서지게 될 것이다.

점, 선, 면의 법칙: 하나의 행동이 어떻게 당신의 브랜드를 구축하는가?

── 단절된 순간이라는 착각, 그리고 흩어진 데이터

우리는 종종 우리의 행동을 서로 아무런 연관이 없는 개별적이고 단절된 사건으로 인식하는 경향이 있다. 오늘 아침 나는 동료에게 친절한 말을 건넸다. 점심에는 사소한 약속을 지키지 못했다. 오후에는 회의에서 번뜩이는 아이디어를 냈다. 저녁에는 피곤하다는 이유로 가족과의 대화를 회피했다. 이 각각의 행동들은 그 자체로는 큰 의미를 갖지 않는, 그저 스쳐 지나가는 순간처럼 보인다. 우리는 이 개별적인 사건들이 모여 어떤 거대한 그림을 만들고 있는지 좀처럼 알아차리지 못한다. 이것이 바로 우리가 저지르는 가장 큰 착각이다. 이것은 자신의 행동 데이터를 분석하지 않고 오직 기분에 의존하여 브랜드를 운영하는 것과 같다.

'나'라는 브랜드의 가치는 당신이 스스로 내리는 평가로 결정되지 않는다. 그것은 전적으로 시장(당신을 둘러싼 세상)이 당신의 행동들을 어떻게 해석하고, 그 해석을 통해 당신에 대해 어떤 결론을 내리는지에 의해 결정된다. 그리고 시장은 당신의 행동을 개별적인 사건으로 보지 않는다. 시장은 본능적으로 그 사건들을 연결하여 패턴을 읽어내고, 그 패턴을 통해 당신이라는 브랜드를 규정한다. 이것이 바로 브랜드 평판이 구축되는 가장 근본적인 원리, '점, 선, 면의 법칙'이다.

─── 점(Dot): 브랜드의 원자 단위, 하나의 행동

당신이 하는 모든 개별적인 행동은 하나의 '점'과 같다. 당신이 약속 시간보다 5분 일찍 도착한 것, 회의 중에 다른 사람의 의견을 경청한 것, 동료에게 먼저 웃으며 인사를 건넨 것. 이 모든 것이 당신이라는 캔버스 위에 찍히는 아주 작은 하나의 점이다. 이 점 하나하나는 당신이라는 브랜드가 시장에 내보내는 가장 작은 단위의 데이터다. 이 점 하나만으로는 시장은 당신에 대해 어떤 의미 있는 판단도 내리지 않는다. 그것은 너무나 작고, 거의 보이지 않으며, 쉽게 잊힌다. 어쩌다 한번 늦잠을 잔 것, 무심코 한번 내뱉은 무례한 말, 어쩌다 한번 보여준 친절. 이 모든 것은 그저 수많은 점들 중 하나일 뿐, 당신이라는 브랜드의 본질을 증명하지는 못한다. 하지만 모든 점이 평등한 것은 아니다. 어떤 점들은 다른 점들보다 훨씬 더 크고 진한 잉크로 찍힌다. 당신이 새로운 직장에 출근한 첫날 보여준 태도, 당신이 팀의 중대한 위기 상황에서 보인 반응, 당신의 결혼식 날 배우자에게 했던 약속. 이처럼 결정적 순간에 찍힌 점들은 다른 수십 개의 평범한 점들보다 훨씬 더 큰 무게를 가지고 사람들의 인식 속에 각인된다. 이것은 우리에게 2가지 중요한 통찰을 준다.

위험: 보이지 않는 비용의 누적

우리는 종종 '이번 한 번쯤은 괜찮겠지'라는 생각으로 부정적인 점 하나를 가볍게 찍는다. 작은 거짓말, 지키지 못한 약속, 사소한 태만. 우리는 이 작은 점이 아무런 영향을 미치지 않을 것이라 착각하지만, 이 점들은 보이지 않는 곳에서 당신 브랜드의 부채로 차곡차곡 기록되고 있다. 이 부채들이 모여 언젠가, 당신의 신뢰라는 자산을 어떻게 파산시킬지는 상상조차 하지 못한다.

기회: 완벽주의로부터의 자유

반대로, 우리는 단 한 번의 완벽한 행동에 집착할 필요가 없다. 단 한 번의 실수나 실패라는 잘못 찍힌 점이, 당신이라는 전체 그림을 망치지는 않는다는 의미다. 중요한 것은 그 점 자체가 아니라, 그 점들이 모여 어떤 방향으로 나아가는가이다. 위대한 브랜드는 단 한 번의 실수도 하지 않는 브랜드가 아니다. 수많은 긍정적인 점들을 통해 사소한 실수를 덮어버릴 만큼 강력한 신뢰 자산을 쌓아온 브랜드다.

── 선(Line): 신뢰의 궤적, 행동의 패턴

시장은, 그리고 인간의 뇌는 본능적으로 점들을 연결하여 '선'을 그리려는 강력한 경향이 있다. 이것은 단순한 습관이 아니다. 우리의 생존과 직결된 뇌의 가장 기본적인 작동 방식이다. 뇌의 최우선 임무는 현재에 반응하는 것이 아니라, 미래를 예측하는 것이다. 예측은 불확실성을 줄이고, 불확실성의 감소는 생존 확률을 높인다. 뇌는 예측 불가능한 혼돈 상태를 극도로 싫어한다. 그래서 어떻게든 당신의 행동이라는 흩어진 정보(점) 속에서 일관된 규칙과 의미, 즉 패턴(선)을 찾아내려 필사적으로 노력한다. 이 과정은 다음과 같이 단계적으로 일어난다.

- 첫 번째 점: 당신이 한 번 약속에 늦었다. 뇌는 이 데이터를 일단 기록한다. "그는 오늘 약속에 늦었다" 아직 이것은 그저 하나의 사건일 뿐, 특별한 의미를 갖지 않는다.

- 두 번째 점: 며칠 뒤, 당신이 또다시 약속에 늦었다. 이제 뇌는 경계하기 시작한다. 이것은 우연이 아닐 수 있다. 뇌는 2개의 점 사이에 희미한 섬선을 그으며 가설을 세운다. "혹시 그는 약속을 잘 지키지 않는 경향이 있나?"

- 세 번째 점: 당신이 세 번째 약속에 늦는 순간, 뇌는 확신을 갖는

다. 희미했던 점선은 이제 굵고 선명한 실선으로 바뀐다. 뇌의 가설은 이제 당신을 설명하는 하나의 이론이 된다. "이 사람은 약속을 잘 지키지 않는 사람이다" 이제 뇌는 이 선을 바탕으로 당신의 미래 행동을 예측하고, 당신을 대하는 자신의 행동을 결정한다. 중요한 약속은 잡지 않거나, 약속 시간을 잡더라도 당신이 늦을 것을 미리 예상하고 행동하는 식이다.

우리가 습관이라고 부르는 것의 정체가 바로 이것이다. 그것은 숲속 길과 같다. 처음에는 아무도 가지 않은 길 위에 발자국(점) 하나를 남긴다. 같은 곳을 두 번, 세 번 지나가면 희미한 길(선)이 생긴다. 수백, 수천 번 같은 길을 지나가면, 그 길은 이제 다른 곳으로는 가기 어려울 정도로 깊고 단단하게 파인 길이(강력한 습관) 된다.

우리 뇌는 에너지를 아끼기 위해, 이미 잘 닦인 이 길로 가려는 강력한 경향을 보인다. 그리고 당신이 그리는 모든 선은, 당신이라는 브랜드가 시장에 던지는 암묵적인 약속이다. 당신은 의도하지 않았을지 몰라도, 당신의 행동 패턴은 끊임없이 세상에 다음과 같은 신호를 보내고 있다.

- 꾸준히 마감을 지키는 선: "나는 신뢰할 수 있으며, 당신의 기대를 저버리지 않는다"
- 새로운 것을 배우고 시도하는 선: "나는 정체되어 있지 않으며, 성장과 발전을 추구한다"

- 타인의 말을 경청하고 존중하는 선: "당신은 나와 함께할 때 안전하고 존중받는다고 느낀다"
- 불평과 비난을 반복하는 선: "나와 함께하면 당신의 에너지는 소모된다"

이 약속이 긍정적으로, 그리고 일관되게 지켜질 때 당신의 브랜드에 대한 신뢰가 쌓인다. 반대로, 한 번 형성된 약속이 깨졌을 때, 예를 들어 늘 약속을 잘 지키던 사람이 중요한 순간에 나타나지 않았을 때, 당신의 브랜드는 다른 어떤 실수보다 훨씬 더 큰 신뢰의 타격을 입는다. 그것은 단순히 하나의 점을 잘못 찍은 것이 아니라, 그가 그려온 선 전체를 스스로 부정하는 행위이기 때문이다.

면(Plane): 평판이라는 지반, 브랜드의 실체

이러한 수많은 선들이 모여 마침내 하나의 거대한 '면'을 이룬다. 성실함이라는 선, 정직함이라는 선, 유머 감각이라는 선, 지적 호기심이라는 선들이 촘촘하게 엮여, 마침내 '신뢰할 수 있는 전문가'라는 단단한 평면을 만들어 낸다. 이것이 바로 당신이라는 브랜드의 평판이자 당신이라는 사람의 인격이다. 이 평판이라는 면은 다른 사람들이 당신을 대할 때 발을 딛고 서는 심리적인 지반이다. 이 지반의 상태는 당신과 관계를 맺는 모든 방식에 결정적인 영향을 미친다.

당신이 그동안 수많은 긍정적인 점들을 찍어 단단하고 신뢰할 수 있는 면, 즉 강철 콘크리트로 된 지반을 만들어 놓았다면, 다른 사람들은 기꺼이 그 위에서 당신과 함께할 것이다. 그들은 그 지반이 웬만한 충격에도 흔들리지 않을 것을 알기에, 안심하고 당신에게 중요한 프로젝트를 맡기고, 내밀한 고민을 털어놓으며, 장기적인 파트너십을 구축한다. 그들은 당신이 어쩌다 한 번의 실수를 하더라도(잘못된 점 하나를 찍더라도), 그 단단한 지반 위에서는 크게 문제 삼지 않는다. 이것이 바로 브랜드 자산의 힘이다. 반대로, 당신의 지반이 얄팍하고 푸석푸석한 모래사장 같다면, 사람들은 당신과 함께하는 것을 불안해한다. 당신의 발밑이 언제 꺼질지 모르기 때문에, 결코 깊은 신뢰 관계를 맺거나 중요한 책임을 맡기려 하지 않을 것이다.

당신의 작은 실수 하나하나가 지반 전체를 위협하는 심각한 문제가 된다. 한번 형성된 이 평면은 엄청난 관성을 갖는다. 좋은 평판은 웬만한 위기에도 당신을 지켜주는 방패가 되지만, 나쁜 평판은 당신이 아무리 좋은 행동을 해도 '저건 뭔가 꿍꿍이가 있을 거야'라고 의심하게 만드는 족쇄가 된다. 왜냐하면 당신의 모든 새로운 행동(점)은, 당신이 이미 만들어 놓은 평판(면)이라는 강력한 필터를 통해 해석되기 때문이다. 심리학에서는 이를 후광 효과와 낙인 효과라고 부른다.

- 후광 효과: 당신이 유능하고 성실하다는 평판(면)을 쌓았다면, 이 평판이 후광처럼 당신의 모든 행동을 비춘다. 당신이 평범한 의견(점)을 내도 사람들은 '역시 통찰력이 있다'고 해석한다. 당신이

실수를 해도(점) '저럴 사람이 아닌데, 피곤했나 보다'라며 너그럽게 넘어간다. 당신의 긍정적인 면이, 모든 새로운 점들을 끌어당겨 좋게 해석해 버리는 것이다.

- 낙인 효과: 후광 효과와는 정반대로 한번 부정적인 평판(면)이 형성되면, 그 낙인이 모든 행동을 부정적으로 해석하게 만드는 필터로 작용한다. 당신이 게으르고 무책임하다는 평판을 쌓았다면, 이 평판이 주홍글씨처럼 당신의 모든 행동을 왜곡한다. 당신이 정말 좋은 아이디어(점)를 내도 사람들은 '저게 제대로 될 리가 없어'라며 의심부터 한다. 당신이 순수한 친절(점)을 베풀어도 '무슨 꿍꿍이가 있는 거지?'라며 그 의도를 의심한다. 당신의 부정적인 면이 모든 새로운 점들을 끌어당겨 나쁘게 해석해 버리는 것이다.

이것이 바로 평판이라는 지반의 무서운 힘이다. 그것은 과거의 결과물인 동시에, 현재를 해석하고 미래를 결정하는 가장 강력한 프레임으로 작용한다.

사례 연구 1. 스타벅스는 어떻게 당신의 일상이 되었는가?

이 '점, 선, 면'의 법칙을 가장 잘 활용한 브랜드 중 하나가 바로 스타벅스다. 스타벅스라는 거대한 브랜드 평판(면)은 사실 아주 사소한 행동(점)들이 모여 만들어졌다.

- 점: 당신이 처음 스타벅스에 갔을 때 바리스타가 당신의 닉네임을 컵에 적어주고 친절하게 불러주는 경험을 했다고 해보자. 이것은 아주 작고 긍정적인 하나의 '점'이다. 이 행동 하나만으로는 아무것도 바뀌지 않는다.

- 선: 그런데 당신은 다음번, 그다음 번 방문에서도 거의 모든 바리스타가 비슷한 수준의 친절함과 효율성으로 당신을 대하는 것을 경험한다. 전 세계 어느 매장을 가도 커피의 맛은 거의 일정하게 유지된다. 당신의 뇌는 이 점들을 연결하여, '스타벅스는 언제, 어디서나, 믿을 수 있는 경험을 제공한다'는 강력한 선을 그리기 시작한다. 이것이 스타벅스의 브랜드 약속이다.

- 면: '일관된 서비스'라는 선, '일관된 맛'이라는 선, '편안한 공간'이라는 선. 이 모든 선들이 겹쳐 마침내 '집과 사무실이 아닌 제3의 공간'이라는, 누구도 따라 할 수 없는 단단한 면이 완성되었다. 이 강력한 평판의 지반이 있기에 우리는 가끔 커피 맛이 조금 다르거나(부정적인 점), 직원이 약간 불친절해도(부정적인 점) 쉽게 스타벅스 브랜드를 이탈하지 않는다.

── 사례 연구 2. 한 명의 팀장은 어떻게 신뢰를 얻는가?

이번에는 개인의 사례를 살펴보자. 여기, 새로운 팀의 리더로 부임한 K 팀장이 있다. 그의 목표는 팀원들에게 '신뢰할 수 있는 리더'라는 브랜드를 구축하는 것이다.

- 점: 그는 부임 첫날, 거창한 비전을 발표하는 대신 팀원 한 명 한 명과 일대일로 만나 그들의 이야기를 경청했다. 그는 회의 시간에 팀원의 사소한 아이디어에 "좋은 의견이네요"라고 공개적으로 인정해 주었다. 이것들은 K라는 브랜드가 찍은, 작지만 긍정적인 첫인상의 점들이다.

- 선: 그 후 몇 주간 그는 자신이 말한 작은 약속들을 하나도 빠짐없이 지켰다. "자료를 검토하고 내일까지 피드백을 주겠다"고 하면 반드시 다음 날 오전에 피드백을 전달했다. 불필요한 야근을 막기 위해 상부의 부당한 요구를 막아내는 모습을 몇 번 보여주었다. 팀원들의 뇌 속에서는 이 행동의 점들이 연결되어 '이 리더는 약속을 지키고, 우리를 보호하는 사람'이라는 분명한 선이 그려지기 시작했다.

- 면: '일관된 언행일치'라는 선, '팀원을 존중하는 태도'라는 선, '합리적인 의사결정'이라는 선. 이 모든 신뢰의 선들이 겹쳐지고 짜

여 마침내 '이 사람이라면 믿고 따를 수 있다'는 단단한 면이 완성
되었다. 이제 K 팀장은 강력한 리더십이라는 브랜드 자산을 갖게
되었다. 그가 가끔 실수를 하거나(부정적인 점), 잘못된 결정을 내려
도(부정적인 점), 팀원들은 쉽게 그를 비난하거나 이탈하지 않는다.
그들은 '팀장님이 저렇게 결정한 데에는 분명 이유가 있을 거야'
라고 생각한다. 그의 평판이라는 단단한 지반 위에서 그를 신뢰
하기 때문이다.

── 당신은 당신 브랜드의 점묘화가다

프랑스의 화가 조르주 쇠라가 창시한 점묘법을 생각해 보자. 그의
그림을 가까이에서 보면 그것은 의미를 알 수 없는 수만, 수십만 개의
무질서한 점의 나열에 불과하다. 하지만 그림에서 한 걸음, 두 걸음
물러나 전체를 조망하는 순간, 그 무질서한 점들은 마법처럼 하나의
의미 있는 형상, 즉 눈부시게 아름다운 풍경화를 만들어 낸다.

우리의 삶과 브랜드도 이와 같다. 우리는 매일매일 지금 이 순간이
라는 캔버스 위에, 행동이라는 아주 작은 점 하나를 찍으며 살아간다.
우리는 너무나 가까이에서 이 점들을 찍고 있기에 이 사소한 행동들
이 모여 어떤 거대한 그림을 만들고 있는지 좀처럼 깨닫지 못한다.

우리는 지금 내가 찍는 이 하나의 점이, 내일의 선과 미래의 면을
결정한다는 사실을 잊고 산다. 하지만 세상은, 그리고 미래의 당신은

한 걸음 물러선 곳에서 당신의 삶이라는 그림 전체를 보고 있다. 당신이 오늘 찍은 단 하나의 점이, 당신이라는 작품의 전체적인 인상을 어떻게 바꾸고 있는지 조용히 지켜보고 있는 것이다. 당신의 브랜드는 단 한 번의 극적인 행동으로 완성되지 않는다. 그것은 당신이 매일, 매 순간, 어떤 색깔의 점을, 어떤 방향으로 찍어나갈 것인지를 선택하는 성실하고 꾸준한 과정의 총합이다.

이제 당신은 당신의 행동 하나하나가 어떻게 당신의 평판을 구축하는지 그 가장 근본적인 법칙을 이해했다. 다음 장에서는 이렇게 만들어진 긍정적인 평판(면)이 어떻게 스스로 더 큰 기회를 끌어당기는지, 즉 '바이럴 루프'의 원리에 대해 알아볼 것이다.

바이럴 루프:
기회는 어떻게 당신을 찾아오는가?

—— 성장의 2가지 모드: 발굴과 발견

우리는 수많은 행동의 점들이 모여 당신이라는 브랜드의 평판(면)을 구축하는 원리를 이해했다. 하지만 여기서 우리는 1가지 중요한 질문과 마주한다. "그래서, 좋은 평판을 갖는 것이 왜 중요한가?" 단순히 좋은 사람으로 보이는 것을 넘어, 이것이 당신의 성장에 어떤 실질적인 영향을 미치는가? 그 답을 찾기 위해 우리는 먼저 기회가 발생하는 2가지 다른 차원의 모드를 이해해야 한다.

첫 번째는 발굴 모드다. 이것은 당신이 모든 기회를 당신의 시간과 노력을 직접 투입하여 땅속에서 광물을 캐내듯 찾아다녀야 하는 단계다. 당신은 더 좋은 직장을 찾아 수십 군데의 채용 공고를 뒤지고, 정성껏 이력서를 수정하며 매번 새로운 면접을 준비한다. 새로운 프로젝트를 따내기 위해 당신은 먼저 시장을 조사하고, 제안서를 작성하며 수많은 잠재 고객에게 자신을 증명해야 한다. 이 발굴 모드의 삶은 지극히 성실하고, 정직하며, 노력이 결과를 낳는다는 점에서 분명한 가치가 있다. 하지만 이 방식에는 치명적인 한계가 존재한다. 당신의 성장이 당신이 일하는 시간과 에너지의 총량에 정비례하여 선형적으로만 증가한다는 점이다. 당신이 잠을 자거나, 휴가를 가거나, 아파서 멈추는 순간, 당신의 성장을 위한 엔진 역시 함께 멈춘다. 이것은 당신이 끊임없이 페달을 밟아야만 앞으로 나아가는 자전거와 같다. 잠시라도 페달을 밟지 않으면 자전거는 관성에 의해 서서히 멈춰 설 것이다.

하지만 어떤 브랜드들은 어느 순간 이 선형적인 성장의 한계를 뛰어넘는다. 그들은 두 번째 모드, 즉 발견 모드로 진입한다. 이것은 반대로 기회가 당신을 찾아오기 시작하는 단계다. 당신이 예상치 못한 곳에서 스카우트 제의가 들어오고, 흥미로운 프로젝트에 참여해달라는 요청이 오며, 새로운 사람들이 당신의 조언을 구하기 위해 찾아온다. 이 단계에 진입한 브랜드는 1의 노력으로 10, 100의 결과를 낳는 기하급수적 성장을 경험한다. 그들은 더 이상 에너지를 소모하지 않는다. 그들은 자신의 존재만으로 새로운 기회와 에너지를 생산한다. 그들은 더 이상 사선서의 페달을 밟지 않는다. 그들은 스스로의 힘으로 움직이는 제트 엔진을 장착한 것이다. 어떻게 하면 이 필사적인 발굴 모드에서 우아한 발견 모드로 전환할 수 있을까? 그 비밀은 당신의 평판이 만들어 내는 보이지 않는 자동 성장 엔진, 즉 바이럴 루프에 있다.

── 사례 연구: 맛있는 동네 식당은 어떻게 광고 없이도 성장하는가?

이 발견 모드를 가능하게 하는 바이럴 루프의 작동 원리를 우리 모두에게 익숙한 맛있는 동네 식당의 성장 사례를 통해 단계별로 살펴보자.

- 1단계(압도적인 가치 제공): 당신은 우연히 동네의 작은 식당에 들러 아주 만족스러운 식사(훌륭한 제품 경험)를 한다. 음식의 맛은 물론 주인의 친절한 서비스와 깨끗한 공간까지 모든 경험이 당신의 기대를 뛰어넘는다. 이것이 루프를 시작하는 첫 번째 에너지다.

- 2단계(고객 만족과 팬의 탄생): 당신은 이 식당의 팬이 된다. 당신의 머릿속에는 이 식당에 대한 강력한 긍정적 평판이 저장된다. 이제 당신은 다음번에 이 동네에서 식사할 때, 다른 곳을 탐색하는 대신 이 식당을 재방문할 확률이 매우 높아졌다. 이것은 브랜드의 고객 유지 단계다.

- 3단계(자발적인 공유 및 추천): 며칠 뒤, 다른 동네에 사는 친구가 당신에게 "요즘 괜찮은 식당 없어?"라고 물어볼 때(트리거), 당신은 머릿속에서 다른 수많은 선택지를 필터링하고, 당신이 경험했던 그 만족스러운 기억을 바탕으로 이 식당을 자신 있게 추천(자발적

공유)한다. "거기 진짜 괜찮아. 꼭 한번 가봐."

- 4단계(신규 고객 창출 및 루프 강화): 당신의 추천을 받은 친구는 다른 어떤 광고보다 신뢰할 수 있는 친구의 추천이라는 강력한 정보를 바탕으로 그 식당을 방문할 확률이 매우 높다. 이렇게 새로운 고객이 창출되고 이 고객이 다시 1단계의 만족스러운 경험을 하게 되면 루프는 더욱더 강력하고 빠르게 회전하기 시작한다.

이 식당의 사장님은 전단지를 돌리거나 SNS 광고에 돈을 쓰지 않았다. 그는 오직, 눈앞의 고객 한 명 한 명에게 최고의 경험을 제공한다는 본질에만 집중했다. 그리고 그 만족한 고객들이 바로 식당의 가장 강력하고 효율적인 영업 사원이 되어준 것이다. 시스템의 출력(Output: 만족한 고객)이 다음 시스템의 입력(Input: 신규 고객)을 자동으로 만들어내는 것, 이것이 바로 바이럴 루프의 핵심이다.

평판을 얻으려면 평판을 잊어라

그렇다면 이 강력한 바이럴 루프를 만들기 위해 우리는 무엇에 집중해야 하는가? 아이러니하게도 바이럴 루프는 그것을 의도적으로 만들려고 할 때보다 그저 묵묵히 자신의 본질에 집중할 때 더 강력하게 작동한다. 평판을 얻기 위한 최고의 전략은 평판을 좇지 않는 것이다. 이 역설적인 마음가짐은 크게 2가지 핵심 원칙으로 구성된다.

첫째, 과정의 완벽함에 집착한다

당신이라는 브랜드의 평판은 결국 당신이 세상에 내놓는 결과물의 총합이다. 그리고 뛰어난 결과물은 오직 뛰어난 과정에서만 나올 수 있다. 유능한 전략가는 최종 결과나 외부의 평가에 일희일비하지 않는다. 그는 자신이 통제할 수 있는 유일한 것, 즉 과정의 퀄리티를 극한까지 밀어붙이는 데에만 모든 에너지를 사용한다.

숨겨진 골목에서 최고의 스시를 만드는 장인을 생각해 보자. 그의 관심은 미슐랭 스타를 받는 것이나 유명세를 얻는 것에 있지 않다. 그의 모든 신경은 오직 오늘 아침 시장에서 가장 신선한 생선을 고르는 감각, 밥알 하나하나의 수분감을 조절하는 기술, 그리고 생선 한 점을 정확한 각도로 썰어내는 칼날의 움직임에 집중되어 있다. 그는 평판이라는 결과를 통제하려 하지 않는다. 그는 자신이 통제할 수 있는 유일한 것, 즉 스시 한 점을 만드는 과정의 완벽함에만 집착한다. 그의 위대한 평판은 이 지독할 정도의 과정 중심주의가 만들어 낸 당연한 부산물일 뿐이다.

당신도 이 장인의 태도를 배워야 한다. 당신이 학생이라면 좋은 학점이라는 결과보다 오늘 배운 내용을 완벽히 이해하는 과정에 집중해야 하고, 당신이 직장인이라면 승진이라는 결과보다 오늘 내가 맡은 보고서의 완성도를 한 단계 더 높이는 과정에 집중해야 한다. 이 본질에 대한 집착이, 그 어떤 마케팅 전략보다 더 강력한 당신의 브랜드 자산이 된다.

둘째, 생태계에 대한 기여를 목표로 삼는다

많은 사람들은 자신의 평판을 높이기 위해 다른 사람들에게서 인정을 얻으려고 애쓴다. 하지만 시스템의 법칙은 정반대로 작동한다. 당신의 브랜드 가치를 높이는 가장 빠른 길은 역설적이게도, 다른 사람의 가치를 먼저 높여주는 것이다. 이것은 단순한 관대함의 차원을 넘어 가장 현명한 장기 성장 전략이다.

성공적인 플랫폼 비즈니스를 생각해 보자. 애플의 앱스토어는 앱 개발자들이 더 많은 돈을 벌게 해줌으로써 스스로 세계 최고의 플랫폼이 되었다. 유튜브는 크리에이터들이 자신의 재능을 펼치고 명성을 얻게 해줌으로써 세계 최대의 동영상 플랫폼이 되었다. 그들은 먼저 주는 시스템을 만들었고, 그 결과 세상의 모든 가치가 그들의 플랫폼으로 모여들었다. 당신이라는 브랜드도 마찬가지다. 당신의 분야에서 가장 빠르게 신뢰를 얻고 싶다면 당신의 지식과 통찰을 아낌없이 나누어야 한다. 동료의 성공을 진심으로 축하해 주고 그의 성과를 다른 사람들 앞에서 공개적으로 인정해 주어야 한다. 당신의 네트워크 안에서 도움이 필요한 사람과 그를 도와줄 수 있는 사람을 조건 없이 연결해 주어야 한다. 이러한 기여의 행동들은 당신이 자신의 이익을 넘어, 생태계 전체 성장에 기여하는 사람이라는 강력한 신호를 시장에 보낸다. 그리고 시장은 언제나 이렇게 먼저 주는 사람에게 몇 배의 기회와 신뢰로 보답한다. 당신의 기여는 당신의 평판이라는 바이럴 루프를 가속시키는 가장 강력한 윤활유다.

── 당신이 없는 곳에서, 당신을 위해 일하는 시스템

결국 긍정적인 브랜드 평판은 당신이 가진 가장 강력한 자산이다. 그것은 당신이 잠을 자는 동안에도 당신을 위해 쉬지 않고 일하며 새로운 기회를 만들어 내는 가장 유능하고 자율적인 시스템이다. '점, 선, 면의 법칙'을 통해 당신이 의식적으로 쌓아 올린 평판은 이제, 바이럴 루프를 통해 당신의 의식적인 노력을 넘어서는 기하급수적인 성장의 단계로 당신을 이끌 것이다. 하지만 모든 성장이 영원히 지속될 수는 없다. 모든 시스템에는 그 성장을 방해하고 과거로 회귀시키려는 보이지 않는 저항이 존재한다. 다음 장에서는 이 강력한 성장의 흐름에 브레이크를 거는 힘, 즉 '균형 피드백 루프'의 원리에 대해 알아볼 것이다.

균형 피드백 루프: 왜 변화는 항상 과거로 회귀하려 하는가?

── 보이지 않는 닻, 그리고 생태계의 법칙

우리는 평판이라는 자율 성장 시스템이 어떻게 기하급수적인 성장을 만들어 내는지 보았다. 바이럴 루프의 궤도에 올라탄 당신의 브랜드는 마치 강력한 제트 엔진을 단 로켓처럼 하늘을 향해 거침없이 날아오르는 듯한 기분을 느낀다. 이 짜릿한 성장의 경험 속에서 우리는 이 상승세가 영원히 지속될 것이라고 믿기 쉽다. 하지만 어느 순간 이상한 일이 벌어진다. 모든 것이 완벽해 보였음에도 갑자기 로켓의 추진력이 약해지는 것이 느껴진다. 지난주까지만 해도 즐거웠던 새로운 습관이 오늘은 버겁게 느껴지고 이유를 알 수 없는 피로감이 몰려온다. 그렇게 확신에 차 있던 당신의 마음에 '내가 정말 잘하고 있는 걸까?'라는 의심의 목소리가 스며들기 시작한다. 마치 누군가 보이지 않는 거대한 닻을 내려 당신의 비행을 방해하고, 당신을 다시 땅으로 끌어 내리려는 것처럼 말이다. 이 현상은 당신이 무언가를 잘못하고 있다는 신호가 아니다. 오히려 그 반대다. 이것은 당신이 마침내 시스템에 내재된 가장 강력하고 근본적인 힘 중 하나와 마주하게 되었다는 신호다. 생물학에서는 이것을 항상성이라고 부른다. 시스템이 안정된 상태를 유지하기 위해, 모든 종류의 변화에 저항하고 끊임없이 과거의 평형 상태로 되돌아가려는 힘이다.

당신의 삶을 하나의 안정된 초원 생태계라고 상상해 보자. 이 초원에는 오랫동안 함께 살아온 익숙한 풀과 꽃, 곤충들(당신의 오랜 습관과 생각, 관계)이 나름의 균형을 이루며 살고 있다. 그런데 당신이 1, 2, 3장의 노력을 통해 이 초원의 한가운데에 키가 큰 새로운 나무(당신의 새로운 성공 시스템) 한 그루를 심는 데 성공했다. 이 나무는 무럭무럭 자라나 이전에는 볼 수 없었던 새로운 열매를 맺고, 새로운 새들을 불러 모은다. 당신의 성장 시스템은 이 변화에 환호한다. 하지만 이 초원 생태계 전체 입장에서는 어떨까? 이 새로운 나무의 등장은 기존의 안정성을 파괴하는 거대한 사건이다. 키 큰 나무는 혼자 햇빛을 독차지하여 그 아래의 작은 풀들이 자라는 것을 방해한다(새로운 습관이 기존의 작은 즐거움을 밀어낸다). 나무의 깊은 뿌리는 땅속의 수분을 빨아들여 주변 토양을 건조하게 만든다(당신의 새로운 도전이 기존의 에너지를 소모시킨다). 이때, 초원 생태계는 스스로를 보호하기 위해, 이 외부 침입자를 밀어내고 과거의 균형을 되찾으려는 보이지 않는 저항을 시작한다.

이것이 바로 당신이 느끼는 브랜드 피로도와 시장 저항의 본질이다. 우리는 이 힘을 시스템적 관점에서 균형 피드백 루프라고 부른다. 이것은 당신의 성장을 멈추게 하려는 악의적인 힘이 아니라, 당신이라는 시스템이 과열되거나 폭주하여 붕괴되는 것을 막으려는 지극히 자연스럽고 필연적인 안정화 장치다.

── 내면의 저항: 자기만의 온도를 지키려는 시스템

균형 피드백 루프를 이해하기 가장 좋은 비유는 바로 온도조절장치다. 모든 집에는 사용자가 가장 쾌적하다고 느끼는 설정 온도가 있다. 만약 당신의 생존 시스템이 지난 수십 년간 20도라는 온도에 맞춰 살아왔다고 해보자. 이 20도는 당신의 익숙한 페르소나, 습관, 그리고 에너지 레벨이 만들어 내는 심리적 안정 상태다. 그런데 당신이 1, 2, 3장의 노력을 통해 당신의 삶이라는 방의 온도를 25도, 30도로 끌어올리기 시작했다. 당신은 더 활기차지고, 더 많은 것을 성취하며, 더 높은 수준의 에너지를 발산한다. 당신의 성장 시스템은 이 변화에 환호하지만, 방 한구석의 낡은 온도조절장치(생존 시스템)는 이것을 안정한 상태를 위협하는 심각한 과열로 인식한다. 그리고 즉시 방의 온도를 다시 20도로 되돌리기 위해 온 힘을 다해 에어컨을 가동하기 시작한다. 우리가 브랜드 피로도라고 부르는 것의 정체가 바로 이것이다. 이 내면의 에어컨은 다양한 방식으로 작동한다.

자기 파괴적 행동: 안전지대의 반란

한 달간 완벽하게 식단을 지키던 당신이 어느 날 갑자기 모든 것을 포기하고 폭식을 한다. 이것은 당신의 의지력이 바닥나서가 아니다. 당신의 시스템이 과열된 상태(지나친 절제)를 식히고 익숙한 20도(쾌락과 안정)로 돌아가기 위해 의도적으로 에어컨을 켠 것이다. 생존 시스템 관점에서 새로운 당신의 모습은 너무나 낯설고, 불안정하며 예측 불가능한 위험이다. 반면, 과거의 나쁜 습관들은 비록 장기적으로는 해롭더라도 단기적으로는 가장 확실한 안정감과 예측 가능성을 제공한다. 자기 파괴는 이처럼 변화가 주는 스트레스로부터 당신을 보호하고 가장 안전하다고 믿는 과거의 방식으로 되돌아가려는 생존 시스템의 필사적인 반란이다.

번아웃: 과열된 엔진의 강제 종료

높은 수준의 성과를 계속 유지하는 것은 당신의 낡은 시스템이 감당하기 어려운 수준의 에너지를 요구한다. 이것은 마치 자동차 엔진의 RPM을 계속 높여 과속하는 것과 같다. 엔진(당신의 정신과 신체)은 처음에는 짜릿한 속도감을 즐기지만, 시간이 지나면서 점차 이상한 소음을 내며 과열되기 시작한다. 당신이 이 경고 신호를 무시하고 계속해서 가속 페달을 밟는다면 엔진은 결국 스스로를 보호하기 위해 모든 작동을 강제로 멈춰버린다. 번아웃은 당신의 성장 속도가 시스템의 회복 속도를 초과했다는 명백한 경고 신호다. 생존 시스템이 "더 이상 가면 시스템 전체가 파괴된다"고 외치며 모든 전원을 강제로 내려버리는 극단적인 조치인 셈이다.

가면 증후군: 거울 속의 유령

'나는 이 정도의 성공을 누릴 자격이 없어', '곧 나의 진짜 모습이 탄로 나고 말 거야'와 같은 내면의 목소리. 이것은 당신의 정체성을 과거의 20도에 묶어두려는 가장 교묘하고 강력한 심리적 에어컨이다. 당신의 새로운 정체성(30도)과 과거의 정체성(20도) 사이의 괴리가 클수록 이 목소리는 더 크게 울리며, 당신을 심리적으로 지치게 만들어 스스로 온도를 낮추도록 유도한다. 이것은 당신이 거울 앞에서 새로운 성공에 어울리는 멋진 옷을 입고 있을 때, 거울 뒤편에서 과거의 초라했던 유령이 나타나 "네까짓 게 어울린다고 생각해?"라고 속삭이는 것과 같은 섬뜩한 경험이다. 이 유령의 속삭임은 당신의 자신감을 갉아먹고 결국 당신이 스스로 새로운 옷을 벗고 과거의 낡은 옷으로 돌아가게 만든다.

── 외부의 저항: 시장의 면역체계

내면의 저항뿐만이 아니다. 당신의 성공은 당신을 둘러싼 외부 세계, 즉 시장의 균형까지도 흔든다. 모든 시장 생태계는 기존의 질서를 유지하려는 강력한 면역체계를 가지고 있다. 당신이라는 새로운 브랜드의 등장은 이 생태계에 침입한 외부 바이러스로 인식될 수 있다.

사회적 시스템의 중력

당신의 가족, 친구, 동료들은 과거의 당신에 익숙하다. 그들은 당신이 어떤 사람인지 예측하고, 그 예측에 기반하여 당신과의 관계를 설정해 왔다. 그런데 당신이 변하기 시작하면 그들의 예측은 빗나가고 그들은 혼란과 불편함을 느낀다. 당신 주변의 사람들은 당신을 다시 예측 가능하고 익숙한 과거의 궤도로 되돌려 놓으려 한다. 그들의 "너 예전이랑 달라졌다", "너무 유난 떠는 거 아니야?"와 같은 말들은 종종 당신을 향한 악의가 아니라, 변화로 인해 흔들리는 자신들의 안정감을 지키려는 무의식적인 방어기제일 수 있다.

좋은 평판의 무게

당신의 성공은 이제 새로운 표준이 된다. 과거에는 작은 성공 하나에도 큰 칭찬을 받았지만 이제 사람들은 당신에게 더 많은 것을 기대한다. 한 번의 작은 실수는 과거보다 훨씬 더 큰 실망감으로 받아들여질 수 있다. 이것은 성공의 대가로 치러야 하는 일종의 세금이며, 당신의 어깨를 짓누르는 보이지 않는 저항이다. 마치 무명의 인디밴드가 자유롭게 음악 실험을 하다가, 세계적인 슈퍼스타가 된 후에는 대중의 기대라는 무거운 왕관을 써야 하는 것과 같다. 이 왕관의 무게는 당신을 더 신중하게 만들지만, 동시에 당신의 창의성과 도전 정신을 억누르는 족쇄가 될 수도 있다.

─── 저항을 관리하고, 성장의 리듬을 설계하는 법

그렇다면 이 강력하고 필연적인 저항들에 어떻게 대응해야 하는가? 전략가는 저항을 회피하거나 저항과 정면으로 싸우지 않는다. 그는 저항을 관리하고, 성장의 리듬을 설계한다.

내면의 저항을 다루는 기술: 전략적 휴지기

당신은 온도조절장치를 부숴버릴 수 없다. 당신이 해야 할 일은 의도적인 휴지기와 회복기를 시스템 안에 설계하여 온도조절장치(생존 시스템)가 비상 에어컨을 켤 필요가 없도록 만드는 것이다.

성장의 계단식 모델: 진정한 성장은 가파른 직선이 아니라 성장과 안정화를 반복하는 계단의 형태를 띤다. 이것은 마천루를 짓는 과정과 같다. 몇 개의 층을 올리고 나면 반드시 콘크리트가 굳고 구조가 안정될 때까지 기다리는 양생 기간을 거쳐야만 한다. 이 안정화 과정

없이 계속해서 층을 올리기만 하면 건물은 결국 자신의 무게를 이기지 못하고 무너진다.

- **전략적 회복:** 당신의 삶에도 이 양생 기간이 필요하다. 3개월간의 집중적인 성장 프로젝트를 진행했다면 그다음 1개월은 새로운 도전 없이 현재의 성과를 유지하고 즐기는 안정화 기간을 갖는 것이다. 이 기간 동안 당신의 시스템은 새로운 온도를 새로운 표준으로 받아들이고 다음 성장을 위한 에너지를 비축하게 된다. 이것은 후퇴가 아니라 더 높이 점프하기 위해 무릎을 굽히는 가장 지혜로운 전진이다.

외부의 저항을 다루는 기술: 서사의 주도권 장악

당신은 외부 세계의 모든 저항을 통제할 수 없다. 하지만 그 저항이 당신의 브랜드에 미치는 영향을 관리할 수는 있다. 이것은 모든 전략가의 핵심적인 역량이다.

- **이해관계자 관리:** 당신의 삶에 영향을 미치는 사람들을 당신의 투자자라고 생각하고, 그들을 구분하여 관리해야 한다. 당신의 비전을 지지하고 응원하는 핵심 투자자(가족, 멘토, 핵심 동료) 그룹과 당신의 변화에 무관심하거나 저항하는 일반 투자자 그룹. 전략가는 자신의 시간과 에너지의 95%를 핵심 투자자와의 관계를 강화

하고 그들에게 자신의 비전을 꾸준히 공유하는 데 사용한다.

- 서사 재구성: "너 변했다"는 저항의 목소리에 감정적으로 반응하거나 자신을 변호하는 대신, 그들의 말을 당신의 브랜드 스토리를 강화하는 기회로 활용해야 한다. "네, 맞습니다. 저는 1장에서 진단했던 문제들을 해결하고, 2장에서 설계했던 새로운 비전을 향해 나아가고 있는 중입니다. 지켜봐 주셔서 감사합니다" 이처럼 외부의 저항을 당신의 성장 서사를 확인시켜 주는 하나의 데이터 포인트로 재구성한다. 당신이 당신의 서사를 통제할 때 외부의 소음은 힘을 잃는다.

── 저항은 성장의 나침반이다

바이럴 루프가 당신을 앞으로 밀어주는 가속 페달이라면 균형 피드백 루프는 당신의 속도를 조절하는 브레이크다. 자동차가 안전하게 앞으로 나아가기 위해서는 이 2가지 힘이 모두 필요하다. 이제부터 당신의 삶에서 브랜드 피로도나 시장의 저항이 느껴진다면 그것을 실패의 신호로 여기지 말고, 마침내 익숙한 과거의 중력권을 벗어나, 새로운 성장의 궤도에 성공적으로 진입했음을 알리는 신호로 받아들이면 된다. 저항이 가장 거세게 느껴지는 그 지점이 바로 당신이 가장 크게 성장하고 있는 지점이다. 저항은 가야 할 길을 알려주는 가장 정확한 나침반이다.

이제 우리는 성장을 이끄는 힘과 그 성장을 제어하는 힘을 모두 이해했다. 다음 장에서는 이 2가지 힘의 상호작용 속에서 우리가 어떤 기준으로 선택을 내려야 하는지에 대한 가장 근본적인 법칙, '제2차 결과의 법칙'에 대해 알아볼 것이다.

제2차 결과의 법칙: 현재의 유혹과 미래의 보상 사이의 선택

── 근시안적인 뇌, 그리고 눈앞의 마시멜로

우리는 성장을 이끄는 힘(바이럴 루프)과 그 성장을 제어하는 힘(균형 피드백 루프)을 모두 이해했다. 하지만 이 2가지 힘의 상호작용 속에서 우리는 매 순간 어떤 기준으로 선택을 내려야 하는가? 무엇이 우리를 단기적인 쾌락에 빠지게 만들고 무엇이 우리를 장기적인 성장으로 이끄는가? 그 답은 우리 뇌의 가장 원시적인 작동 원리를 이해하는 데 있다.

스탠퍼드 대학의 유명한 마시멜로 실험을 떠올려 보자. 연구자는 아이 앞에 마시멜로 하나를 놓고 "내가 15분 동안 돌아올 때까지 이걸 먹지 않고 기다리면, 하나를 더 줄게"라고 제안한다. 어떤 아이는 그 15분을 참아내고 2개의 마시멜로를 얻지만, 대부분의 아이는 눈앞의 달콤한 유혹을 이기지 못하고 그것을 먹어버린다. 우리는 이 아이들의 선택을 보며 미소 짓지만, 어른이 된 우리도 지금껏 매일 이 마시멜로 실험을 반복하고 있다. 우리의 성장 시스템은 15분 뒤의 마시멜로 2개(장기적인 성공)를 원하지만, 우리의 생존 시스템은 눈앞의 마시멜로 하나(즉각적인 쾌락)를 향해 손을 뻗으라고 비명을 지른다. 그리고 대부분의 경우 이 원시적이고 강력한 시스템이 항상 승리한다.

이것은 당신의 성격이나 의지력에 결함이 있어서가 아니다. 이것은 생존을 위해 수십만 년간 진화해 온 우리 뇌의 기본 설계다. 인류의 조상들에게 내일의 더 큰 사냥감을 위해 오늘의 작은 열매를 포기하는 것은 죽음을 의미했다. 생존이 불확실했던 시대에는 미래의 더 큰 보상보다 지금 당장 눈앞의 열매를 먹는 것이 생존에 훨씬 더 유리했다. 우리 뇌는 바로 그 현재 편향이라는 강력한 알고리즘을 여전히 탑재하고 있는 것이다. 생존 시스템은 어리석은 것이 아니라, 그저 시대에 뒤떨어진 것뿐이다. 지금부터 이 낡은 알고리즘과 싸우려 하지 않는다. 이 알고리즘의 존재를 인정하고 그것을 넘어설 수 있는 더 높은 차원의 사고 시스템을 훈련한다. 바로 제2차 결과를 내다보는 눈이다.

──── **왜 우리는 나쁜 선택에 끌리는가?**

우리의 생존 시스템은 모든 선택지를 하나의 상품으로 보고 그 상품의 가치 제안을 냉정하게 평가한다. 그리고 이 평가는 지극히 현재에 편향되어 있다.

상품 A: 퇴근 후 유튜브 시청(1차 결과의 유혹)

이 상품의 가치 제안은 어떤가?

- 제공되는 편익: 고된 하루를 보낸 당신에게 지금 당장 100% 확률로 확실한 즐거움과 도파민을 제공한다. 당신은 아무런 노력 없이도 소파에 누워 자극적이고 재미있는 콘텐츠를 통해 즉각적인 위로와 보상을 얻을 수 있다.

- 지불할 비용: 당신이 이 편익을 위해 지불해야 할 비용은 무엇인가? 그것은 먼 미래에, 어쩌면 오지 않을 수도 있는 불확실한 후회와 시간 낭비다. 생존 시스템의 관점에서 이것은 확실한 이득을 위해 불확실한 손실을 감수하는 매우 합리적이고 매력적인 거래다. 그에게는 이보다 더 좋은 상품이 없다.

상품 B: 퇴근 후 운동(2차 결과의 고통)

그렇다면 이 상품의 가치 제안은 어떤가?

- 지불할 비용: 당신은 이 상품을 얻기 위해 지금 당장 100% 확률로 확실한 비용을 지불해야 한다. 피곤한 몸을 이끌고 헬스장으로 가야 하는 육체적 고통과 그 시간을 다른 즐거운 활동에 쓰지 못하는 기회비용이다.

- 제공되는 편익: 당신이 이 비용을 지불하고 얻게 될 편익은 무엇인가? 그것은 먼 미래에, 올지 안 올지도 모르는 불확실한 건강과 자신감이다.

여기에 행동경제학의 가장 중요한 통찰인 손실 회피가 더해진다. 인간은 이득의 기쁨보다 같은 크기의 손실에서 오는 고통을 심리적으로 2배 이상 더 크게 느낀다. 즉, 운동을 통해 얻을 미래의 기쁨보다, 운동을 하기 위해 지금 당장 감수해야 할 고통이 우리에게 2배 더 아프게 다가온다는 의미다. 확실한 고통을 지불하고 불확실한 기쁨을 얻는 이 거래는, 생존 시스템의 관점에서 볼 때 최악의 가치 제안을 가진 가장 어리석은 선택이다. 이것이 우리가 의지력만으로는 결코 이길 수 없는 이 내면 전쟁의 본질이다.

── 당신 내면의 두 목소리: 누구의 프레젠테이션에 설득당할 것인가?

이 분석을 우리의 실제 경험 속으로 가져와 보자. 스트레스가 극심했던 하루를 마치고 지친 몸으로 집에 돌아온 저녁 7시의 당신을 상상해 보자. 당신 앞에는 2개의 선택지가 놓여있다. 소파 위의 스마트폰, 그리고 현관의 운동화. 바로 이 순간 당신의 머릿속에서는 두 명의 유능한 마케터가 서로 다른 상품을 팔기 위해 치열한 프레젠테이션을 시작한다.

첫 번째 마케터, 당신의 생존 시스템은 당신의 모든 취약점을 꿰뚫고 있는 화려한 언변의 베테랑 세일즈맨이다. 그는 당신의 귀에 대고 열정적으로 속삭인다.

"고객님, 잠시만 제 이야기를 들어보십시오. 오늘 하루 얼마나 힘드셨습니까? 당신의 에너지는 완전히 방전되었고 정신은 지쳐 있습니다. 지금 당신에게 필요한 것은 더 많은 노력이 아니라 편안한 휴식입니다. 제가 제안하는 이 유튜브 시청이라는 상품을 보십시오. 가격은 거의 제로에 가깝습니다. 당신은 그저 소파에 몸을 싣기만 하면 됩니다. 반면, 우리가 제공하는 혜택은 즉각적이고 확실합니다. 당신의 뇌에 직접 꽂히는 짜릿한 도파민, 고된 하루의 스트레스를 잊게 해주는 완벽한 현실 도피, 아무런 노력 없이도 즐길 수 있는 무한한 콘텐츠.

이것은 당신이 오늘 밤을 위해 할 수 있는 가장 합리적이고 가성비 높은 선택입니다. 미래의 불확실한 건강 때문에 오늘의 이 확실한 행복을 포기하시겠습니까?"

그의 제안은 너무나도 달콤하고 논리적이어서 거부하기가 거의 불가능하다. 그때, 저편에서 조용한 목소리가 들려온다. 두 번째 마케터, 당신의 성장 시스템이다. 그의 목소리는 작고, 그의 프레젠테이션은 초라하기 짝이 없다.

"고객님, 저에게는 퇴근 후 운동이라는 상품이 있습니다. 솔직히 말씀드리겠습니다. 이 상품의 가격은 매우 높습니다. 당신은 지금 당장 100%의 확률로 육체적 고통과 시간, 그리고 에너지라는 비용을 지불해야만 합니다. 이 고통이 당신에게 얼마나 아프게 느껴질지 저도 잘 알고 있습니다. 그리고 저희가 제공하는 혜택은 안타깝게도 불확실합니다. 언젠가 미래에 찾아올지도 모르는 건강과 자신감이라는, 지금 당장은 만질 수도 맛볼 수도 없는 추상적인 약속어음뿐입니다"

이 2개의 상반된 가치 제안 앞에서 당신은 어떤 마케터의 손을 들어주겠는가?

—— 비대칭적 결과를 꿰뚫어 보는 눈

이 불리한 게임을 이기는 힘은 의지력이라는 한정된 자원이 아니라, 결과의 구조를 꿰뚫어 보는 통찰력에서 나온다. 전략가는 모든 선택이 가진 결과의 비대칭적 구조를 이해하는 사람이다. 그는 단순한 덧셈, 뺄셈을 넘어 시간과 확률 그리고 복리라는 변수까지 고려하여 선택의 진짜 가치를 계산한다.

나쁜 선택이 가진 최악의 비대칭성: 제한된 이득과 무한한 손실

유튜브 시청이나 야식과 같은 1차 결과가 매력적인 선택들은 그 구조를 자세히 들여다보면 상방은 막혀 있고 하방은 뚫려 있는 최악의 투자 상품과 같다.

- 제한된 이득: 당신이 야식을 먹었을 때 얻는 쾌락의 크기는 한계가 명확하다. 그것이 당신에게 무한한 행복을 가져다주지는 않는다. 아무리 맛있는 치킨이라도 한 마리를 먹는다고 해서 한 조각을 먹었을 때보다 10배 더 행복해지지는 않는다. 쾌락은 어느 순간 정점을 찍고 오히려 고통으로 번하기 시작한다. 즉, 이 신택이 당신에게 줄 수 있는 긍정적인 결과의 최댓값은 매우 낮게 설정되어 있다.

- **무한한 손실**: 반면, 그 행동이 반복되었을 때 발생할 수 있는 손실의 크기는 잠재적으로 무한대에 가깝다. 하나의 쿠키는 사소하지만, 그 선택이 매일 반복될 때 그 결과는 단순한 합이 아니라 연쇄적인 파멸로 이어진다. 건강 악화, 자존감 하락, 기회 상실, 인간관계 파탄까지. 그 손실의 끝은 예측조차 할 수 없다. 결국, 당신은 기껏해야 100의 이득을 얻기 위해 잠재적으로 10,000의 손실 위험을 감수하는 지극히 비합리적인 거래를 하고 있는 것이다.

좋은 선택이 가진 최고의 비대칭성: 제한된 손실과 무한한 이득

반면, 운동이나 독서와 같은 2차 결과를 추구하는 선택들은 그 구조상 하방은 막혀 있고 상방은 무한히 열려 있는 최고의 투자 상품과 같다.

- **제한된 손실**: 운동의 고통은 그 1~2시간으로 끝나고 근육통은 며칠 안에 사라진다. 독서의 지루함은 그 순간뿐이다. 그 비용과 손실은 매우 명확하고 내일이면 사라질 제한적인 것이다. 설령 그 행동이 기대했던 만큼의 결과를 가져오지 않더라도 당신이 잃는 것은 약간의 시간과 노력뿐이다. 당신의 잠재적 손실은 완벽하게 통제된다.

- **무한한 이득**: 하지만 그 행동이 반복되었을 때 발생할 수 있는 이득의 크기는 잠재적으로 무한대에 가깝다. 운동으로 얻은 체력

은 더 높은 업무 집중력으로 이어지고, 이는 더 좋은 성과와 새로운 사업 기회로 연결될 수 있다. 책 한 권에서 얻은 지식은 다른 지식과 결합하여 세상에 없던 아이디어를 낳고 당신의 삶 전체를 바꿀 수 있다. 이 긍정적인 연쇄 반응, 즉 복리의 마법은 그 끝을 예측할 수 없다.

이것은 과일나무 씨앗을 심는 것과 같다. 당신이 씨앗을 심기 위해 들이는 노력과 시간(1차 비용)은 제한적이다. 최악의 경우 씨앗이 자라지 않아도 당신은 약간의 시간과 노력을 잃을 뿐이다(제한된 손실). 하지만 만약 그 씨앗이 성공적으로 자라나 거대한 나무가 된다면 당신은 평생에 걸쳐 그 나무가 제공하는 달콤한 열매와 시원한 그늘(2차 결과)을 무한히 누리게 될 것이다. 전략가는 바로 이 결과의 비대칭성을 이해하는 사람이다. 그는 더 이상, "이 행동이 즐거운가, 고통스러운가?"라는 1차원적인 질문을 던지지 않는다. 그는 이렇게 묻는다. "이 행동이 만들어 낼 미래의 잠재적 이득이, 지금의 이 고통을 감수할 만큼 우월한가? 이것은 내가 기꺼이 베팅할 만한, 우위를 가진 게임인가?" 이 질문을 통해 그는 생존 시스템의 근시안적인 계산법을 뛰어넘어 가장 현명한 장기 투자를 실행한다.

── 당신은 어떤 게임에 베팅하고 있는가?

결국, 한 사람의 인생은 그가 주로 어떤 종류의 게임에 자신의 시간과 에너지를 베팅하는지에 따라 결정된다. 당신은 높은 확률로 작은 것을 얻지만 낮은 확률로 모든 것을 잃는, 기댓값이 마이너스인 게임(1차 결과의 삶)에 계속해서 참여할 것인가? 아니면 높은 확률로 작은 것을 잃지만 낮은 확률로 모든 것을 얻는, 기댓값이 플러스인 게임(2차 결과의 삶)에 당신의 인생을 걸 것인가?

이 제2차 결과의 법칙을 이해하고 가치 투자자의 시선으로 매 순간의 선택을 내리는 것은 평범함과 비범함을 가르는 가장 중요한 분기점이자, 당신이 당신 삶의 진정한 주인이 되었음을 증명하는 가장 확실한 증표다. 이제 당신은 단순히 행동하는 것을 넘어 올바른 행동을, 올바른 순간에 선택할 수 있는 지혜까지 갖추게 되었다. 하지만 모든 성장이 영원히 지속될 수는 없다. 때로는 가장 올바른 전략조차도 시스템의 보이지 않는 한계에 부딪히게 된다. 다음 장에서는 당신의 브랜드가 다음 단계로 나아가지 못하게 만드는 '성장의 한계'에 대해 알아볼 것이다.

성장의 한계:
내가 다음 단계로 나아가지 못하는 이유

—— 보이지 않는 벽에 부딪히다

당신이라는 브랜드는 그 어느 때보다 빠르게 성장하고 있다. 하지만 모든 성장은 반드시 거대한 보이지 않는 벽에 부딪히게 된다. 과거에는 효과가 있었던 방법들이 더 이상 통하지 않기 시작한다. 당신이 이전과 똑같은, 아니 훨씬 더 많은 노력을 쏟아붓고 있음에도 불구하고 성장의 속도는 눈에 띄게 둔화되고, 마침내 모든 것이 정체되는 성장의 고원에 도달한다. 처음에는 '내가 요즘 나태해졌나?'라며 자신을 채찍질해 보지만, 노력의 강도를 높일수록 오히려 상황은 악화되고 깊은 무력감에 빠져든다. 이것은 시장에서 폭발적으로 성장하던 한 브랜드가 어느 날 갑자기 그 성장을 멈추고 시장 점유율이 정체되는 현상과 같다. 회사의 CEO는 당황한다. 그는 직원들에게 "우리를 성공으로 이끌었던 것들을 더 열심히, 더 많이 하라"고 외친다. 하지만 아무리 노력해도 브랜드는 다시 예전처럼 성장하지 못한다. 이 답답하고 무력한 정체의 순간, 대부분의 사람들은 문제의 원인을 자신의 노력 부족이나 재능의 한계에서 찾으려 한다. 하지만 진짜 원인은 다른 곳에 있다. 이것은 당신의 노력이 부족해서가 아니다. 오히려, 과거의 성공 그 자체가 이제 당신의 발목을 잡는 족쇄가 되었기 때문이다. 이것이 바로 모든 성장하는 시스템이 필연적으로 마주하게 되는 성장의 한계라는 시스템 법칙이다.

── 성공이 어떻게 실패를 낳는가?

성장의 한계는 어떻게 작동하는가? 이 시스템 법칙의 핵심은 성장을 이끌었던 강화 피드백 루프가 그 성장으로 인해 필연적으로 균형 피드백 루프를 깨우게 된다는 점이다. 즉, 당신의 성공이 그 성공을 억제하는 새로운 저항을 만들어 내는 것이다. 이 원리를 이해하기 위해 정원사와 작은 화분의 비유를 들어보자.

강화 루프(초기의 성장)

한 정원사가 작은 씨앗을 영양분이 풍부한 작은 화분에 심었다. 그는 매일같이 정성껏 물과 햇빛을 주었고 씨앗은 싹을 틔우고 무럭무럭 자라나 아름다운 식물이 되었다. 식물의 성장은 정원사에게 더 큰 보람을 주었고 그는 더 열심히 식물을 돌보았다. 이것이 바로 성공이 성공을 낳는 강화 피드백 루프다. 이 단계에서 그의 성공 공식은 더 많은 물과 햇빛이다.

균형 루프의 등장(성장의 한계)

하지만 식물이 계속해서 자라면서 문제가 발생하기 시작한다. 식물의 뿌리가 화분 안을 가득 채우게 된 것이다. 이제 더 이상 뿌리를 내릴 공간이 없다. 화분 속의 영양분도 모두 소진되었다. 바로 이 순간 식물의 성장을 이끌었던 화분이라는 환경이, 이제는 성장을 가로막는 한계 요인으로 돌변한다. 식물의 성장이 공간 부족과 영양분 고갈이라는 균형 피드백 루프를 활성화시킨 것이다.

잘못된 처방

초보 정원사는 식물이 더 이상 자라지 않는 것을 보고 문제의 원인이 식물 자체에 있다고 생각한다. 그는 과거의 성공 공식에만 집착하여 더 좋은 비료를 주고 더 많은 물을 준다. 하지만 그의 노력은 오히려 뿌리가 썩게 만드는 등 상황을 악화시킬 뿐이다. 그는 진짜 문제를 보지 못하고 있다.

전략적 처방

하지만 유능한 정원사는 문제의 본질을 안다. 그는 더 이상 낡은 시스템(작은 화분) 안에서 노력하지 않는다. 그는 식물을 더 크고 더 비옥한 새로운 화분으로 옮겨 심는 근본적인 시스템의 변화를 선택한다. 이 화분갈이는 일시적으로 식물에게 스트레스를 줄 수 있지만, 결국 식물이 이전의 한계를 뛰어넘어 다시 성장할 수 있는 유일한 방법이다.

성장을 가로막는 한계 요인들

당신의 성장이 정체되었다면 그것은 당신의 노력이 부족해서가 아니다. 그것은 당신이 당신도 모르는 사이에, 당신에게 너무나도 작아져 버린 과거의 화분 안에 갇혀 있기 때문이다. 당신의 성장을 가로막는 대표적인 작은 화분들은 다음과 같다.

'하나의 기술'이라는 화분

당신을 유능한 실무자로 만들어 주었던 꼼꼼함과 개인적인 실행 능력은 당신이 팀을 이끄는 리더가 되는 단계에서는 오히려 한계로 작용할 수 있다. 모든 것을 직접 챙기려는 당신의 강점이 팀원들에게 권한을 위임하고 그들의 성장을 이끌어 내야 하는 리더의 역할을 방해하는 것이다. 당신은 이제 실무라는 작은 화분을 깨고 위임과 코칭이라는 더 큰 화분으로 옮겨 가야 한다.

'하나의 환경'이라는 화분

당신의 첫 번째 성공을 만들어 준 회사, 도시, 혹은 당신의 오랜 친구 그룹은 당신에게 최고의 성장의 토양을 제공해 주었다. 하지만 당신이 그들보다 더 **빠르게** 성장했다면 이제 그 익숙한 환경은 당신을 품기에는 너무나 작은 화분이 되어버린다. 그들은 당신의 새로운 비전을 이해하지 못하고 오히려 당신을 과거의 안정적인 모습으로 되돌리려 할 것이다. 당신은 이제 그 안정적인 화분을 떠나 더 넓고 비옥한 토양을 찾아 나설 용기가 필요하다.

'하나의 정체성'이라는 화분

이것이 가장 알아차리기 어려운 한계다. 나는 안정적인 것을 추구하는 사람이라는 과거의 정체성은 당신이 새로운 도전을 통해 더 큰 성장을 이룰 수 있는 기회를 원천적으로 차단한다. 당신을 성공으로 이끌었던 과거의 정체성이 이제 당신을 가두는 가장 단단한 감옥이 된 것이다. 이 화분을 깨기 위해서는 '나는 초보 매니저다', '나는 새로운 분야의 학습자다'와 같이 일시적으로 자신의 정체성을 리셋하는 용기가 필요하다.

── 성장의 리듬: S-커브와 화분갈이의 기술

그렇다면 언제, 어떻게 이 작은 화분을 벗어나 새로운 화분으로 옮겨 심어야 하는가? 그 타이밍을 이해하기 위해 우리는 먼저 모든 성장이 따르는 고유한 리듬을 이해해야 한다. 세상의 모든 성장은 가파른 직선이 아니라 S-커브를 그린다. 이 S-커브는 당신이 새로운 기술을 배우거나, 새로운 브랜드를 론칭하거나, 새로운 관계를 맺는 모든 과정에 똑같이 적용된다. 이 성장의 리듬을 이해하는 것은 파도의 흐름을 읽는 서퍼처럼 언제 힘껏 팔을 저어야 할지, 언제 보드 위에 올라타야 할지, 그리고 언제 다음 파도를 준비해야 할지를 아는 것과 같다.

도입기: 힘겨운 노력과 미미한 성과

모든 S-커브는 거의 수평에 가까운 아주 완만한 바닥에서 시작한다. 이 단계에서는 당신이 엄청난 노력을 쏟아부어도 결과는 거의 눈에 보이지 않는다. 당신이 처음 헬스장에 가서 운동을 시작했을 때, 처음 새로운 언어의 단어를 외우기 시작했을 때와 같다. 이 시기는 3장에서 다룬 MVP와 A/B 테스트를 통해 가장 효율적인 시스템을 찾아가는 과정이다. 대부분의 사람들은 이 결과 없는 노력의 단계를 견디지 못하고 포기한다.

성장기: 폭발적인 가속과 짜릿한 경험

하지만 이 힘겨운 도입기를 지나 당신의 시스템이 마침내 임계점을 돌파하는 순간 성장은 폭발하기 시작한다. S-커브의 가장 가파른 구간이다. 이 단계에서는 모든 것이 쉬워 보인다. 당신의 노력은 즉각적인 결과로 나타나고 긍정적인 피드백과 바이럴 루프가 당신의 성장을 더욱 가속시킨다. 당신은 성장하고 있다는 짜릿한 감각과 함께 무한한 자신감을 느끼게 된다.

성숙기: 피할 수 없는 고원

하지만 어떤 성장도 영원히 지속될 수는 없다. 폭발적인 성장기 끝에 당신은 반드시 성숙기, 즉 성장의 고원에 도달하게 된다. 이 단계에서는 당신이 이전과 똑같은, 아니 훨씬 더 많은 노력을 쏟아부어도 결과는 더 이상 나아지지 않는다. 당신을 성장시켰던 그 작은 화분이, 이제 당신의 성장을 가로막는 한계로 작동하기 시작한 것이다.

초보 전략가는 이 성숙기에 도달했을 때 좌절하며 모든 것을 포기한다. 하지만 진정한 전략가는 첫 번째 S-커브의 성장이 둔화되기 시작하는 바로 그 시점에 의도적으로 자신을 완전히 새로운 도전, 즉 두 번째 S-커브로 던져 넣는다. 이것이 바로 화분갈이 기술이다. 현명한 정원사는 식물이 완전히 시들고 난 뒤에야 화분을 옮겨 심지 않는다.

그는 식물이 가장 건강하고 왕성하게 자라고 있을 때, 이 화분이 곧 작아지리라는 것을 예측하고 미리 더 크고 비옥한 토양으로 옮겨 심어 성장의 연속성을 유지한다.

성공한 기업은 자신들을 성공으로 이끌었던 현재의 주력 상품에만 안주하다가 시장의 새로운 변화(두 번째 S-커브)에 적응하지 못하고 몰락한다. 마찬가지로 우리 역시 현재의 성공과 안정감이라는 달콤함에 취해 다음 단계의 성장을 위한 새로운 도전을 회피하려는 유혹에 빠지기 쉽다. 이 화분갈이의 과정은 언제나 고통스럽다. 익숙하고 편안했던 과거의 방식과 결별하고, 낯설고 불확실한 새로운 세계로 나아가야 하기 때문이다. 식물이 새로운 화분에 적응하기 위해 일시적으로 몸살을 앓듯, 당신의 시스템 역시 일시적인 혼란과 성과 저하를 겪을 수 있다. 당신은 한때 전문가였던 영역을 떠나 다시 아무것도 모르는 초보자가 되는 심리적 고통을 감수해야 한다. 하지만 이 단기적인 고통은, 더 높은 차원의 성장을 위해 기꺼이 지불해야 할 비용으로 인식해야 한다. 성장이란 안락한 평지 위를 걷는 것이 아니다. 하나의 고원을 정복하고 다시 새로운 고원을 향해 나아가는 끝없는 계단 오르기와 같다.

── 고원은 졸업 증명서다

성장의 한계 법칙이 우리에게 주는 교훈은 명확하다. 어제의 성공 공식은 오늘의 문제를 해결할 수 없다. 성장의 고원에 도달했다는 것은 당신의 노력이 부족하다는 신호가 아니다. 당신의 시스템이 현재 레벨을 성공적으로 마스터했다는 가장 확실한 증거이고, 다음 단계로 나아갈 때가 되었다는 졸업 증명서다. 따라서 더 이상 고원을 두려워할 필요가 없다. 그것을 당신의 잠재력의 한계로 받아들이는 대신, 당신이 하나의 과정을 성공적으로 완수했음을 알리는 축하의 신호로, 그리고 새로운 도전을 시작할 때가 왔음을 알리는 출발 신호로 재해석해야 한다. 이제 당신을 가두고 있는 작은 화분은 무엇인가? 다음 장에서는 우리가 어떤 선택을 내릴 때 필연적으로 포기해야만 하는 것, 즉 '기회비용'의 법칙에 대해 알아볼 것이다.

기회비용: 모든 선택이 당신 브랜드 가치에 미치는 영향

―― 보이지 않는 가격표, 그리고 우리가 놓치고 있는 것들

우리는 매 순간 선택을 하며 살아간다. 그리고 대부분의 경우 그 선택의 기준은 눈에 보이는 명시적 비용에 근거한다. 이 커피는 5천 원, 이 책은 2만 원, 이 프로젝트에는 10시간의 시간이 소요된다. 우리는 이처럼 명확하게 숫자로 측정되는 비용을, 지불할 여력이 있는지를 따져보고 결정을 내린다. 하지만 진정한 전략가는 모든 선택의 뒷면에 붙어 있는 또 하나의 보이지 않는 가격표를 읽을 줄 안다. 이것이 바로 당신이라는 브랜드의 실제 가치를 결정하는 가장 중요하고도 무서운 기회비용의 법칙이다.

기회비용의 개념은 단순하다. 어떤 것을 선택함으로써 필연적으로

포기하게 되는 다른 모든 선택지들의 가치를 의미한다. 즉, 당신이 내리는 모든 Yes라는 결정은 그것을 선택하지 않았더라면 얻을 수 있었을, 다른 모든 무한한 가능성에 대한 보이지 않는 수천 개의 No를 의미하기 때문이다.

당신이 지금 1시간 동안 의미 없이 소셜미디어를 하고 있다면 그 행동의 비용은 단순히 1시간이 아니다. 그 진짜 비용은 그 1시간을 투자했더라면 얻을 수 있었을 책 한 챕터의 지혜, 운동을 통해 얻는 활력, 혹은 가족과의 깊이 있는 대화라는 당신이 포기해 버린 가치들이다. 우리는 매 순간 눈앞의 선택이 아니라 그 선택으로 인해 사라지는, 즉 다른 길을 선택했더라면 존재했을 또 다른 버전의 나를, 비용으로 지불하고 있는 것이다.

대부분의 사람들은 이 보이지 않는 가격표를 읽지 못한 채 살아간다. 그들은 눈앞의 작고 확실한 이득에만 집중하느라 그 선택으로 인해 자신이 무엇을 영원히 잃어버리고 있는지를 깨닫지 못한다. 저녁 늦게까지 의미 없는 술자리를 이어가는 사람은 그가 지불하는 비용이 단지 몇만 원의 술값과 다음 날 아침의 숙취뿐이라고 생각한다. 하지만 그의 진짜 비용은 상쾌한 컨디션으로 시작할 수 있었던 다음 날 아침의 생산성과 장기적으로 쌓아 올릴 수 있었던 건강이라는 훨씬 더 값비싼 자산이다. 유능한 전략가는 바로 이 기회비용을 가장 예민하게 감지하고 가장 현명하게 관리하는 사람이다. 그는 모든 선택 앞에서 이 보이지 않는 가격표를 먼저 확인하고 이렇게 묻는다. "내가 지금 이 선택을 함으로써 포기하게 되는 가장 가치 있는 것은 무엇인가? 이 거래는 정말로 나에게 이득인가?" 이 질문 하나가 당신 선택의 질을 완전히 다른 차원으로 끌어올린다.

── 당신이 언제나 지불하고 있는 2가지 핵심 자본

우리가 인생이라는 시장에서 사용하는 화폐는 돈뿐만이 아니다. 우리에게는 그보다 훨씬 더 귀하고, 결코 재생 불가능한 매일 아침 공평하게 주어지는 2가지 핵심 자본이 있다. 바로 시간과 집중력이다. 당신의 모든 선택은 이 2가지 자원을 어디에 투자할 것인지에 대한 의사결정이다. 그리고 당신이라는 브랜드의 가치는 이 투자 포트폴리오의 수익률에 의해 결정된다.

시간 자본의 기회비용: 당신은 소비자인가, 투자자인가?

당신에게는 매일 아침, 86,400초라는 공평한 시간 자본이 입금된다. 이 자본은 저축하거나 이월할 수 없다. 그날 쓰지 않으면 자정이 되는 순간 소멸한다. 당신이 이 자본을 어디에 사용하는지가 곧 당신이라는 브랜드의 정체성이 된다.

소비자는 이 시간 자본을 시간이 지남에 따라 가치가 사라지는 감가상각 자산에 사용한다. 의미 없는 소셜미디어 피드를 넘겨보는 시간, 남의 험담으로 채워진 대화, 자극적이지만 아무것도 남지 않는 영상 콘텐츠 시청. 이 활동들은 그 순간에는 약간의 즐거움을 줄지 모르지만, 하루가 지나면 그 가치는 0에 수렴한다. 그는 매일 주어지는 귀한 자본을 그 가치가 확실하게 떨어질 자산에 아낌없이 소비하고 있는 것이다. 10년 뒤 그의 시간 계좌에는 아무것도 남아 있지 않을 것이다.

반면, 투자자는 이 시간 자본을 시간이 지남에 따라 가치가 복리로 성장하는 우량 성장 자산에 투자한다. 새로운 기술을 배우는 시간, 건강한 몸을 만들기 위해 운동하는 시간, 중요한 사람과의 신뢰를 쌓는 시간. 이 활동들은 당장은 지루하거나 고통스러울 수 있다. 하지만 이 작은 시간 투자들은 10년 뒤에는 그 누구도 따라올 수 없는 압도적인 격차, 즉 전문성, 건강, 깊이 있는 인간관계라는 거대한 자산이 되어 돌아온다. 당신은 매일 아침 당신에게 주어진 24시간이라는 자본을 가지고 어떤 종류의 거래를 하고 있는가?

집중력 자본의 기회비용: 당신의 에너지는 어디로 집중되는가?

집중력은 시간보다 훨씬 너 희소하고 귀한 자원이다. 그것은 당신이 가진 가장 강력한 가치 창출 엔진이다. 당신에게 아무리 많은 시간이 주어져도 집중력이 없다면 그 시간은 아무런 가치도 창출하지 못한 채 흘러가 버린다. 당신의 집중력을 태양 빛을 한 점에 모아 불을 피우는 돋보기라고 생각해 보자. 우리에게 주어진 에너지(태양 빛)는 그 자체로 흩어져 있다. 하지만 집중력이라는 돋보기를 통해 이 에너지를 하나의 중요한 지점(레버리지 포인트)에 모을 때 비로소 우리는 창조라는 불꽃을 피울 수 있다. 하지만 현대 사회는 우리의 이 소중한 돋보기를 끊임없이 흔들어 대는 것들로 가득 차 있다. 스마트폰의 알림, 끝없이 도착하는 이메일, 여러 가지 일을 동시에 처리해야 한다는 압박감. 이 모든 것들은 우리의 집중력 자본을 잘게 쪼개어 작은 불꽃조차 피우지 못하는 그저 미지근한 열기로 흩어버린다. 당신이 그저 그런 수준의 프로젝트나 당신의 비전과 무관한 사교 모임에 "Yes"라고 말하는 순간 당신은 단순히 시간을 쓰는 것이 아니다. 당신은 당신의 가장 중요한 가치 창출 엔진을 수익률 낮은 곳에 할당하는 의사결정을 내린 것이다. 그 결정의 진짜 비용은 그 시간에 할 수 있었을, 당신 인생을 바꿀 단 하나의 아이디어 혹은 당신의 브랜드를 다음 단계로 이끌 결정적 프로젝트라는 어마어마한 기회비용이다. 전략가는 바로 이 집중력이라는 자본을 어디에 배분할 것인지를 신중하게 결정하는 사람이다. 그는 자신의 에너지를 가장 중요한 단 하나의 목표에만 집중시킨다.

── 기회비용을 최소화하는 전략가의 계산법

그렇다면 이 무자비한 기회비용의 법칙 앞에서, 우리는 어떻게 최선의 선택을 내릴 수 있을까? 유능한 전략가는 다음의 3가지 원칙, 즉 강력한 의사결정 필터를 통해 자신의 기회비용을 최소화하고 브랜드 가치를 극대화한다.

원칙 1: 북극성을 기준으로 모든 것을 측정

당신이 2장에서 수립한 미션과 비전은 단순히 당신의 꿈을 기록한 문서가 아니다. 그것은 당신이라는 브랜드의 모든 활동이 나아가야 할 방향을 알려주는 북극성이자, 당신 삶으로 들어오는 모든 기회들을 걸러내는 가장 강력한 필터다. 이것은 세계적인 미술관의 큐레이터가 되어 당신의 삶이라는 전시관을 채우는 것과 같다. 이 큐레이터의 목표는 그저 좋은 작품들을 많이 모으는 것이 아니다. 그는 20세기 미니멀리즘과 같은 미술관의 명확한 미션과 정체성에 완벽하게 부합하는 작품만을 까다롭게 선별한다. 아무리 대중적으로 인기가 많고 값비싼 르네상스 시대의 작품이라도 이 미술관의 미션과 맞지 않는다면 그는 망설임 없이 거절한다. 그의 임무는 하나의 일관된 철학 아래 최고의 작품들로 구성된 완벽한 컬렉션을 만드는 것이기 때문이다. 당신의 미션과 비전이라는 필터는 바로 이 큐레이터의 안목과 같다.

원칙 2: 미지근한 'Yes'는 가장 위험한 'No'다

작가 데릭 시버스는 의사결정에 대해 다음과 같은 명쾌한 기준을 제시했다. 새로운 기회에 대한 당신의 첫 반응이 '완전 좋아!'가 아니라면, 그 대답은 무조건 'No'여야 한다. 이것은 우리의 삶을 채우는 수많은 그저 그런 기회들을 걸러내는 매우 효과적인 전략이다. 명백히 나쁜 기회는 거절하기 쉽다. 하지만 우리의 시간과 에너지를 가장 교묘하게 훔쳐 가는 것은 바로 이 나쁘지 않은, 괜찮아 보이는 기회들이다. 당신의 정원을 그냥 그런 평범한 식물들로 가득 채워버리면 정작 당신이 심고 싶었던 희귀하고 아름다운 나무를 심을 공간이 사라져 버린다. 당신의 압도적인 Yes를 위해 나머지 모든 미지근한 Yes들을 기꺼이 포기해야 한다. 미지근한 Yes는 당신의 진짜 꿈에 대한 No와 같다.

원칙 3: 효율적인 선택 대신 비효율을 선택

우리는 종종 가장 효율적인 선택이 가장 좋은 선택이라고 착각한다. 하지만 장기적인 관점에서 보면 단기적인 비효율성이 훨씬 더 큰 기회를 가져오는 경우가 많다. 전략가는 현재의 효율성이 아니라 미래의 가능성에 투자하는 사람이기 때문이다.

예를 들어 팀장이 어떤 일을 직접 처리하는 것은, 팀원에게 가르쳐서 맡기는 것보다 단기적으로 훨씬 더 빠르고 효율적이다. 하지만 그가 단기적 효율성을 선택하는 순간, 팀원이 장기적으로 성장할 가능성은 사라지고, 자신의 시간을 더 중요한 곳에 쓸 기회를 상실하는 엄청난 기회비용을 지불하게 된다. 전략가는 지금 당장의 생산성보다 시스템 전체의 장기적인 역량을 키우는 데 투자한다. 때로는 책 한 권을 빠르게 읽어치우는 것보다 한 문장을 깊이 사색하는 비효율적인 시간이 더 큰 통찰을 가져다준다. 전략가는 이처럼 눈앞의 효율이라는 기회비용을 기꺼이 지불하고 장기적인 성장이라는 더 큰 가치를 선택할 줄 아는 사람이다.

하나의 'Yes'가 의미하는 수천 개의 'No'

전략적인 삶을 산다는 것은 무엇을 하는가보다 무엇을 하지 않을 것인가를 결정하는 것에 가깝다. 당신이 내리는 모든 Yes라는 결정은 그 선택지에 포함되지 않은 다른 모든 무한한 가능성에 대한 보이지 않는 수천 개의 No를 의미하기 때문이다. 전략가는 이 선택의 무게를 이해한다. 그는 자신의 Yes가 얼마나 비싼 자원인지 알기에 그것을 신중하고, 의미 있으며, 자신의 가장 높은 가치와 정렬된 곳에만 사용한다. 그는 잘못된 것에 Yes라고 말하는 비용이 얼마나 치명적인지 알기 때문이다. 기회비용에 대한 이해는 당신의 선택에 무게와 깊이를 더해준다. 이제 우리는 모든 선택에 보이지 않는 가격표가 붙어 있음을 알게 되었다. 하지만 여기서 한 걸음 더 나아가 우리는 이 선택이라는 작은 날갯짓이 어떻게 당신의 운명이라는 거대한 태풍을 만들어 내는지 이해해야 한다. 다음 장에서는 이 모든 법칙들을 아우르는 가장 거대하고 신비로운 법칙, '복리의 법칙'에 대해 알아볼 것이다.

복리의 법칙: 1%의 작은 차이가 어떻게 모든 것을 바꾸는가?

── 직선이라는 착각, 그리고 복리의 마법

4장의 마지막에 이르러 우리는 성장을 지배하는 가장 거대하고 신비로운 법칙과 마주하게 된다. 이것은 당신이 내리는 모든 사소한 선택이 어떻게 당신의 운명을 결정짓는지를 설명하는 가장 근본적인 시스템의 작동 원리다.

우리는 대부분 세상이 직선으로 움직인다고 착각한다. 우리의 뇌는 본능적으로 1의 노력을 하면 1의 결과가 나온다고 믿는 단리의 세계에 익숙하다. 이것은 우리가 자판기 앞에서 배우는 세상의 법칙이다. 1천 원짜리 지폐 하나를 넣으면 즉시 콜라 캔 하나가 나온다. 3천 원을 넣으면 캔 3개가 나온다. 투입과 산출이 즉각적이고 명확하며, 정직하게 비례한다. 우리는 이 자판기 모델을 우리 삶과 성장에 무의식적으로 적용한다. 3일 밤을 새워 공부했으면 즉시 시험 성적이 오르기를 기대한다. 일주일간 헬스장에서 땀 흘렸으면 거울 속 내 모습이 즉시 바뀌기를 기대한다. 하지만 현실은 어떤가? 결과는 거의 보이지 않는다. 우리의 생존 시스템은 "이 자판기는 고장 났어! 더 이상 지폐(노력)를 넣는 건 낭비야"라고 외치며 우리를 좌절과 포기의 길로 이끈다. 바로 이 지점에서 우리는 인생이라는 게임의 가장 중요한 비밀을 놓치고 있다. 진정한 성장의 세계는 단리의 법칙이 아니라 복리의 법칙에 의해 지배된다는 사실이다.

　복리의 마법을 이해하기 위해 유명한 체스판과 밀알 이야기를 떠올려 보자. 한 신하가 왕에게 상을 받게 되었을 때 그는 이렇게 요청한다. "체스판의 첫 번째 칸에는 밀알 한 톨을, 두 번째 칸에는 두 톨, 세 번째 칸에는 네 톨, 이런 식으로 각 칸마다 이전 칸의 2배만큼의 밀알을 채워주십시오" 왕은 그 소박한 요청을 비웃으며 흔쾌히 수락했다. 처음 몇 칸을 채울 때까지만 해도 그 양은 미미했다. 1, 2, 4, 8, 16. 하지만 체스판의 절반을 지날 무렵 그 양은 창고를 가득 채웠고, 마지막 64번째 칸에 이르러서는 전 세계의 밀을 모두 합친 것보다 더 많은 양이 되었다. 이것이 바로 초기에는 거의 눈에 보이지 않지만, 특정 임계점을 넘어서는 순간 폭발적으로 증가하는 복리의 힘이다.

　성장이라는 것의 본질이 바로 이와 같다. 당신이 오늘 하는 30분의 운동, 당신이 오늘 읽는 책의 10페이지는 체스판의 첫 번째 칸에 놓인 밀알 한 톨과 같다. 그것은 너무나 작고 초라해서 아무런 변화도 만들지 못하는 것처럼 보인다. 하지만 이 사소한 행동들이 매일같이 쌓여 복리의 마법을 만나면, 시간이 지날수록 당신과 어제의 당신 사이의 격차를 기하급수적으로 벌려놓는다. 전략가는 이 지루하고 보잘것없어 보이는 초반부를 견뎌낼 줄 아는 사람이다. 그는 눈앞의 자판기에서 즉각적인 콜라 캔이 나오지 않더라도 자신이 지금 심고 있는 밀알 하나가 언젠가 왕국의 모든 창고를 가득 채울 것임을 아는 장기적인 안목을 가진 투자자다.

── 2개의 포트폴리오: 매일 1%의 선택이 만드는 격차

이 복리의 힘이 어떻게 우리의 운명을 바꾸는지 모든 조건이 동일한 두 사람 A와 B의 10년 뒤를 상상해 보자. 그들은 매일 자신의 시간과 에너지라는 자본을 어디에 투자할지 선택해야 한다.

A의 포트폴리오(단리, 혹은 마이너스 복리)

그는 매일 1%씩 더 편안하고 더 즐거운 길을 선택한다. 퇴근 후에는 소파에 누워 유튜브를 보고 주말에는 늦잠을 자며 에너지를 소비한다. 그의 하루는 즐겁지만, 그의 성장 그래프는 평평하거나 오히려 매일 1%씩 가치가 하락하는 마이너스 복리의 저주에 갇힌다.

B의 포트폴리오(플러스 복리)

그는 매일 1%씩 더 어렵고, 더 불편하지만, 장기적으로 가치 있는 길을 선택한다. 퇴근 후 30분간 책을 읽고, 주말 아침 일찍 일어나 운동을 하며 에너지를 투자한다. 그의 하루는 고단하지만, 그의 성장 그래프는 매일 1%씩 복리로 성장한다.

처음 몇 달간 두 사람의 삶에는 아무런 차이가 없어 보인다. 오히려 A의 삶이 더 즐겁고 행복해 보이기까지 한다. 하지만 시간이 지날수록 복리의 마법이 작동하기 시작한다.

- 2년 뒤: B의 꾸준한 학습은 그에게 새로운 기회를 가져다주어 작은 승진을 하게 만든다. 그의 꾸준한 운동은 그에게 더 높은 에너지 레벨과 자신감을 선물한다. A는 여전히 비슷한 자리에서 비슷한 고민을 하고 있다. 둘 사이의 격차는 이제 눈에 보이기 시작한다.

- 10년 뒤: 격차는 이제 하나의 계급이 되었다. B는 자신의 분야에서 대체 불가능한 전문가가 되어 경제적, 시간적 자유를 누린다. 그의 지식과 건강, 그리고 신뢰라는 자산은 지난 10년간 복리로 불어나 이제 누구도 따라잡을 수 없는 수준이 되었다. 반면, A는 10년 전과 똑같은 자리에서 세상을 탓하고 자신의 신세를 한탄하고 있다. 그는 B의 성공이 운이라고 생각하지만, 이것은 운이 아니라 10년 전부터 매일같이 쌓아 올린 1%의 복리가 만들어 낸 당

연한 결과다.

무엇이 복리를 만드는가? 소비 습관 vs. 성장 습관

어떤 행동이 우리를 제자리에 머물게 하고 어떤 행동이 우리를 기하급수적인 성장으로 이끄는가? 이 질문에 답하기 위해 우리는 우리의 모든 습관을 2가지 종류의 자산에 대한 투자 행위로 구분해야 한다. 바로, 그 가치가 시간이 지남에 따라 사라지는 소비성 자산과 시간이 지날수록 그 가치가 스스로 증식하는 성장성 자산이다.

소비 습관의 경제학: 슈거 하이 포트폴리오

소비 습관은 우리에게 즉각적인 즐거움을 주지만 장기적으로는 아무런 가치를 남기지 않는 활동들을 의미한다. 이것은 당신의 시간과 에너지를 감가상각 자산에 쏟아붓는 것과 같다. 화려한 스포츠카는 구매하는 순간에는 엄청난 만족감을 주지만 그 가치는 매일같이 떨어지기 시작하여 결국에는 0에 수렴한다. 유튜브 시청, SNS 피드 넘기기, 게임, 자극적인 음식 섭취 등이 바로 이런 소비 습관에 해당한다. 이들은 당신의 뇌에 즉각적인 도파민을 분비시켜 마치 설탕을 섭취했을 때처럼 짜릿한 쾌감, 즉 슈거 하이를 제공한다. 하지만 이 효과는 매우 짧게 지속되며, 그 뒤에는 필연적으로 더 큰 피로감과 공허함이 찾아온다.

습관들의 가장 큰 비극은 그것들이 단리로 작동하지 않는다는 점이다. 오히려 그것들은 당신의 자산을 갉아먹는 마이너스 복리의 저주를 건다. 어젯밤의 유튜브 시청은 오늘의 피로를 낳고, 그 피로는 다시 오늘 밤의 유튜브 시청으로 이어질 확률을 높인다. 어제의 야식은 오늘의 자기혐오를 낳고, 그 자기혐오는 다시 오늘 밤의 폭식으로 이어질 수 있다. 소비 습관은 현재의 즐거움을 위해 미래의 에너지를 담보로 잡는 가장 금리가 높은 사채와 같다.

성장 습관의 경제학: 복리형 자산 포트폴리오

반면, 성장 습관은 당장은 지루하거나 고통스럽지만, 장기적으로는 그 가치가 기하급수적으로 증가하는 활동들을 의미한다. 이것은 당신의 시간과 에너지를 가치 상승 자산에 투자하는 행위다. 이 자산들의 공통적인 특징은 그 결과물 자체가 다음 성장을 위한 새로운 자산이 되어 복리 효과를 만들어 낸다는 점이다.

- 지식: 독서나 학습을 통해 얻은 지식은 그 자체로 끝나지 않는다. 그 지식은 당신의 뇌 속에 있는 다른 지식들과 연결되어 이진에는 존재하지 않았던 새로운 통찰과 아이디어(이자)를 낳는다. 지식이 많아질수록 새로운 지식을 배우고 연결하는 속도는 더 빨라진다. 이것이 바로 지식의 복리 효과다.

- 기술: 운동이나 악기 연주와 같은 기술은 반복할수록 당신의 신경계에 근육 기억이라는 강력한 자산을 구축한다. 이 자산은 다음번 수행을 더 쉽고 더 효율적으로 만들어 준다. 1의 노력으로 1.1의 결과를 낳고, 그 1.1의 결과가 다음번에는 1.21의 결과를 낳는 명백한 복리 성장 곡선을 그린다.

- 신뢰: 약속을 지키고 진솔한 태도를 보이는 행동은 당신의 평판이라는 사회적 자산을 쌓는다. 이 신뢰 자산은 당신이 새로운 관계를 맺거나 다른 사람의 도움을 얻는 것을 훨씬 더 쉽게 만들어 준다. 신뢰가 신뢰를 낳는 강력한 선순환이 시작된다.

- 건강: 운동과 건강한 식단은 당신의 신체 자본에 투자하는 것이다. 이 투자는 단순히 질병을 예방하는 것을 넘어 당신의 모든 활동에 필요한 기본 에너지 레벨을 높여준다. 높아진 에너지는 더 높은 집중력과 생산성으로 이어지고, 이는 다시 더 큰 성공과 성취감이라는 이자를 낳는다.

전략가는 바로 이 복리의 힘을 이해하는 사람이다. 그는 기꺼이 소비 습관이 주는 즉각적인 쾌락을 포기하고 성장 습관이라는 우량 자산에 자신의 가장 귀한 자원인 시간과 집중력을 꾸준히 투자한다.

── 시간은 당신의 편인가, 적인가?

이것으로 4장의 모든 여정이 끝났다. 우리는 4장을 통해 당신이라는 브랜드의 성장을 지배하는 보이지 않는 법칙들을 탐구했다. 하나의 행동이 어떻게 평판이 되고(점, 선, 면), 그 평판이 어떻게 기회를 낳으며(바이럴 루프), 그 성장을 가로막는 저항(균형 루프)과 그 저항을 뚫고 나아가는 선택의 원리(제2차 결과, 기회비용), 그리고 마침내 그 모든 것을 지배하는 복리의 법칙까지 배웠다.

결국 시간은 복리의 원리를 이해하고 성장 습관에 꾸준히 투자하는 자에게는 강력한 아군이 되고, 그렇지 않은 자에게는 가장 무서운 적이 된다. 당신이 오늘 선택하는 사소한 0.1%가 시간이라는 증폭기를 통해 10년 뒤 당신의 모든 것을 결정한다.

당신은 이제 당신 삶의 표면 아래에서 작동하는 이 거대한 시스템의 법칙들을 이해하게 되었다. 당신은 더 이상 이유도 모른 채 세상의 파도에 휩쓸리는 표류자가 아니다. 당신은 그 파도의 원리를 이해하고 그것을 항해에 이용할 줄 아는 노련한 항해사다. 이제 이 모든 지혜를 갖춘 당신이라는 브랜드가, 어떻게 시간의 흐름 속에서도 흔들리지 않는 지속 가능한 존재가 될 수 있는지 그 마지막 여정을 시작할 시간이다. 5장에서는 당신이라는 브랜드를 시장의 리더이자 누구도 대체할 수 없는 존재로 만드는 최종 전략들을 탐구할 것이다.

결국,
나는 브랜드가 된다

당신은 이제 당신이라는 브랜드의 최고 브랜드 책임자다. 당신의 브랜드는 시장에서 긍정적인 평판을 얻기 시작했고, 당신의 시스템은 안정적으로 작동하고 있다. 이제부터는 이 성공을 어떻게 지속 가능한 시장 지배력으로 바꿀 것인지에 대한 훨씬 더 고차원적인 질문에 답해야 한다. 성공적인 브랜드를 만드는 것과 시간의 흐름 속에서도 흔들리지 않는 지속 가능한 브랜드를 만드는 것은 전혀 다른 차원의 문제다. 반짝 나타났다 사라지는 수많은 브랜드처럼, 많은 사람들이 일시적인 성공에 도취하여 자신이 이룬 것을 지키고, 키우고, 다음 단계로 발전시키는 데에는 실패한다. 성공한 창업가가 마주하는 다음 질문은 이것이다. "어떻게 하면 이 성공을, 수백 년을 이어갈 수 있는 영원한 제국으로 만들 수 있는가?" 이것이 바로 우리가 5

장에서 탐구해야 할 마지막 주제다. 이것은 성장의 기술이 아니라 지속과 진화의 기술이다. 4장까지 당신의 역할이 시장을 분석하고, 제품을 만들고, 성장의 법칙을 활용했다면, 5장에서 당신의 역할은 이 모든 것을 바탕으로 누구도 넘볼 수 없는 당신만의 제국을 건설하는 것이다. 이 마지막 장에서 우리는 다음의 5가지 핵심 전략을 통해 당신이라는 브랜드를, 평범한 성공을 넘어 살아 있는 전설의 반열에 올려놓을 것이다.

우리는 외부 칭찬이나 비판에 흔들리지 않고, 스스로의 힘으로 계속해서 진화하는 '자기조직화' 시스템을 구축할 것이다.

우리는 예측 불가능한 실패와 비판의 위기를, 오히려 더 강력한 지지층을 만드는 기회로 전환하는 '브랜드 위기관리' 기술을 배울 것이다.

우리는 당신의 모든 과거, 심지어 실패의 경험마저도 당신 브랜드를 더욱 빛나게 만드는 '스토리텔링' 방법을 익힐 것이다.

우리는 누구도 당신을 대체할 수 없게 만드는 압도적인 브랜드 해자를 구축하여 시장의 독점적인 지위를 확보할 것이다.

그리고 우리는 당신의 선한 영향력이 어떻게 세상을 바꾸는 브랜드 앰배서더가 될 수 있는지 탐구할 것이다.

이제, 당신이라는 브랜드의 화려한 성공을 영원한 전설로 만들 마지막 여정을 시작한다.

자기조직화: 외부 칭찬과 비판 없이 스스로 성장하는 브랜드

박수갈채에 중독된 브랜드의 비극

당신의 시스템은 안정적으로 작동하고, 당신의 평판은 새로운 기회를 만들어 내고 있다. 하지만 바로 이 성공이라는 지점에서, 대부분의 브랜드는 가장 위험한 중독에 빠지기 시작한다. 그것은 바로 외부의 인정이라는 달콤한 마약이다.

무대 위의 한 배우가 있다. 그는 관객의 박수갈채를 받을 때 살아 있음을 느낀다. 칭찬은 그에게 더 없는 활력을, 비판은 그에게 뼈아픈 좌절을 안겨준다. 그의 모든 감정과 동기 그리고 자기 가치에 대한 평가는 전적으로 그날그날의 관객 반응에 달려 있다. 그는 자신의 연기를 통제한다고 믿지만, 사실 그의 영혼을 통제하는 것은 무대 아래의 이름 없는 군중이다. 우리 대부분은 이 배우와 같은 삶을 살아간다. 이것은 우리의 의지가 약해서가 아니다. 오히려 사회적 인정을 갈망하는 것은, 우리의 뇌 깊숙한 곳에 각인된 가장 강력한 생존 본능 중 하나다. 우리의 조상들에게 무리로부터의 배제는 곧 죽음을 의미했다. 따라서 우리의 뇌는 타인의 표정과 목소리에 예민하게 반응하고 그들의 인정을 얻어내기 위해 자신의 행동을 수정하도록 진화했다. 문제는 현대 사회가 이 원시적인 본능을 착취하여 우리를 인정 중독자로 만들고 있다는 점이다. 우리는 상사의 칭찬, 동료의 인정, 그리고 소셜미디어의 좋아요라는 값싸고 즉각적인 박수갈채에 길들여졌다. 이것은 영양가는 없지만 달콤하고 자극적이다. 그 순간에는 만족감을 주지만 결국에는 우리의 정신을 병들게 하고 장기적인 성장을 가로막는다. 이렇게 외부 인정에 중독된 브랜드는 3가지 비극적인 특성을 보이게 된다.

첫째, 그 브랜드는 정체성을 잃고 유행 추종자가 된다. 자신의 내면에서 무엇이 옳은가를 묻는 대신, 끊임없이 외부를 살피며 무엇이 인기가 많은가를 묻는다. 그들은 시장의 트렌드에 따라 자신의 색깔을 계속해서 바꾸고 결국에는 누구도 아닌 그저 그런 평범한 존재가 되어버린다.

둘째, 그 브랜드는 깨지기 쉬운 자존감을 갖게 된다. 외부 평가라는 모래 위에 지어진 집은 작은 비판의 파도에도 쉽게 무너져 내린다. 그들에게 자기 가치는 안정적인 자산이 아니다. 매일같이 급등락을 반복하는 불안정한 주식과 같다. 이 롤러코스터 위에서의 삶은 극심한 감정적 소모를 유발한다.

마지막으로 그 브랜드는 절대 혁신할 수 없다. 진정한 혁신은 언제나 세상의 비판 속에서 시작된다. 하지만 외부 인정에 중독된 브랜드는 즉각적인 박수갈채를 받지 못할 것이라는 두려움 때문에, 새로운 길을 떠날 용기를 내지 못한다. 이것이 당신이라는 브랜드를 지탱하는 기반이 당신 내면이 아닌, 예측 불가능하고 변덕스러운 외부 세계에 놓여 있을 때 마주하게 되는 비극이다.

── 자기조직화 시스템의 원리: 내 안의 성장 엔진을 깨워라

그렇다면 시간의 흐름 속에서도 흔들리지 않는 지속 가능한 브랜드는 무엇이 다른가? 그들은 이 외부 인정이라는 마약에서 벗어나, 자신의 성장을 이끄는 동력을 외부가 아닌 내부에서 찾는다. 즉, 그들은 자기조직화라는 강력한 시스템을 구축한 브랜드다. 자기조직화란 외부의 직접적인 지시나 통제 없이도, 시스템 스스로가 내부의 단순한 원칙에 따라 자신을 유지하고 발전시키며 환경에 적응해 나가는 특성을 의미한다. 이것은 당신이라는 브랜드를 바라보는 관점을 근본적으로 바꾸는 혁신적인 개념이다.

기계로서의 나

이 관점에서 당신은 정교하지만 생명력 없는 기계다. 이 기계는 외부의 운전자(당신의 의식적인 의지)가 키를 꽂고, 칭찬이나 위기감이라는 연료를 주입하며, 목표라는 액셀을 밟아주어야만 움직인다. 운전자는 매일 아침 지쳐있는 기계를 억지로 깨워 시동을 걸어야 한다. 연료가 떨어지면 기계는 즉시 멈춰버린다. 이 기계는 스스로 생각하거나, 스스로를 수리하거나, 스스로 새로운 길을 찾아낼 수 없다. 모든 것을 운전자 통제에 의존한다. 이것이 바로 외부 동력에 의존하는 삶의 본질이다.

유기체로서의 나

하지만 자기조직화의 관점은 당신을 하나의 살아있는 유기체로 바라본다. 숲속의 나무 한 그루를 생각해 보자. 나무는 외부의 명령 없이도 자신의 DNA(미션과 핵심 가치)에 새겨진 정보에 따라 스스로 땅속 깊이 뿌리를 내리고(기초를 다지고), 태양을 향해 가지를 뻗으며(성장을 추구하고), 상처 입은 곳을 스스로 치유한다(실패를 극복한다). 그 안에는 스스로를 살아가게 만드는 내재적인 생명력이 존재한다. 개미 군집을 보자. 그들에게는 명령을 내리는 왕이 없다. 각각의 개미는 그저 단순한 내부 원칙(페로몬을 따라라)에 따라 움직일 뿐이다. 하지만 수많은 개미들의 그 단순한 상호작용이 모여, 거대한 개미 왕국이라는 복잡한 시스템을 만들어 낸다.

지금까지 당신은 당신이라는 브랜드를 움직이기 위해 매일같이 의지력이라는 키를 꽂고, 칭찬이라는 연료를 주입해야 하는 운전자였다. 당신은 당신의 모든 성과가 전적으로 당신의 통제와 노력 덕분이라고 믿어왔다. 하지만 이 5장의 목표는 당신을 그 고된 운전석에서 해방시키는 것이다. 당신의 역할을 기계를 움직이는 운전자가 아니라, 생명체가 스스로 자랄 수 있는 비옥한 토양을 만들어 주는 정원사로 바꾸는 것이다. 당신이 할 일은 가장 본질적인 DNA(미션과 가치)를 심고, 그것이 잘 자랄 수 있도록 시스템(좋은 습관과 환경)을 설계하는 것이다. 그렇게만 한다면 당신이라는 브랜드는 직접적인 통제 없이도 스스로 에너지를 만들고 성장하는 살아있는 유기체가 된다. 이것이 바로 자기조직화의 본질이자 우리가 도달해야 할 궁극적인 목표다.

── 내면의 엔진을 구축하는 2개의 기둥: DNA와 면역체계

당신이라는 유기체가 스스로 성장하게 만드는 정원사가 되기 위해서는 무엇을 해야 할까? 정원사의 역할은 2가지로 요약된다. 첫째는, 이 유기체가 따라야 할 가장 근본적인 생명의 원칙, 즉 DNA를 명확히 하는 것이고, 둘째는, 외부의 바이러스(비판과 유혹)에 감염되지 않고, 스스로를 치유할 수 있는 강력한 면역체계를 구축하는 것이다. 이것이 바로 자기조직화 시스템을 떠받치는 2개의 단단한 심리적 기둥이다.

첫째, 내면의 점수표를 DNA로 삼기

모든 살아 있는 유기체는 외부의 명령이 아니라 자신의 DNA에 새겨진 정보에 따라 행동한다. 해바라기는 누가 시키지 않아도 태양을 향해 고개를 돌리고, 연어는 자신의 유전자에 각인된 지도에 따라 태어난 강으로 회귀한다. 그들에게는 세상의 평가가 아닌, 자신의 본질이 새겨진 절대적인 내부 지침이 있기 때문이다. 당신이라는 브랜드의 DNA가 바로 2장에서 공들여 만든 미션과 비전 그리고 핵심 가치다. 그리고 내면의 점수표는 매일의 선택 속에서, 이 DNA의 지침을 따르고 있는지를 스스로 평가하는 행위다.

- 외부의 점수표는 당신에게 이렇게 묻는다: "사람들이 당신을 어떻게 생각하는가? 당신의 연봉은 얼마인가? 당신의 직함은 무엇인가?"

- 내면의 점수표는 당신에게 이렇게 묻는다: "오늘 나의 행동은, 나의 미션에 부합했는가? 나는 나의 핵심 가치를 지켰는가? 니는 어제의 나보다, 내가 되고자 하는 나의 비전에 조금이라도 더 가까워졌는가?"

워런 버핏은 종종 이런 질문을 던진다고 한다. "당신은, 세상 사람들이 모두 형편없는 투자자라고 생각하지만 실제로는 연 15%의 엄청난 수익률을 내는 투자자가 되고 싶은가, 아니면 세상 사람들이 모두 최고의 투자자라고 칭송하지만 실제로는 시장 평균 수익률밖에 내지 못하는 투자자가 되고 싶은가?" 이 질문에 대한 답이 당신이 누구의 점수표를 보고 사는지를 결정한다. 내면의 점수표를 가진 사람은 세상이 자신을 형편없는 투자자라고 비판해도 흔들리지 않는다. 그는 자신만의 기준, 즉 실제 수익률이라는 객관적인 데이터로 스스로를 평가하고 묵묵히 자신의 길을 갈 뿐이다. 이처럼 성공과 실패를 당신 스스로의 기준으로 정의할 때, 당신은 비로소 외부의 소음으로부터 자유로운, 진정한 주권을 가진 존재가 될 수 있다.

둘째, 외부의 피드백을 기다리지 않는 능동적인 면역체계 구축

건강한 유기체는 질병에 걸린 뒤에야 약을 찾지 않는다. 그 안에는 외부의 바이러스가 침투했을 때 스스로 감지하고 분석하며, 다음 공격에 대비하여 항체를 만들어 내는 강력한 면역체계가 내재되어 있다. 능동적인 학습 루프란 바로 이 면역체계와 같다.

- 수동적인 브랜드(면역체계가 약한 사람): 그는 고객의 불만이 터져 나온 뒤에야 부랴부랴 제품을 개선한다. 상사의 질책이라는 외부의 공격을 받은 뒤에야 자신의 업무 방식을 돌아본다. 그는 언제나

문제에 반응하며, 뒷수습을 하느라 에너지를 소모한다.

- **자기조직화하는 브랜드(면역체계가 강한 사람)**: 그는 시장이 완벽하게 만족하고 있을 때조차도 스스로의 기준으로 더 나은 제품을 만들기 위해 끊임없이 학습하고 실험한다. 현재 최고의 성과를 내고 있음에도 어떻게 하면 이 시스템을 더 개선할 수 있을까?라고 스스로 질문하며, 새로운 지식을 찾아보고, 상사에게 피드백을 구한다. 그는 문제의 발생을 예측하고 시스템을 미리 강화함으로써 위기를 예방한다.

3장에서 배운 A/B 테스트나 우리가 앞으로 다룰 실패 경험의 재설계 같은 기술들은, 바로 이 능동적인 면역체계를 구축하기 위한 훌륭한 훈련 도구들이다. 자기조직화하는 브랜드는 외부의 강요가 아니라 완벽함을 향한 내재적인 열망을 동력으로 삼아 스스로를 개선해 나간다.

자기조직화 시스템을 갖춘 브랜드는 외부 평가에 무관심하거나 오만한 브랜드가 아니다. 그는 시장의 목소리에 누구보다 열심히 귀를 기울인다. 하지만 모든 외부 피드백을 자신의 내면의 점수표라는 절대적인 기준 위에서 평가히고, 자신에게 필요한 정보만을 주도적으로 취사선택한다. 이 단계에 이른 브랜드는 더 이상 외부의 박수갈채에 목매지 않는다. 그는 자신의 연주가 끝난 뒤 관객의 반응을 살피기보다, 스스로 자신의 연주가 내면의 기준을 만족시켰는지를 먼저 복기한다. 그리고 그 과정에서 단단한 자신감을 얻게 된다. 이 자신감이야말로 당신이라는 브랜드를 그 어떤 외부의 위기 속에서도 흔들리지 않게 만드는 가장 견고한 기반이다. 하지만 때로는 이 견고한 기반마저 뒤흔드는 예측 불가능한 위기가 찾아오기도 한다. 다음 장에서는 '실패 경험의 재설계'를 통해 스스로 성장하는 브랜드가 어떻게 외부의 갑작스러운 위기와 실패를 관리하고, 그것을 오히려 성장의 기회로 전환하는지에 대해 알아볼 것이다.

브랜드 위기관리:
실패와 비판을 팬덤으로 전환

── 위기 속에서 진짜 브랜드가 태어난다

앞서 우리는 외부의 평가에 흔들리지 않고 스스로 성장하는 자기조직화 시스템을 구축했다. 이제 당신이라는 브랜드는 그 어떤 존재보다 단단하고 안정적인 것처럼 보인다. 하지만 여기서 우리는 지속 가능한 브랜드를 꿈꾸는 모든 이들이 반드시 통과해야만 하는 마지막 관문을 마주하게 된다. 그것은 바로 피할 수 없는 위기라는 이름의 거대한 파도다.

평온한 날, 항구에 정박해 있는 배는 모두 훌륭하고 튼튼해 보인다. 하지만 그 배의 진정한 가치는 거친 폭풍우를 만났을 때 비로소 드러난다. 폭풍우 속에서 어떤 배는 속절없이 부서져 버리고, 어떤 배는 굳건히 파도를 헤쳐 나가며, 또 어떤 배는 그 역경을 통해 오히려 전설이 된다. 브랜드의 운명도 이와 같다. 모든 것이 순조로울 때, 즉 평화의 시기에 모든 브랜드는 자신이 위대하다고 말한다. 홈페이지에는 고객 감동, 정직, 혁신과 같은 화려한 단어들이 새겨져 있다. 하지만 이것은 증명되지 않은 공허한 약속에 불과하다. 브랜드의 진짜 실력과 철학은 모든 것이 무너져 내리는 위기의 순간에 가장 투명하게 드러난다. 위기는 브랜드가 가진 모든 마케팅적 수사와 화려한 포장을 불태워버리고, 그 안에 숨겨져 있던 날것 그대로의 민낯을 세상에 공개하는 용광로다. 이 뜨거운 불길 속에서 어떤 브랜드는 한 줌의 재로 사라지고, 어떤 브랜드는 더욱 단단하고 순수한 강철로 재탄생한다. 당신의 삶에서 마주하는 실패와 비판 역시 당신이라는 브랜드의 가치를 증명할 수 있는 진실의 순간이다. 당신은 이 위기 앞에서 어떻게 대응할 것인가? 단기적인 손실을 피하기 위해 변명하고, 책임을 회피하며, 당신의 브랜드를 스스로 파괴할 것인가? 아니면 단기적인 고통을 감수하더라도 당신의 핵심 가치와 철학을 지켜, 당신 브랜드를 한 단계 더 위대한 존재로 만들 것인가? 이제부터 우리는 역사상 가장 극적인 위기를 가장 위대한 스토리로 전환시킨 2개의 전설적인 사례를 통해, 어떻게 실패가 당신의 가장 강력한 무기가 될 수 있는지 구체적인 전략을 해부해 볼 것이다.

── 사례 연구 1. 존슨앤드존슨의 타이레놀, 위기 대응의 교과서

1982년 가을 미국 시카고, 한 12세 소녀가 타이레놀 캡슐을 먹고 갑자기 사망하는 사건이 발생한다. 몇 시간 뒤, 같은 지역에서 건강하던 성인 남녀가 연달아 같은 증상으로 쓰러진다. 지역 보건 당국은 공포에 휩싸인다. 조사 결과 그들이 공통적으로 복용한 것은 바로 당시 미국에서 가장 신뢰받던 진통제, 존슨앤드존슨의 타이레놀이었다. 그리고 그 캡슐 안에서는 치명적인 독극물인 청산가리가 발견된다.

이것은 한 기업이 마주할 수 있는 최악의 위기였다. 안전과 신뢰를 핵심 가치로 내세우던 브랜드의 제품이, 이제 미국 전역의 가정에 숨어 있는 잠재적 살인 무기가 되어버린 것이다. 언론은 이 사건을 대서특필했고 전 국민적인 공포가 확산되었다. 존슨앤드존슨의 주가는 폭락했고 전문가들은 타이레놀이라는 브랜드는 이제 끝났다고 예측했다. 이 절체절명의 위기 앞에서 존슨앤드존슨의 경영진은 어떤 선택을 했을까? 이것은 외부의 누군가가 저지른 끔찍한 범죄였기에 회사의 직접적인 법적 책임은 없었다. 수많은 재무 전문가와 변호사들은 회사의 피해를 최소화하는 방향을 조언했다. "문제가 발생한 시카고 시역의 제품만 회수하십시오. 전국적인 리콜은 천문학적인 손실을 야기할 뿐만 아니라, 우리가 잘못했다는 것을 인정하는 꼴이 됩니다. 이것은 이성적인 비즈니스 결정이 아닙니다" 이것은 1차 결과, 즉 눈앞의 재무적 손실을 피하려는 지극히 합리적인 선택처럼 보였다. 하지만 당시의 CEO였던 제임스 버크는 다른 것을 보았다. 그는 손익계산서가 아닌 액자에 걸린 한 장의 문서를 보았다. 바로 존슨앤드존슨의 창업 초기부터 내려오던 그들의 브랜드 철학이 담긴 우리의 신조였다. 제임스 버크에게 이 위기는 더 이상 복잡한 비즈니스 문제가 아니었다. 그것은 우리는 누구인가?라는 브랜드의 가장 근본적인 정체성에 답해야 하는 단 하나의 질문이었다. 그는 회사의 재무적 논리보다, 이 브랜드 DNA에 새겨진 핵심 철학을 따르기로 결정한다. 그는 즉시, 미국 전역에 있는 3,100만 병의 타이레놀, 당시 가치로 1억 달러가 넘는 양을 전량 회수하여 폐기하라는 역사에 남을 결정을 내린다. 그리고 회사의 모든 자원을 동원하여 TV 광고와 언론을 통해 이 사실을 투명하게 알리고 소비자들에게 타이레놀 복용을 즉각 중단하라고 호소했다. 이 결정은 단기적으로는 회사에 엄청난 손실을 안겨주었지만, 장기적으로는 그 무엇과도 바꿀 수 없는 강력한 신뢰 자산을 구축했다. 소비자들은 자신들의 이익보다 고객의 안전을 먼저 생각하는 존슨앤드존슨의 진정성에 감동했다. 그들은 최악의 위기에서, 브랜드가 자신의 철학을 목숨처럼 지킨다는 것을 증명하고, 스토리로 전환시킨 것이다.

—— 사례 연구 2. 코카콜라의 뉴코크, 실패를 인정하는 용기

타이레놀의 사례가 브랜드가 외부의 공격으로 인한 위기를 어떻게 기회로 바꾸는지를 보여준다면, 브랜드가 전략적 판단 착오라는 내부의 실패를, 어떻게 열광적인 팬덤으로 전환시켰는지에 대한 사례도 있다. 바로 코카콜라의 뉴코크 이야기다.

1980년대 콜라 전쟁이 한창이던 시절, 100년 가까이 시장의 왕좌를 지켜온 코카콜라는 젊고 역동적인 도전자 펩시콜라의 거센 공세에 시달리고 있었다. 특히, 펩시가 대대적으로 진행한 펩시 챌린지는 코카콜라에게 굴욕을 안겨주었다. 눈을 가리고 맛을 본 대다수의 소비자들이 코카콜라보다 더 달콤한 펩시의 손을 들어준 것이다.

시장의 데이터는 명확해 보였다. '고객들은 더 달콤한 맛을 원한다' 위기감을 느낀 코카콜라의 경영진은 브랜드 역사상 가장 대담하고 위험한 결정을 내린다. 그들은 100년 가까이 지켜온 자신들의 성스러운 콜라 레시피를 버리고, 20만 명을 대상으로 한 맛 테스트에서 펩시보다도 높은 점수를 받은 더 달콤하고 부드러운 뉴코크를 출시하기로 결정했다. 이것은 데이터에 기반한 지극히 합리적인 결정처럼 보였다. 하지만 그들은 자신들이 단지 음료를 파는 회사가 아니라 미국의 문화와 추억이라는 스토리를 파는 브랜드라는 사실을 잊고 있었다. 고객들이 사랑했던 것은 단순히 콜라의 맛(제품의 기능)이 아니라, 그 맛과 연결된 자신의 어린 시절, 가족과의 추억, 그리고 미국적인 삶의 방식이라는 브랜드의 경험 자체였던 것이다. 시장의 반응은 재앙에 가까웠다. 고객들은 새로운 맛을 거부하는 것을 넘어 자신들의 추억과 정체성을 빼앗겼다며 분노했다. 미국 전역에서 항의 시위가 벌어졌고, 본사에는 하루에 수천 통이 넘는 항의 전화가 빗발쳤으며, 일부 고객들은 옛 코카콜라를 사재기하기 시작했다. 브랜드 역사상 최악의 위기였다.

이때 코카콜라의 경영진은 어떻게 대응했을까? 그들은 자신들의 데이터가 옳았으며 "새로운 맛이 더 뛰어나니, 고객들도 곧 적응하게 될 것"이라고 주장하며 자신들의 결정을 방어했을까? 처음에는 그랬다. 하지만 고객들의 분노가 상상을 초월하는 수준에 이르자, 그들은 마침내 자신들의 실수를 인정하기 시작했다. 그들은 자신들의 데이터가 틀렸으며, 고객의 목소리가 옳았음을 인정하는, 거대 기업으로서는 상상하기 힘든 완벽한 굴복을 선언했다. 그리고 출시 79일 만에 그들은 기존의 콜라를 코카콜라 클래식이라는 이름으로 다시 시장에 내놓는 극적인 후속 조치를 단행했다. 이것이 시장에 어떤 메시지를 전달했을까?

"우리가 틀렸습니다. 우리가 당신들의 목소리를 듣지 않고, 당신들의 추억을 존중하지 않았습니다. 그래서 우리는, 우리의 자존심을 버리고, 당신들이 사랑했던 그 맛을 다시 가져왔습니다" 결과는 놀라웠다. 고객들은 열광했다. 그들은 단순히 원래 콜라를 되찾았다는 것에 기뻐한 것이 아니었다. 그들은 거대한 기업이 마침내 자신들의 목소리에 귀를 기울이고 자신들의 문화를 존중해 주었다는 사실에 감동했다. 이 사건을 계기로 코카콜라에 대한 고객들의 감정적 유대는 이전과는 비교할 수 없을 정도로 강력해졌다. 그들은 단순한 소비자를 넘어 자신들이 사랑하는 브랜드를 지켜낸 승리자이자, 브랜드 역사에 함께 참여한 열정적인 팬이 된 것이다.

팬덤을 만드는 위기관리의 3가지 원칙

이 전설적인 사례는 위기를 팬덤으로 바꾸는 전략에, 3가지 공통적인 원칙이 있음을 보여준다. 이것은 단순히 착한 기업의 이야기가 아니다. 이것은 브랜드의 장기적인 가치를 극대화하고, 위기를 통해 오히려 더 강력한 신뢰 자산을 구축하는 정교하고 이성적인 전략이다.

원칙 1: 비난의 게임 끝내기 (완전한 책임 인정)

위기의 순간, 인간의 본능은 책임의 화살을 외부로 돌리게끔 설계되어 있다. "내 잘못이 아니야", "그 사람이 먼저 시작했어", "상황이 어쩔 수 없었어"와 같은 변명은 단기적으로 나의 자존심을 지켜주는 달콤한 방어기제다. 하지만 전략가는 위기의 순간, 그 원인이 누구에게 있든 상관없이 상황을 해결할 책임을 100% 자신에게로 가져온다. 이것은 단순히 잘못을 시인하는 행위를 넘어, 혼란스러운 상황의 주도권을 장악하는 가장 강력한 리더십의 발현이다. 위기가 닥쳤을 때, 사람들은 리더를 찾는다. 이때 책임을 회피하거나 변명하는 것은 리더의 자리를 스스로 내팽개치는 것과 같다. 반면, "이것은 저의 책임입니다. 그리고 제가 해결하겠습니다"라고 말하는 순간, 당신은 불안에 떠는 사람들에게 심리적 안정감을 주고, 흩어진 에너지를 문제 해결이라는 단 하나의 방향으로 집중시킨다. 비난의 게임에 종지부를 찍고, 해결의 게임을 시작하는 것이다.

- 개인 삶에 적용: 당신이 리더로 있는 팀 프로젝트가 마감일을 놓쳤다고 상상해 보자. 팀원의 실수가 일부 원인이었을 수 있다.

- 아마추어 반응(비난의 게임): "제가 맡은 부분은 다 했는데, 김 대리가 데이터를 늦게 주는 바람에 전체적으로 늦어졌습니다." 이 말은 당신을 책임 회피자로 만들고, 팀의 신뢰를 파괴하며, 문제를 해결하는 대신 내부의 적을 만든다.

- 전략가 반응(상황의 주인): "마감일을 지키지 못한 건 프로젝트 리더로서 전적으로 제 책임입니다. 제가 잠재적 리스크를 더 면밀히 파악하고 일정을 관리했어야 했습니다. 팀원들에게 사과드립니다. 지금부터 상황을 해결하기 위한 구체적인 계획은 다음과 같습니다." 이 말은 당신을 비난의 대상이 아닌, 위기를 해결할 유일한 주체로 격상시킨다.

원칙 2: 비용으로 진심을 증명(전략적 손실 감수)

신뢰는 말로 만들어지지 않는다. "죄송합니다", "믿어주세요"와 같은 말은 너무나 가볍고 비용이 들지 않기에, 진심을 증명하는 데 한계가 있다. 진정한 신뢰는 오직 비용을 감수하는 행동을 통해서만 증명된다. 존슨앤드존슨의 1억 달러짜리 전량 리콜, 코카콜라의 자존심을 버린 굴복 선언. 이 모든 것은 고객의 신뢰라는 더 큰 무형 자산을 지키기 위해, 기꺼이 단기적인 유형 자산(돈, 자존심)의 손실을 감수하는 모습이다. 이 값비싼 행동이야말로, "우리는 당신을 이만큼 소중하게 생각합니다"라는 메시지를 그 어떤 광고보다 강력하게 전달하는 진정성의 증거다.

- 개인 삶에 적용: 당신이 연인의 중요한 기념일을 잊어버리는 실수를 저질렀다고 해보자.

  - 아마추어 반응(값싼 사과): "정말 미안해. 요즘 너무 바빠서 정신이 없었어. 앞으로는 절대 안 그럴게" 이것은 비용이 들지 않는 약속이며, 상대방의 감정을 움직이지 못한다.

  - 전략가 반응(값비싼 증명): "미안하다는 말로는 부족하다는 거 알아. 나의 무심함이 당신의 특별한 날을 망쳤으니, 내 가장 소중한 자원인 시간과 정성을 들여서라도 만회하고 싶어. 이번 주말 내 모든 약속을 취소했어. 그리고 당신이 가고 싶어 했던 그 레스토랑을 예약했어. 여기서 끝이 아니라, 이 실수를 진정으로 반성하고 있다는 의미로, 앞으로 한 달간 매주 당신에게 손편지를 쓸게" 이 행동은 시간, 돈, 노력이라는 명백한 비용을 지불함으로써 사과의 진정성을 증명하고, 손상된 신뢰를 회복하는 강력한 계기를 만든다.

원칙 3: 시스템으로 증명(실패의 자산화)

위기관리의 최종 목표는 단순히 현재 문제를 해결하고 사과하는 것이 아니다. 그것은 다시는 같은 위기가 반복되지 않을 더 나은 시스템을 구축하는 것이다. 사과는 과거에 대한 반성이며, 약속은 미래에 대한 다짐이다. 시스템은 그 약속이 구체적인 현실이 될 것임을 보여주는 가장 강력한 증거다. 이것은 실패를 부채가 아닌 자산으로 전환하는 연금술과 같다. 실패라는 고통스러운 경험을 통해, 당신의 시스템은 이전보다 훨씬 더 정교하고, 안전하며, 회복탄력성이 높은 단계로 진화한다. 타이레놀의 3중 안전 포장은 "우리는 실패를 통해 배웠고, 이제 더 안전한 시스템을 갖추었습니다"라는 메시지를 시장에 증명한 것이다. 이 시스템의 변화야말로 소비자들이 다시 타이레놀을 신뢰하게 된 가장 근본적인 이유였다.

- 개인 삶에 적용: 당신이 중요한 업무 약속을 깜빡하여 큰 손실을 끼쳤다고 해보자.

  - 아마추어 반응(약속): "정말 죄송합니다. 다시는 이런 일이 없도록 정신 똑바로 차리겠습니다" 이것은 미래의 의지력에 기댄, 근거 없는 약속일 뿐이다.

  - 전략가 반응(시스템): "저의 부주의로 인해 손해를 끼쳐드린 점, 진

심으로 사과드립니다. 이번 실수는 저의 일정 관리 시스템이 부재했기 때문에 발생했습니다. 재발을 방지하기 위해, 오늘부터 모든 약속과 업무를 3개의 디지털 캘린더에 연동하고, 매일 아침과 저녁으로 일정을 확인하는 시스템을 구축했습니다. 또한 중요한 약속 전에는 반드시 리마인더 알람을 설정하도록 프로세스를 개선했습니다. 이것은 단순한 다짐이 아니라, 제가 오늘부터 실행할 새로운 업무 시스템입니다" 이 반응은 당신이 실패를 통해 학습하고, 더 나은 사람으로 진화했음을 증명하여, 오히려 이전보다 더 높은 수준의 신뢰를 얻게 할 것이다.

── 결점 있는 브랜드의 힘

완벽하고 흠결 없는 브랜드는 매력적이지 않다. 그것은 비인간적이며 거리감을 느끼게 한다. 우리가 진정으로 사랑하고 신뢰하는 브랜드는 실패하지 않는 브랜드가 아니다. 자신의 결점과 실패를 솔직하게 인정하고 그것을 개선하기 위해 노력하는 인간적인 브랜드다. 당신의 실패는 당신의 약점이 아니다. 그것은 당신이라는 브랜드가 얼마나 진솔하고, 책임감 있으며, 회복탄력성이 높은지를 증명할 수 있는 가장 강력한 무기다. 실패를 두려워할 필요 없다. 당신의 그 실패 경험이야말로 당신을 대체 불가능한 브랜드로 만들어 줄 것이다. 다음 장에서는 이 모든 긍정적인 경험과 실패의 경험들을 어떻게 하나의 강력한 브랜드 서사로 엮어내는지, '스토리텔링'의 기술에 대해 알아볼 것이다.

스토리텔링: 당신의 모든 경험은 강력한 브랜드 서사가 된다

—— 데이터에서 이야기로: 당신은 무엇으로 기억되고 싶은가?

지금까지 우리는 당신이라는 브랜드에 대한 수많은 데이터를 수집하고 분석했다. 당신의 강점과 약점, 성공과 실패, 비전과 가치. 이 모든 것은 당신이라는 브랜드를 구성하는 객관적인 사실들이다. 하지만 여기서 우리는 브랜드의 가장 중요한 진실과 마주하게 된다. 사람들은 데이터를 기억하지 않는다. 사람들은 이야기를 기억한다. 아무리 뛰어난 스펙과 기능을 나열한 제품 설명서도, 그 제품에 담긴 창업가의 열정적인 이야기 하나를 이기지 못한다. 아무리 완벽한 통계와 데이터로 가득 찬 프레젠테이션도, 청중의 마음을 움직이는 단 하나의 진솔한 경험담을 이기지 못한다. 인간의 뇌는 정보를 저장하도록 설계된 것이 아니라 의미를 찾도록 설계되었기 때문이다. 그리고 이야기야말로 흩어진 정보의 조각들에 의미와 감정을 불어넣어, 사람들의 기억 속에 영원히 각인시키는 가장 강력한 도구다. 대부분의 사람들은 자신의 삶을, 시간 순서대로 일어난 사건들의 나열, 즉 데이터 리스트로 인식하며 살아간다. 하지만 우리는 이 흩어진 데이터 조각들을 엮어, 하나의 일관되고 매력적인 브랜드 서사를 만들어 내는 최고의 시나리오 작가가 되어야 한다.

—— 당신의 삶은 이력서인가, 시나리오인가?

이제 당신 앞에 당신의 삶을 담을 수 있는 두 종류의 문서가 놓여 있다. 하나는 이력서이고 다른 하나는 시나리오다. 당신은 지금까지 당신의 삶을 어떤 문서에 기록해 왔는가? 그리고 앞으로 어떤 문서에 기록하고 싶은가? 이 질문에 대한 당신의 답이, 당신이라는 브랜드의 격을 결정한다.

이력서의 삶: 완벽한 데이터의 비극

대부분의 사람들은 자신의 삶을 한 장의 잘 정리된 이력서처럼 만들려고 애쓴다. 어느 학교를 나왔고, 어떤 회사에서 일했으며, 어떤 성과를 냈는지. 이력서의 삶은 외부에서 보기에 그럴듯한 데이터 포인트를 수집하고 그것을 연대기 순으로 나열하는 과정이다. 이 삶의 목표는 빈틈없이 완벽해 보이는 기록을 만드는 것이다. 이력서의 세계에서는 실패, 약점, 고뇌, 방황과 같은 데이터는 들어가지 않는다. 그것들은 시스템의 효율성을 떨어뜨리며, 브랜드 가치를 훼손하는 오점으로 취급된다. 따라서 우리는 이력서의 삶 속에서 자신의 결점을 숨기고, 실패를 감추며, 약점을 포장하는 데 엄청난 에너지를 소모한다.

하지만 이력서의 삶은 비극적이다. 그 안에는 당신이 어떤 사람인지, 당신이 그 성취를 위해 무엇을 겪었는지, 그리고 그 실패를 통해 무엇을 배웠는지가 담겨 있지 않다. 그것은 차갑고 건조한 사실의 나열일 뿐이다. 당신이 어떤 사람인지가 아니라, 당신이 무엇을 했는지만이 중요할 뿐이다. 이것은 결국 다른 사람의 이력서와 끊임없이 비교하며, 스펙이라는 이름의 무한 경쟁에 스스로를 밀어 넣는다.

시나리오의 삶: 결점 있는 영웅의 서사

하지만 위대한 브랜드는 이력서로 기억되지 않는다. 그들은 한 편의 시나리오로 기억된다. 시나리오는 주인공의 완벽한 모습을 보여주는 데 관심이 없다. 오히려 그의 결점과 약점, 그리고 그가 마주하는 갈등과 고뇌를 통해 그가 어떤 사람인지를 훨씬 더 깊이 있게 보여준다. 위대한 시나리오 속 주인공은 단 한 번도 실패하지 않는 완벽한 존재가 아니다. 그는 자신의 가장 큰 결점 때문에 위기를 맞고, 수많은 시련 속에서 처절하게 넘어진다. 하지만 그는 그 실패 속에서 무언가를 배우고, 자신의 한계를 극복하며, 마침내 이전과는 다른 존재로 변화하고 성장한다. 우리는 바로 그 변화의 과정에 감동하고 열광한다. 시나리오의 삶에서 실패는 더 이상 삭제해야 할 오점이 아니다. 그것은 주인공이 자신의 한계를 깨닫고 새로운 모험을 시작하게 만드는 계기가 된다.

위대한 브랜드의 비밀: 사실을 감정으로 바꾸는 연금술

그렇다면, 이력서의 건조한 사실들을 시나리오의 살아 있는 이야기로 바꾸는 연금술의 비밀은 무엇일까? 그것은 바로 이성에게 설명하는 것을 멈추고, 감성에게 장면을 보여주는 것이다. 아래 사례로 그 본질을 완벽하게 살펴보자.

사실의 세계

마트 진열대에 2개의 우유가 있다. A 우유 팩에는 이렇게 쓰여 있다. '1급 A 원유, 칼슘 200mg 함유, HACCP 인증' B 우유 팩에도 비슷하게 쓰여있다. '유기농 목초 100%, 비타민 D 강화, 엄격한 품질 관리' 이것은 제품의 스펙이다. 당신의 이성적인 뇌는 이 정보를 이해하고 두 제품의 영양 성분을 비교 분석한다. 이 언어는 정확하고 논리적이지만 차갑고, 건조하며, 어떤 감정도 불러일으키지 못한다. 당신은 이 우유를 마시고 싶다는 욕망을 느끼지 못한다.

스토리의 세계

이때, C 우유가 등장하여 당신에게 하나의 이야기를 들려준다. 스펙을 나열하는 대신 당신의 머릿속에 한 편의 짧은 영화를 상영하기 시작한다.

"잠시 눈을 감아보십시오. 새벽 4시 아직 푸른 어둠이 채 가시지 않은 강원도 청정 고산지 목장, 당신의 발밑으로는 밤새 이슬을 머금어 축축하고 싱그러운 풀의 감촉이 느껴집니다. 새벽 공기는 도시에서는 결코 맡을 수 없었던 맑고 차가운 흙내음으로 가득 차 있습니다. 저 멀리 안개 너머로 들려오는 희미한 워낭 소리 외에는 아무런 소음도 없습니다. 이 평화로운 풍경 속에서, 어젯밤 편안한 잠을 잔 건강한 젖소들이 상쾌한 컨디션으로 하루를 시작합니다. 자연의 품에서 자라난 신선한 목초를 여유롭게 되새김질합니다. 가장 행복한 순간에 짜낸 이 귀한 우유, 상쾌한 새벽 공기와 목초의 향기, 그리고 자연의 순수함 그대로를 당신의 식탁 위에 올립니다"

어떤 우유를 선택하겠는가? 당신은 이미 C 우유를 선택했다. 더 정확히는 당신의 뇌가 이미 C 우유를 선택했다. 왜일까? C 우유의 이야기 속에서 우리는 유기농이나 건강이라는 단어를 직접 듣지 않았다. 하지만 우리가 이야기를 듣는 동안, 우리의 시각 피질은 푸른 목초지를 보았고, 청각 피질은 고요한 새벽의 소리를 들었으며, 후각 피질은 풀과 흙의 냄새를 맡았다. 우리의 뇌는 이 이야기를 정보로 처리한 것이 아니라, 마치 한 편의 가상현실처럼 경험해 버린 것이다. 그리고 인간은 자신의 경험을 그 어떤 데이터보다 더 강력하게 신뢰한다. 브랜드의 가치는 이처럼 설명하는 것이 아니라 보여주고 느끼게 하는 것이다. 스토리는 건조한 사실에 감각적인 옷을 입히고, 감정적인 향기를 불어넣어, 사람들의 기억 속에 영원히 살아남게 만드는 가장 강력한 마법이다.

—— 당신의 이야기가, 당신의 청사진이다

결국, 당신의 삶을 이력서로 볼 것인가 시나리오로 볼 것인가의 선택은 단순히 과거를 해석하는 관점의 차이가 아니다. 이것은 당신이 미래를 창조하는 방식을 결정하는 근본적인 세계관의 선택이다. 이력서는 이미 지어진 건물을 찍은 과거의 사진이다. 그것은 오직 지나간 사실만을 기록할 뿐, 미래에 어떤 영향도 미치지 못한다. 하지만 당신의 삶을 당신의 실패와 약점까지도 모두 포함하여, 성장과 극복의 서사로 엮어낸 시나리오는 더 이상 단순한 이야기가 아니다. 그것은 당신의 무의식을 위한 가장 강력하고 구체적인 미래의 청사진이 된다.

이것이 스토리텔링이 가진 가장 무서운 힘이다. 당신의 뇌는 당신이 생생하게 상상하고 반복적으로 들려주는 이야기를 실제 현실과 구분하지 못한다.

당신이 스스로에게 "나는 수많은 시련을 극복하고, 결국에는 성장해 내는 이야기의 주인공이다"라는 서사를 계속해서 들려줄 때, 당신의 뇌는 그 청사진을 현실로 만들기 위해 당신의 모든 무의식적인 선택과 행동을 그 방향으로 정렬하기 시작한다. 이것이 바로 이야기가 현실을 창조하는 자기충족적 예언의 원리다. 당신이 믿는 이야기가 당신의 선택을 바꾸고, 그 선택이 당신의 행동을 바꾸며, 그 행동이 마침내 당신의 현실을, 당신의 이야기와 똑같이 만들어 낸다. 이제 당신은 시나리오 작가다. 당신이 쓰는 이야기는 단순한 글이 아니다. 당신의 뇌가 따라 지어야 할 건축 설계도다.

이제, 이 강력한 스토리를 가진 당신의 브랜드가, 시장의 그 어떤 경쟁자도 넘볼 수 없는 견고한 성을 쌓을 수 있는지, '브랜드 해자 구축'에 대해 알아볼 것이다.

브랜드 해자 구축:
대체 불가능한 압도적 차별점

── 아름다운 성, 그리고 끊임없이 몰려드는 적들

지금까지의 여정을 통해 당신은 마침내 당신이라는 이름의 아름답고 견고한 성(Castle)을 구축했다. 이 성의 기반은 1장에서 파헤친 당신 자신에 대한 깊은 이해라는 단단한 암반 위에 세워졌다. 성의 구조는 2장에서 설계한 당신의 미션과 비전이라는 완벽한 청사진을 따르고 있다. 성의 내부 시스템(당신의 습관)은 3장에서의 수많은 실험과 개선을 통해 이제 거의 자동화되어 효율적으로 작동한다. 그리고 성의 가장 높은 곳에는 4장에서 배운 원리들을 통해 그 가치를 증명한, 당신의 긍정적인 평판이라는 깃발이 펄럭이고 있다.

하지만 바로 그 순간 당신의 성공이라는 깃발을 본 성 밖의 수많은 적들이 당신의 성을 향해 몰려들기 시작한다. 이것은 당신이 무언가를 잘못했기 때문이 아니다. 오히려 당신이 너무나도 잘 해냈기 때문이다. 모든 시스템의 법칙에 따라, 성공은 언제나 필연적으로 경쟁을 부른다. 당신이 이룬 풍요로운 영토는 다른 이들에게는 너무나도 매력적인 목표물이 되기 때문이다. 이 적들은 다양한 모습으로 나타난다.

- 모방자들: 그들은 당신의 성공 전략을 그대로 베끼고, 당신의 독창적인 스타일을 흉내 내며, 당신 브랜드의 가치를 희석시키려 한다.

- 경쟁자들: 당신의 성장을 위협으로 느낀 기존의 다른 성주들이다. 그들은 당신의 약점을 공격하고, 당신의 평판을 깎아내리며, 당신의 시장 점유율을 빼앗으려 할 것이다.

- 변화라는 이름의 야만족: 당신이 예측할 수 없는 가장 무서운 적이다. 새로운 기술의 등장, 시장의 패러다임 변화, 사회적 위기 등은 당신이 아무리 견고하게 쌓아 올린 성벽이라도 한순간에 무너뜨릴 수 있는 힘을 가졌다.

아무리 화려하고 아름다운 성이라도 그 성을 지켜줄 방어 수단이 없다면, 언젠가는 이 끊임없이 몰려드는 적들에 의해 함락되고 말 것이다. 이것이 바로 성공한 모든 브랜드가 성장 다음 단계에서 반드시 마주하게 되는 지속 가능성의 문제다.

—— 경제적 해자: 경쟁이 무의미해지는 압도적인 힘

그렇다면 끊임없이 몰려드는 적들로부터 나의 성을 지켜낼 가장 강력한 방어 시스템은 무엇인가? 이 질문에 대한 답을 투자의 대가 워런 버핏이 제시한 개념인 경제적 해자에서 찾아야 한다. 해자란 과거 중세 시대에 성벽을 따라 파놓은 깊고 넓은 도랑을 의미한다. 이 해자는 적들이 성벽에 쉽게 접근하지 못하게 만드는 가장 강력하고 효과적인 방어 시스템이다. 워런 버핏은 위대한 기업은 바로 이 해자를 가지고 있다고 말했다. 즉, 경쟁사들이 쉽게 모방하거나 공격할 수 없는, 강력하고 지속적인 구조적 경쟁 우위를 가지고 있다는 의미다. 이 해자의 진짜 힘은 단순히 적의 공격을 한두 번 막아내는 것에 있지 않다. 해자의 진정한 가치는 경쟁의 규칙 자체를 바꾸는 데 있다.

- 해자가 없는 성은 매일같이 성벽 바로 아래까지 쳐들어오는 적들과 칼을 맞대고 싸워야 한다. 성 안의 모든 사람들은 오늘의 생존을 위해 모든 에너지를 소모해야만 한다. 그들에게는 더 나은 무기를 개발하거나 더 높은 수준의 문화를 꽃피울 여유가 없다.

- 해자가 있는 성은 적들이 애초에 성벽에 접근조차 할 수 없게 만

든다. 성 안의 군주와 백성들은 성 밖의 사소한 소란에 신경 쓰지 않고, 더 높은 수준의 문화와 기술을 발전시키는 데에만 집중할 수 있는 심리적 안정감과 자유를 얻게 된다.

이것을 당신이라는 브랜드에 적용해 보자. 당신에게 해자가 없다면 당신은 끊임없이 당신을 모방하는 경쟁자들과 스펙 대 스펙으로 싸워야만 한다. 그가 새로운 자격증을 따면 당신도 불안감에 새로운 자격증을 따야 한다. 그가 당신보다 조금 더 나은 성과를 내면 당신은 당신의 가치를 증명하기 위해 더 많은 밤을 새워야 한다. 이것은 당신의 에너지를 모두 소진시키는 끝없는 소모전이다. 하지만 당신에게 깊고 넓은 브랜드 해자가 있다면 이야기는 완전히 달라진다. 당신은 더 이상 그들과 같은 경기장에서 싸울 필요가 없어진다. 경쟁자들이 당신의 스펙을 따라 하기 위해 허덕이는 동안, 당신은 당신의 해자 안에서 누구도 따라 할 수 없는 당신만의 독창적인 가치를 창조하고, 더 높은 차원의 성장을 추구할 수 있다.

—— 당신만의 해자를 구축하는 4가지 전략

'나'라는 브랜드의 해자는 어떻게 구축할 수 있을까? 워런 버핏이 제시한 4가지 유형의 경제적 해자를 우리의 삶에 맞게 재해석하여, 당신만의 압도적 차별점을 만드는 전략을 만들 수 있다.

무형 자산 해자: 당신만의 고유한 스토리와 평판

가장 강력하고 누구도 모방할 수 없는 해자는 바로, 브랜드 그 자체다. 코카콜라의 비밀 레시피를 똑같이 만들어 낸다고 해도 100년 넘게 쌓아온 코카콜라의 브랜드 가치를 복제할 수는 없다. 이것을 당신 삶에 적용해 보자. 당신의 기술이나 지식은 다른 누군가가 노력하면 따라 할 수 있다. 하지만 당신이 겪어온 고유한 경험, 당신이 극복해낸 실패의 역사, 그리고 그것을 통해 얻은 당신만의 지혜와 철학이 담긴 스토리는 이 세상 그 누구도 복제할 수 없다. 앞서 우리가 완성한 당신만의 브랜드 서사야말로 당신을 대체 불가능한 존재로 만드는 가장 깊고 넓은 무형 자산의 해자다.

전환비용 해자: 떠날 수 없게 만드는 깊은 신뢰 관계

전환비용이란 고객이 현재 사용하고 있는 제품이나 서비스를 경쟁사의 것으로 바꾸는 데 들어가는 유무형의 비용을 의미한다. 이 전환비용이 높을수록 고객은 기존 브랜드에 머무르게 된다. 당신의 삶에서 이 전환비용은 당신과 당신의 고객(동료, 상사, 클라이언트) 사이에 형성된 깊이 있는 신뢰 관계를 통해 만들어진다. 당신의 동료가 당신을 단순히 일 잘하는 사람으로만 생각한다면, 더 유능한 사람이 나타났을 때 그들은 쉽게 그 사람에게로 돌아설 것이다. 하지만 당신이 그와 수많은 위기를 함께 극복하고, 그의 개인적인 고민을 진심으로 들어

주며, 인간적인 신뢰를 쌓았다면 어떨까? 그는 더 유능한 사람이라는 스펙 때문에 당신과의 신뢰 관계를 포기하는, 높은 감정적 비용을 치르려 하지 않을 것이다. 이 깊이 있는 신뢰 관계야말로 당신의 자리를 지켜주는 가장 끈끈한 해자다.

네트워크 효과 해자: 당신이라는 이름의 플랫폼

네트워크 효과는 사용자가 많아질수록 그 서비스의 가치가 기하급수적으로 높아지는 현상을 의미한다. 카카오톡이나 페이스북은 더 많은 친구들이 사용하기 때문에, 우리가 다른 메신저나 소셜미디어로 쉽게 옮겨가지 못하는 강력한 해자를 가지고 있다. 당신이라는 브랜드 역시 플랫폼이 될 때 이 네트워크 효과의 해자를 가질 수 있다. 당신이 4장에서 배운 바이럴 루프를 통해 당신의 평판이 스스로를 증식시키기 시작하는 단계를 생각해 보자. 당신은 더 이상 네트워크의 일원이 아니라, 사람과 기회를 연결하는 중심 허브가 된다. 사람들은 이제 당신의 능력뿐만 아니라, 당신과 연결되어 있다는 사실 자체에서 가치를 얻기 시작한다. 당신을 안다는 것이, 곧 나의 가치를 높여주는 일이 되는 것이다. 이 단계에 이르면 당신의 브랜드는 당신 개인의 차원을 넘어, 하나의 강력한 생태계이자 **플랫폼**으로서 기능하게 된다.

비용 우위 해자: 대체 불가능한 기술 조합

마지막으로, 다른 경쟁자들보다 훨씬 더 저렴한 비용으로 비슷한 수준의 제품이나 서비스를 제공할 수 있다면 그것은 강력한 해자가 된다. 이것을 개인에게 적용하면 대체 불가능한 기술 조합을 의미한다. 당신이 세상에서 가장 뛰어난 단 하나의 기술을 가지기는 어렵다. 하지만 상위 10% 수준의 기술 2~3개를 당신만의 방식으로 조합할 수 있다면 어떨까? 예를 들어, 코딩을 꽤 잘하면서, 글쓰기 능력도 뛰어나고, 유머 감각까지 갖춘 개발자는 시장에서 거의 찾아볼 수 없는 매우 희소하고 대체 불가능한 존재다. 경쟁자가 당신을 대체하기 위해서는 이 모든 기술 조합을 똑같이 갖추어야 하는데, 여기에는 엄청난 시간과 노력이라는 비용이 든다. 이 독특한 기술 조합이야말로 당신의 가치를 지켜주는 가장 실용적인 해자다.

── 경쟁이 아닌, 게임의 규칙을 지배하는 법

이제 당신은 단순히 성공하는 브랜드를 넘어 그 성공을 지키는 브랜드가 되는 법을 배웠다. 해자를 구축하는 것은 당신의 성장을 멈추게 하는 방어적인 행위가 아니다. 오히려 불필요한 경쟁에 에너지를 낭비하지 않고 당신의 성장에만 온전히 집중할 수 있게 만드는 가장 공격적인 성장 전략이다. 지금까지 1장에서 4장에 걸친 당신의 여정은 시장의 규칙 안에서 승리하기 위한 공격의 역사였다. 하지만 해자를 구축하는 것은 이 게임의 패러다임을 바꾸는 첫 번째 방어 전략이다. 그리고 이 강력한 방어는 곧, 공격의 시작점이다. 당신의 독특한 스토리, 깊이 있는 신뢰 관계, 당신을 중심으로 한 네트워크, 그리고 대체 불가능한 기술 조합. 이 4개의 해자로 둘러싸인 당신의 성은, 이제 그 어떤 경쟁자도 감히 넘볼 수 없는 견고한 왕국이 된다. 당신은 이제 당신만의 해자 안에서 세상의 평가가 아닌, 당신이 진정으로 추구하고 싶은 가치와 방식으로 성장할 수 있다. 경쟁의 규칙을 따르는 플레이어에서 경쟁의 규칙이 무의미해지는 새로운 게임을 만들게 된 것이다. 이제 당신 앞에 마지막 질문이 놓여 있다. 이 견고한 성 안에서 당신은 무엇을 할 것인가? 당신의 영향력을 어떻게 세상에 확장해 나갈 것인가?

브랜드 앰배서더: 나의 선한 영향력이 어떻게 세상을 바꾸는가?

―― 요새의 주인이 될 것인가? 등대지기가 될 것인가?

당신의 브랜드는 성공적이고 또한 지속 가능하다. 당신은 이제 당신이 직접 지은 이 성의 가장 높은 탑 위에서 당신이 이룩한 모든 것을 만족스럽게 내려다보고 있다. 성안의 창고에는 당신의 지식과 경험이라는 양식이 가득하고, 성벽은 당신의 긍정적인 평판으로 인해 그 어느 때보다 단단하다. 당신은 마침내 세상의 혼돈으로부터 안전한 당신만의 왕국을 완성한 것이다. 많은 사람들에게 이것이야말로 인생의 최종 목적지다. 이 안전한 성벽 안에서 자신이 이룬 것들을 평생토록 즐기며 사는 것. 이것은 충분히 합리적이고 존중받아 마땅한 선택이다. 하지만 바로 이 순간 당신에게 마지막 질문이 던져진다.

"이 견고한 성벽은 당신만을 위한 요새인가? 성 밖의 어두운 바다를 항해하는 다른 이들을 위한 등대인가?"

성공한 브랜드로 남는 것과 위대한 브랜드가 되는 것의 차이는, 이 질문에 대한 당신의 답에 달려 있다. 진정한 브랜드의 완성은 성공을 넘어, 당신의 성공이 세상에 어떤 의미를 갖는지, 어떤 유산을 남기는지를 증명하는 데 있기 때문이다. 이것이 바로 당신이라는 브랜드가 도달해야 할 마지막 단계, 브랜드 앰배서더로서의 소명이다. 앰배서더는 더 이상 자신의 성공을 위해 일하지 않는다. 그는 자신의 성공을 통해, 다른 사람들의 길을 비추는 존재가 된다.

─── 브랜드 앰배서더란 무엇인가?

브랜드 앰배서더는 단순히 성공한 사람이나 영향력 있는 사람을 의미하지 않는다. 정체성의 근본적인 전환을 의미한다. 당신의 관심이 나의 성공에서 우리의 가치로, 무엇을 얻을 것인가에서 무엇을 대변할 것인가로 이동하는 순간, 비로소 앰배서더의 길에 들어선다. 이것은 한 분야에서 경지에 이른 장인이 하나의 장르가 되는 과정과 같다. 위대한 장인은 단순히 뛰어난 작품 하나를 만드는 데 그치지 않는다. 그의 모든 손길, 재료를 다루는 방식, 그리고 그의 작업 자체가 하나의 기준이자 스타일이 된다. 그의 이름은 한 개인의 이름이 아니라, 탁월함과 진정성이라는 가치를 대변하는 하나의 장르를 의미하게 된다. 진정한 브랜드 앰배서더는 이처럼, 삶과 행동 자체가 그가 추구하는 특정 가치나 철학에 대한, 살아 있는 증거가 되는 사람이다. 우리는 이 차이를 광고 모델과 진정한 앰배서더의 비교를 통해 더 명확히 이해할 수 있다. 광고 모델은 돈을 받고 제품에 대해 이야기한다. 그의 말에는 진정성이 부족할 수 있다. 하지만 진정한 앰배서더는 그의 삶 전체를 통해, 그 브랜드의 가치를 살아낸다. 그의 존재 자체가 가장 강력한 광고다.

이본 쉬나드는 파타고니아라는 브랜드를 통해, 이윤을 넘어선 환경 보호라는 가치의 가장 강력한 앰배서더가 되었다. 그는 단순히 친환경 제품을 파는 데 그치지 않았다. 그는 역사상 전례 없는 '이 재킷을 사지 마세요'라는 광고를 통해 시장의 기본 법칙에 정면으로 맞섰다. 이 행동은 파타고니아가 단순한 아웃도어 의류 회사가 아니라, 지구를 구하기 위해 사업을 한다는 그들의 미션을 스스로 증명했다.

워런 버핏은 버크셔 해서웨이를 통해 단기적인 시세차익이 아닌, 장기적인 가치에 투자하는 가치 투자 철학의 앰배서더가 되었다. 그는 화려한 월스트리트가 아닌 소박한 동네에 살며, 수십 년간 검소한 생활을 유지했다. 그의 이러한 삶의 방식 자체가, 단기적인 유행을 좇지 않고 기업의 내재 가치에 투자한다는, 그의 철학에 대한 강력한 증거가 된다.

오프라 윈프리는 그녀의 쇼와 북클럽을 통해 역경을 극복하고, 공감하며, 책을 통해 성장하는 자기 성장이라는 가치의 앰배서더가 되었다. 그녀는 자신이 겪었던 불행한 과거와 약점을 대중 앞에 솔직하게 고백해 수많은 사람들의 마음을 열었다. 그녀는 더 이상 성공한 방송인이 아니라, 당신도 당신의 상처를 극복하고 성장할 수 있다는, 희망의 메시지를 온몸으로 증명하는 살아 있는 아이콘이 되었다.

그들은 더 이상 자신의 가치를 말로 설명할 필요가 없다. 그들의 존재와 그들의 브랜드가 걸어온 길 자체가, 그들이 무엇을 믿는지를 증명하는 가장 강력한 스토리이기 때문이다.

── 당신은 어떻게 세상을 바꾸는가?

그렇다면 앰배서더로서 당신은 세상에 어떤 선한 영향력을 미칠 수 있을까? 앰배서더의 역할은 당신의 브랜드가 성장함에 따라 자연스럽게 진화하는 2가지의 다른 모습으로 나타난다.

당신은 1상에서 4장에 걸친 여정을 통해 딩신만의 문제 해결 방식과 성장 시스템을 구축했다. 당신이 겪었던 수많은 시행착오와 실패, 그리고 그것을 통해 얻은 지혜는 이제 당신이라는 브랜드의 가장 귀한 자산이 되었다. 앰배서더는 이 귀한 자산을 당신 자신만을 위해 사용하는 것을 넘어, 과거의 당신처럼 길을 잃고 헤매는 다른 사람들을 위해 당신만의 지도를 남기는 것이다. 이것은 거창한 강연이나 책을 통해서만 가능한 것이 아니다. 당신의 팀에 새로 들어온 주니어의 멘토가 되어, 당신이 몇 년에 걸쳐 깨달은 것을 단 몇 달 만에 배울 수 있도록 돕는 것. 당신이 겪었던 실패의 경험을 커뮤니티에 진솔하게 공유하며, 다른 사람들이 같은 실수를 반복하지 않도록 돕는 것. 당신이 힘들게 구축한 당신만의 생산성 시스템, 즉 운영체제를 다른 사람들이 복제하여 사용할 수 있도록 기꺼이 공개하는 것. 이 모든 것이 당신의 성공을, 개인 차원에서 다른 사람들의 성장을 위한 시스템으로 확장하는 첫 번째 역할이다.

위대한 앰배서더는 자신의 빛을 뽐내는 데 그치지 않는다. 그는 다른 사람들이 자신만의 빛을 찾도록 돕는 플랫폼이 된다. 당신이 앞서 구축한 강력한 브랜드 해자는 다른 사람들을 보호하고 성장시키는 기반이 될 수 있다. 당신이 가진 평판과 네트워크를 활용해 재능 있는 후배를 더 좋은 자리에 추천해 주고, 당신의 지식과 경험을 바탕으로 다른 사람의 성장을 위한 조언을 아끼지 말고, 당신의 성공을 통해 얻은 자원을 당신이 속한 커뮤니티와 사회 전체 성장을 위해 사용해야 한다. 당신이 다른 사람들의 성장을 돕기 시작할 때, 당신의 브랜드는 개인 차원을 넘어, 하나의 거대한 생태계를 이끄는 브랜드로 진화하게 된다.

이것으로 우리는, 당신이라는 브랜드가 도달할 수 있는 가장 높은 경지에 이르렀다. '나'라는 브랜드를 만드는 여정은 결국, 성공을 넘어 의미를 찾아가는 과정이다. 성공한 브랜드는 자신을 위해 돈을 벌고 명예를 얻는다. 하지만 의미 있는 브랜드는 자신의 성공을 통해 세상에 유산을 남긴다. 당신이 만든 브랜드는 이제 더 이상 당신 자신만을 위한 것이 아니다. 그것은 당신이 세상을 더 나은 곳으로 만들기 위해 사용할 수 있는 가장 강력한 도구다. 이제 당신이라는 브랜드는 어떤 유산을 남길 것인가?

당신은 당신 인생의
최고 브랜드 책임자다

우리는 마침내 이 길고 험난했던 여정의 마지막 페이지에 도착했다. 이 책의 마지막 장을 덮는 이 순간은, 당신이라는 브랜드의 새로운 역사가 시작되는 출정식과 같다. 오늘 당신은 세상의 기준과 타인의 평가에 맞춰 되는대로 살아가던 삶을 졸업하고, 당신 인생의 최고 브랜드 책임자가 된다. 이 마지막 순간에, 우리는 이 모든 여정이 결국 무엇을 향해 있었는지를 다시 한번 되짚어볼 필요가 있다.

이 책은 단순히 당신의 몇 가지 나쁜 습관을 고치거나 생산성을 조금 더 높이는 방법을 알려주는 자기계발서가 아니다. 만약 당신이 이 책을 통해 얻은 것이 그것뿐이라면, 그것은 전적으로 저자로서의 나의 실패다. 이 책의 목표는 그보다 훨씬 더 근본적인 것이었다. 그것은 바로 당신이라는 존재를, 세상의 평가에 흔들리는 불완전한 개인이 아니라, 명확한 철학과 시스템을 가진 하나의 강력한 브랜드로 재탄생시키는 것이었다. 왜 자기계발이 아니라 브랜드인가? 자기계발은 '나는 어딘가 부족하고 결점이 있으니 그것을 고치고 개선해야 한다'는 결핍의 관점에서 시작한다. 이것은 낡고 삐걱거리는 기계의 부품을 교체하고 기름칠을 하는 수리공의 작업이다. 물론 이 과정은 당신을 이전보다 더 나은 기계로 만들 수 있다. 하지만 당신은 여전히 외부의 누군가가 시동을 걸어주어야만 움직이는 수동적인 기계의 정체성에 머무르게 된다. 근본적인 운영체제는 바뀌지 않았기 때문이다.

하지만 브랜드 구축은 '나는 어떤 존재가 되고 싶은가?', '나는 무엇을 대표하는가?'라는 창조의 관점에서 시작한다. 이것은 낡은 기계를 수리하는 것이 아니다. 어떤 엔진을 장착할 것인지(미션), 어떤 목적지를 향해 달릴 것인지(비전), 어떤 디자인 철학을 담을 것인지(핵심 가치) 결정하는, 완전히 새로운 미래형 자동차 설계도를 그리는 작업이다. 당신은 더 이상 수리공이 아니다. 당신은 설계자다. 이것이 바로 우리가 걸어온 길의 본질이다.

─── 최고 브랜드 책임자

당신은 브랜드의 새로운 책임자로서, 다음 핵심적인 내용들을 기억해야 한다.

당신은 1장에서 당신이라는 브랜드의 현재 상태를 냉철하게 진단하는 법을 배웠다. 당신의 첫 번째 역할은, 더 이상 자신을 속이지 않는 것이다. 당신은 이제 '나는 바쁘다'와 같은 모호한 변명 뒤에 숨는 대신, 당신의 시간이 실제로 어떻게 사용되고 있는지 데이터로 말한다. '나는 의지력이 약해'라는 감정적인 자기 비난 대신, 어떤 시스템이 당신을 실패하게 만들었는지 그 근본 원인을 찾아낼 수 있다. 변명과 합리화가 아닌, 모든 데이터를 투명하게 들여다보고, 가장 불편한 진실까지도 마주해야 한다.

당신은 2장에서 당신이라는 브랜드가 나아갈 방향, 즉 브랜드 미션과 비전을 담은 설계도를 완성했다. 이것은 세상이 당신에게 제시한 설계도가 아니다. 당신의 가치와 열망을 바탕으로 만들어진 세상에 단 하나뿐인 청사진이다. 이 설계도는 당신이 앞으로 내릴 모든 의사결정의 기준이 되는, 당신 브랜드의 나침반이다. 앞으로 당신 삶에 들어오는 모든 기회와 제안, 그리고 유혹들은 이 나침반 앞에서 그 방향성을 점검받게 될 것이다. 당신의 미션과 비전이 가리키는 방향과 맞지 않는 그 어떤 매력적인 기회도, 당신은 이제 이 나침반에 근거하여 단호하게 거절해야 한다.

당신은 3장에서 최소의 노력으로 최대의 효과를 내는 레버리지를 찾고, 원하는 행동을 저절로 하게 만드는 환경을 설계했으며, 실패 없는 시작(MVP)과 데이터 기반의 개선(A/B 테스트), 그리고 자동화의 기술까지 익혔다. 당신은 더 이상 희망이나 의지력이라는 뜬구름에 기대지 않는다. 당신은 작동하는 시스템을 믿고, 그것을 구축하는 실질적인 기술을 가졌다. 당신의 의지력이 고갈되었을 때, 당신을 대신해 당신을 성공으로 이끌어 줄 시스템의 힘을 믿어야 한다.

당신은 4장에서 당신의 행동 하나하나가 어떻게 평판이 되고(점, 선, 면), 그 평판이 어떻게 기회를 낳으며(바이럴 루프), 당신의 성장을 가로막는 저항(균형 루프)과 그 모든 것을 지배하는 근본적인 선택의 원리(제2차 결과, 기회비용, 복리의 법칙)를 이해하게 되었다. 당신은 이제 인생이라는 거대한 체스판 위에서, 눈앞의 말 하나가 아니라 판 전체의 역학을 읽는 그랜드마스터의 시야를 갖게 되었다. 당신은 왜 어떤 노력은 배신당하고, 어떤 선택은 예상치 못한 결과를 낳는지, 그 표면 아래에서 작동하는 보이지 않는 힘의 법칙들을 이해해야 한다.

당신은 5장에서 위기를 기회로 바꾸고, 당신의 모든 경험을 하나의 강력한 스토리로 만들었다. 시장의 그 어떤 경쟁자도 넘볼 수 없는 당신만의 해자를 구축하고, 당신의 선한 영향력을 세상에 전파하는 법을 탐험했다. 당신은 다른 사람들에게 영감을 주는 존재임을 명심해야 한다.

── 그리고 마침내, 시스템에 대하여

우리는 이 모든 과정에서 '시스템'이라는 단어를 반복적으로 사용했다. 왜 우리는 그토록 시스템을 강조하는가? 시스템은 이 책의 가장 핵심적인 메시지며, 당신의 변화를 지속 가능하게 만들 유일한 해답이기 때문이다. 우리는 흔히 성공적인 변화가 강력한 의지력, 뜨거운 열정, 그리고 높은 동기부여에서 비롯된다고 믿는다. 이 가치들은 분명 소중하고 우리를 행동하게 만드는, 첫 번째 불꽃을 점화시키는 역할을 한다. 하지만 오직 이것들에만 의존하는 변화는 실패할 수밖에 없다. 의지력과 동기부여는 본질적으로 감정의 영역에 속하며, 감정은 변덕스럽고 쉽게 고갈되기 때문이다.

의지력은 우리 근육과 같아서 사용할수록 피로해지는 한정된 자원이다. 아침에 중요한 결정을 내리고 유혹을 참아낸 당신의 의지력은 저녁이 되면 이미 바닥나 있다. 동기부여 역시 마찬가지다. 당신의 기분이 좋고, 모든 것이 순조로울 때는 높은 동기부여를 유지하기 쉽다. 하지만 예상치 못한 위기가 닥치거나, 피로가 몰려오거나, 결과가 보이지 않는 정체기에 들어서는 순간, 동기부여라는 감정은 순식간에 사라져 버린다. 이처럼 감정 상태에 따라 작동 여부가 결정되는 전략은, 절대 신뢰할 수 있는 전략이 아니다.

시스템이 중요한 이유는 바로 이 변덕스러운 감정의 영역을, 예측 가능하고 통제 가능한 이성의 영역으로 가져오기 때문이다. 시스템이란 당신의 감정이나 의지력에 상관없이, 원하는 결과가 나올 확률을 극대화하도록 미리 설계해 놓은 자동화된 프로세스이자, 행동의 운영체제다. 그렇다면 좋은 시스템은 구체적으로 어떤 결과를 만들어 내는가?

첫째, 시스템은 성공을 당신의 디폴트 값으로 만든다. 좋은 시스템은 당신이 매 순간 올바른 선택을 하도록 요구하지 않는다. 대신, 올바른 선택이 가장 쉽고 자연스러운 길이 되도록 설계하여, 성공적인 행동을 사실상 자동화시킨다. 매일 밤 침실에 스마트폰을 가져가지 않는 시스템을 구축했다면, 당신은 더 이상 '자기 전에 유튜브를 볼까 말까'라는 고통스러운 의사결정을 할 필요가 없다. 시스템이 이미 당신을 위해 올바른 결정을 내려준 것이다.

둘째, 시스템은 당신의 가장 소중한 자원인 정신적 에너지를 보존한다. 사소한 결정들이 자동화되면, 당신의 의식적인 뇌, 즉 당신이라는 브랜드 책임자는 일상의 자잘한 소음에서 벗어날 수 있다. 그리고 아낀 에너지를 가장 중요한 문제, 즉 창의적인 아이디어를 내고, 장기적인 전략을 세우며, 깊이 있는 관계를 맺는 등, 당신만이 할 수 있는 고차원적인 활동에만 집중적으로 투자할 수 있게 된다.

셋째, 시스템은 당신이 가장 약해진 순간에 당신을 지켜주는 안전망이 된다. 당신의 인생에는 반드시 슬럼프가 찾아오고, 모든 것을 포기하고 싶은 순간이 온다. 의지력과 동기부여가 완전히 바닥나는 그 순간, 당신을 나아가게 하는 것은 바로 당신이 미리 구축해 둔 시스템이다. 아침에 일어나기 힘들어도, 운동복은 이미 침대 옆에 놓여 있다. 글을 쓸 기분이 아니더라도, 컴퓨터를 켜면 어제 쓰다 만 문장이 당신을 기다리고 있다. 시스템은 당신이 흔들릴 때 당신을 붙잡아 주고, 최소한의 진전을 이루게 하여, 최악의 상황에서도 당신의 브랜드가 파산하지 않도록 막아주는 최후의 보루다.

이것이 바로 우리가 시스템을 장착해야만 하는 이유다. 우리는 종종 시스템이 우리의 자유를 억압한다고 착각하지만, 진정한 자유는 그 반대편에 있다. 아무런 시스템 없이 즉흥적인 감정과 충동에 따라 사는 것은 자유가 아니다. 당신 내면의 변덕스러운 독재자에게 예속된 삶이다. 진정한 자유는 하기 싫은 일을 하지 않을 자유가 아니다. 내가 진정으로 원하는 것을 할 수 있는 능력과 시간을 갖는 것이다. 잘 설계된 시스템은 당신을 일상의 사소하고 반복적인 전투에서 해방시켜, 당신이 진정으로 원하는 단 하나의 전쟁에만 집중할 수 있도록 만드는 가장 강력한 해방 도구다. 따라서 시스템을 구축하는 것은 당신의 영혼을 억압하는 것이 아니다. 당신의 영혼이 가장 자유롭게 날아오를 수 있는 단단한 발판을 마련하는, 가장 창의적이고 지적인 행위이다.

이제 당신은 가장 강력하고 체계적인 당신만의 전략 노트를 갖게 되었다. 하지만 위대한 브랜드는 단 한 번으로 완성되지 않는다. 그것은 평생에 걸쳐 이어지는, 살아 있는 유기체를 돌보는 과정과 같다. 당신은 이제 당신 삶이라는 정원의 정원사가 되었다. 현명한 정원사는 자신의 정원에 계절이 있음을 안다. 씨앗을 심고 밭을 갈아야 하는 치열한 봄(새로운 도전)이 있고, 뜨거운 태양 아래 꾸준히 물을 주며 성장을 기다려야 하는 여름(인내와 실행)이 있다. 풍성한 열매를 수확하고 그 기쁨을 나누는 가을(성취와 나눔)이 있으며, 다음 해의 더 큰 풍요를 위해 가지를 치고 땅에 거름을 주며 힘을 비축하는 겨울(휴식과 성찰)도 있다. 정원사는 잡초가 자란다고 해서 땅을 탓하지 않으며, 열매가 늦게 열린다고 조급해하지 않는다. 그저 자신이 해야 할 일을 이해하고, 계절의 리듬에 맞춰 정원을 끊임없이, 그리고 애정 어리게 가꿀 뿐이다. 당신 삶이라는 브랜드 역시, 이와 같은 섬세하고 꾸준한 관리가 평생에 걸쳐 필요하다.

만약 내가 이 책의 모든 내용을 단 하나의 문장으로 요약해야 한다면, 나는 주저 없이 이렇게 말하고 싶다.

"당신 문제가 아니다. 시스템 문제다"

이것은 당신을 사기 비난의 감옥에서 해방시킬 가장 강력한 진단서다. 당신은 '고장 난 나'가 아니다. 당신은 그저 잘못 설계된 시스템 속에서 살아왔을 뿐이다. 그리고 이제 당신은 그 시스템을 당신의 손으로 직접, 당신이 원하는 그 어떤 모습으로도 다시 설계할 수 있는 힘을 갖게 되었다. 설계도는 당신의 손에 있다. 모든 도구는 당신의 머릿속에 있다. 그리고 당신이 나아갈 세상은 당신의 눈앞에 펼쳐져 있다. 이제, 책을 덮고, 당신의 브랜드를 건설할 시간이다.

에필로그

삶이라는 가장 위대한 브랜드, 그 창조의 시작

나는 마케터다. 마케터로서 나는 오랫동안 하나의 사실에 매료되어 왔다. 어떻게 보이지 않는 가치가 사람의 마음을 움직이고, 하나의 제품이 한 시대의 문화가 되는가. 그 본질을 파고들수록 나는 마케팅이 단순히 물건을 파는 기술이 아닌 인간의 욕망을 이해하고, 핵심 가치를 발견하며, 그것을 세상과 연결하는 시스템을 설계하는 철학에 가깝다는 것을 깨달았다. 이 책은 바로 그 철학 위에서 탄생했다. 내가 마케팅을 통해 얻은 시스템적 사고, 고객의 마음을 이해하기 위해 파고들었던 뇌과학과 행동경제학, 그리고 수많은 실패와 성공 속에서 찍어온 무수한 점들을 연결하여, 당신이라는 가장 위대한 브랜드를 재발견하고 성장시키는 여정을 안내하고 싶었다.

내가 당신에게 궁극적으로 전하고 싶은 메시지도 바로 이것이다.

지금 당신이 하는 행동이나 선택이 때로는 보잘것없이 작은 '점'처럼 느껴질지라도, 그 무수한 점들은 언젠가 당신이 필요할 때, 당신이 성장하겠다고 마음먹는 바로 그 순간, 하나의 의미 있는 '선'으로, 그리고 다시 '면'으로 연결될 수 있다는 것이다. 이 책의 모든 여정은 바로 당신이 그 점들을 연결하여 '삶'이라는 가장 위대한 브랜드를 창조하는 방법을 배우는 과정이었다. 하지만 브랜드를 창조하는 과정은 단기간에 끝나는 프로젝트가 아님을 먼저 인정해야 한다. 그것은 눈에 보이지 않는 곳에서 수많은 가설과 실험, 그리고 그 결과를 분석하고 개선하는 반복적인 축적의 과정을 요구한다.

세상 어떤 브랜드도 순식간에 완성되지 않는다. 당신이라는 브랜드 역시, 인내와 꾸준함이라는 시간 속에서, 비로소 그 누구도 흉내 낼 수 없는 깊이와 내구성을 갖추게 된다. 그렇기에, 이 여정에서 우리가 경계해야 할 가장 큰 적은 속도에 대한 맹목적인 집착이다. 속도에만 집중하는 삶은 유행하는 자기계발 방법을 전전하고, 단기적인 성과에 일희일비하며, 쉽게 지쳐 모든 것을 포기하는 악순환에 빠지기 쉽다. 반면, 방향에 집중하는 것은 매일의 모든 행동이 당신이 설정한 핵심 가치와 장기적인 비전이라는 하나의 구심점을 향하도록 정렬하는 것이다. 이는 겉보기에는 더딜지 몰라도, 시간이 지날수록 당신의 성장을 기하급수적으로 만드는 복리의 마법을 가능하게 한다. 이 책에서 우리가 함께 구축한 시스템은 바로 이 올바른 방향을 잃지 않도록 돕는 정교한 항해 장치와 같다. 당신이 정의한 가치와 목표는 목적지를 알려주는 좌표가 되고, 당신이 설계한 환경과 루틴은 그 목적지를 향해 나아가는 자동 항법 장치가 된다. 이 과정에서의 실패는 항해의 끝이 아니다. 그것은 예기치 못한 암초를 발견하고, 항해 지도에 기록하여, 다음 항해를 더욱 안전하게 만드는 귀중한 데이터가 된다. 넘어지는 것은 방향을 잃는 것이 아니라 잠시 멈춰 지도를 다시 확인하고 더 나은 길을 찾는 기회인 것이다.

궁극적으로 당신이라는 브랜드 가치는 얼마나 화려하고 빠른 성공을 거두었는지가 아니라, 어떤 역경 속에서도 자신의 방향성을 잃지 않고 얼마나 일관된 모습을 보여주었는가로 증명된다. 이 일관성은 당신 자신과 타인에게 신뢰성을 부여하고, 당신만의 고유한 여정은 그 누구도 흉내 낼 수 없는 진정성을 만들어 낸다. 이것이야말로 시간이 지나도 빛이 바래지 않는 당신이라는 브랜드의 본질이다.